創見文化，智慧的銳眼
www.book4u.com.tw　www.silkbook.com

別讓國稅局
偷走你的所得

讓專業人士告訴你
可能不知道的稅務知識！

會計稅務管理師 **吳欣龍** 著

看緊辛苦所得必備工具書

坊間有著許許多多關於教人如何節稅的稅法書籍，為什麼欣龍要出版這本《別讓國稅局偷走你的所得》，詳細閱讀過後，才知這是一本不同於坊間的稅法類書籍。

一般的稅法書籍不外乎介紹如何報稅、節稅的方法或手段及應注意事項等，但本書《別讓國稅局偷走你的所得》卻從稅的目的和原則開始介紹「稅」這個令人煩惱的東西，並說明了「所得」的原理原則，讓我們得知什麼樣的收入才是所得，才會被課稅，這也是一般稅法書籍不太會說明的部分。

本書還介紹了最新的房地合一稅和最低稅負制，但令我最感到震驚的是，作者還介紹了如何與國稅局對抗，清楚寫出人民在稅法上有著什麼樣的「舉證責任」，什麼樣的責任是屬於人民的，什麼樣的責任又是屬於國稅局的，我們都知道法律界流傳著一個諺語：「舉證之所在即敗訴之所在。」不是所有的舉證責任都應該由人民來承擔。同時也說明了納稅義務人有什麼樣「協力義務」是必須提出的，以避免讓國稅局找到「推計課稅」的理由。

書中通篇文字都透露著欣龍兄確實是從實務經驗出發，使出他畢生的本領與實戰經驗完成了本書，本書可以說是一本超實用工具書，也是一本絕佳的節稅手冊，能讓讀者充分了解當政府向人民課稅時，人民並不是沒有武器可以對抗的，載明必須盡什麼義務，才能享有什麼權利，本書也以醫師為例提出了節稅手冊，讓讀者們得以從此舉一

反三，在處理自身的稅務問題上能做出最正確與精準的判斷和作為。
從來沒有一本這麼厚實且完整的稅法類書籍，它有別於坊間簡單說明
稅法法條的書，是一本絕對不會令人失望、後悔的好書，強烈推薦給
您！

采舍出版集團 董事長 **王晴天**

于台北上林苑

守住不必要付出去的稅金

坊間有那麼多關於稅務的書了，為何還要再出版這本？為何一定要看這一本呢？用挑剔放大鏡找線索的態度讀完整本，原來不是只有繳稅的魔鬼藏在細節裡，幫我們自己守住錢的天使也藏在細節裡！

不是公司有會計師做帳，就能幫你合法避稅、合理節稅；個人所得稅也不是輕鬆填入報稅軟體資料就能自動幫你避免被國稅局偷走錢！

本書除了上述給人的震撼認知，更令人驚奇地發現，無論身分是個人或公司，無論目的是看重點或研究條文，無論你是對稅法一竅不通或玩稅老手，本書像是一個3D立體維度，可以從你想著手瞭解的任何角度輕鬆找到資料切入點，進而快速理解如何幫自己或公司守住不必要付出去的稅金。

身為「經濟部中小企業處」至今辦了二十年的「領袖班」課程結業後的校友會「中華中小企業經營領袖協會」理事長，非常瞭解中小企業主的痛點，要貸款、補助能獲得的不多，但繳稅卻付得不少，想避稅節稅又深怕觸法，上網搜尋又眾說紛紜真偽難辨。欣見有這樣一本書，有條文、有釋文、有獨到見解、有案例、有做法、有畫重點、有全面概論也有單一彙整表，深入淺出、易懂易用，欣龍學長不藏私殷切地想協助大家看緊辛苦所得，合法是基本的，「正確」才是重點，這是一本扎扎實實的省大錢法寶！

中華中小企業經營領袖協會 理事長 潘如楓

專業～善良的選擇

身為專業牙體技術師的我們，向來在牙科專業領域上都是相當自信的，我們專注於假牙專業技術、極致美學與追求健全的口腔治療合作；但常常在牙技所開業時，才意識到牙技所的稅務申報問題，進而才開始學習稅務知識。

因此稅務一直是牙技人既陌生又害怕的功課，且牙技所稅務申報不同於一般公司行號營業稅申報方式，人說中華民國萬萬稅，納稅又是公民應盡的義務，如何才能看緊牙技所辛苦的血汗錢？「執行業務所得」是什麼？是該自行申報稅務？還是委託專業會計服務業來處理？用何種申報方式才能合法、合理的節約稅額？如何能避免國稅局找上門的風險？

同多數的牙技人一樣，自己剛開業時稅務知識幾乎是零，起初透過親朋找會計服務業，後有幸經由朋友介紹認識了本書的作者吳欣龍先生，後來也成為個人非常信任的稅務夥伴。

吳先生累積多年豐富的會計申報經驗及大學任教的經歷，從法律的角度來協助和稅務機關協談，並更精準地知道稅務機關查稅的重點。感謝吳先生的專業協助許多牙科的從業朋友知道如何正確地規劃自己辛勤付出的每一份收入。尤其牙技行業是屬於**B2B**的業務型態，介於營業稅與薪資所得之間的稅務特性，經常需要面對客戶及法令中間平衡抉擇，更需要從學習認識與了解稅務開始，找到找專業的稅務人員協理，才能輕鬆面對，也更能將時間專注在專業及經營發展的工作上。

在資訊公開與科技數位越發進步與快速的大數據時代，國稅局查稅方式日新月異，工具也越來越多，但屬於自己的權益也必須有所瞭解並合法保護。很高興看到吳先生能把自己的專業及經驗集結成文字出版《別讓國稅局偷走你的所得》，從什麼是「稅」的基礎由淺入深，再到稅法、各種不同稅的介紹、申報方式及差異，到如何節約稅額等等，有系統地讓讀者看到「稅」究竟是何樣貌，與合理合法的節稅技巧。尤其以專篇詳盡地介紹了與牙技師最密切相關的醫療執行業務者的執行細節與特性、救濟與節稅大補帖等，更分享過往處理的實際案例經驗，相信拜讀完全書如同練成稅務武林秘笈一般，面對「稅」能有更全面的了解，本書實際能造福更多的牙科朋友。

專業是一種善良的選擇，真誠推薦給朋友們吳欣龍先生的這本大作──《別讓國稅局偷走你的所得》！

社團法人台中市牙體技術師公會 理事長 陳階翰

合理合法，讓你不再繳冤枉稅！

報稅，對許多人來講是年度大事，辛苦了一整年，但該繳多少稅給政府呢？可以少繳一點嗎？這是大家都想問的問題。當然，我們都知道國家的公共基礎就是靠稅收，有了稅收才有辦法做好基礎建設，才能給人民應有的福利；也才有便捷的公路網、優良的生活環境、經濟的油電、便民的行政機關及素質良好的公務員。

然而，每每走在台北街頭，看到一棟棟高樓大廈，許多門禁森嚴堂皇富麗的豪宅，摸摸口袋，想想未來的開銷及戶頭的餘額，又有幾個人可以大聲說：「爸爸買給你？」。在台灣一間間的大公司，許許多多的富二代、富三代，越來越有錢且枝葉茂密！想想富人是怎麼辦到的？當然都是很不容易，也是辛苦努力得來的成就，但有辦法賺錢還要有方法留下來才是我們自己的。

大富由天，小富由儉，生活無虞之餘，如何省下不必要的開銷，是許多人念茲在茲的，或許省下購物袋、省點油錢，一塊錢兩塊錢的省是好事。可是繳稅時一次就是幾萬元、幾十萬元。真的沒辦法少繳一點嗎？或許只是我們的方法不對，也或者是真的沒方法！

節稅，要有方法且有法律依據，很多法條只是大家不知道，而這些學校也不會教，以政府的立場而言，怎麼會教你如何少繳稅給政府呢？如果可以，請懂稅法的人幫忙報稅，是一個很好的方法，可是並不是大家都想要或需要。想省下開銷又節稅，又怕國稅局要請你喝咖啡，該怎麼辦呢？公務人員就是依法辦事，所以我們需要依據法條據

理力爭，才能保住自己的財產，當我們有疑問時，需要簡明扼要的答案，需要及時找到說明。

　　我負責的診所就是委由欣龍兄協助，在合理、合法的範圍內達成了節稅，而這本書毫無保留、完全公開如何有效地掌握節稅的方法和工具，可以說書中自有黃金屋啊！本書藏有無限寶藏需要大家自己來發掘。從所得稅的原理原則開始說明，一直到稅務調查時應如何保護自己，這些都是大家想知道且用得到的黃金屋法條！誠心推薦這本書，絕對是物超所值，可以重塑你對租稅的概念與認知，建立正確的報稅程序與觀念。

程國慶牙醫診所負責醫師
中華民國植牙學會 前理事長　程國慶

不再談稅色變

　　經濟、國防、財政、民生為國之四柱，四柱穩則國必強。經濟、財政弱則國防與民生必為弱，但經濟再強，國之財政無法稽徵，國庫必為空虛，國庫空虛則各項民生建設及國防建設也無財可使。租稅通常被視為一種美麗的哀愁，因為有了稅收國家才能完成各項建設和各種任務，而一個具有強大稅收能力的國家在世界上通常都是一個大國，但從個人的角度來看稅收，其可能會被國家拿走大部分個人努力的成果，會使個人的才能無法施展。一個沒有稅法和稅收體制的性質對人民和國家之間的關係和普遍的納稅道德中有著決定性的作用。沒有稅收的國家從第一眼看上去似乎是天堂，但在實際上卻是國家制度的終結，因為拒絕納稅不僅有害國家團結，同時放棄稅收的社會，會使福利國形成的過程中對國家制度的基礎構成了挑戰。稅法不僅要能體現國家制度的公平原則，同時也還要能體現國家的目標、價值觀和國家與人民之間的關係。

　　在資深的稅務人員們間曾流傳：「在行政法院的稅務訴訟上，法院是神明，法官是乩童，稅務人員是桌頭」，所以使人民對稅務產生怨念，進而對國家之各項政策產生對立之情緒，所以稅法實為人民心中最為重要的一部法律，甚至超過民法、刑法、行政法，筆者從事之工作和稅法有著密切的關係，且發現稅局之基層稅務人員對稅法也未能全盤了解，且所得稅法對人民有著普遍的影響。

　　稅賦的歷史和人類文明一樣的久遠，在原始時代只有人們定居下來就有稅的存在，只是可能是勞力或生產力的徵用，因為徵稅就是政權的象徵，無論是國王或是皇帝以至於現今的政府，如果他們失去稅收，就等於失去了政權，此一法則古今通用。自古以來所有的統治者們的共同的目的都是為了控制稅基：土地、勞工、生產與利潤，「稅收是世界征服者最主要的事業」這是蕭伯納在其《凱撒》劇作中的詞句，非常的貼切。到了現代號稱民主的國家就變成「無代表，不納稅」，也是美國革命者發起的口號，所以「依法課稅」、「依法徵稅」成了民主國家最重要的指標了。

　　然而稅法是一個具有高度政治性和妥協性之法律，且稅法的種類也繁多，一般民眾無法窺其全貌，就連一般專業稅法學者或專業人員甚至稅務人員也難以全盤知悉。所以要知道如何節稅必須先知道租稅法律立法意旨，所以書中利用實際的案例來說明要如何來保護自己的所得。稅法種類甚多，筆者以所得介於營利所得和薪資所得之間的執行業務所為討論對象深入研究，從筆者服務會計服務業和國稅局間多次的攻防的心得，就法律的立場充分分析實務上和法律間之差異，讓一般納稅義務人和國稅局有所爭執時知道要如何主張自己的權益，但在稅法上最佳的策略就是從源頭做起、做對，讓國稅局無從下手，現在有許多稅務人員對稅法也非全盤了解，有時也非完全正確，這時候就要依賴納稅義務人的自我保護機制能適當的啟動，才能真正保護自己的所得。

　　一般民眾的所得也可從中學習到關鍵知識來保護自己，例如租稅

原則、協力義務、舉證責任、稅務調查及救濟等都是民眾應該知道的，希望本書可以使執行業務者和一般納稅者都能自本書中獲得正確的稅法知識，不要一接到國稅局的通知就立刻舉起白旗不知所措。

吳欽龍

于台北市

CONTENTS /目錄/

CHAPTER 1 　租稅是什麼？

CHAPTER 2 　所得稅法的起源暨定義

Tax Planning Handbook

CHAPTER 3 營利事業所得稅

CHAPTER 4 綜合所得稅

CHAPTER 5 扣繳

CHAPTER 6 所得基本稅額（最低負稅制）

CHAPTER 7 房地合一所得稅

CHAPTER 8 執行業務所得

CHAPTER 9

租稅規避

CHAPTER 10

租稅法上之協力義務

CHAPTER 11

租稅法上之舉證責任

附件

Chapter

1

租稅是什麼？

TAX
PLANNING
HANDBOOK

SECTION 1-1　租稅的涵義

　　租稅係政府基於特定政策的目的，根據共同報償原則，運用公權力強制由人民手中移轉以金錢為主要的標的，交由政府運用之財貨與勞務❶。「租稅」的功能可以分為「社會功能」和「經濟功能」二大類，社會功能指租稅法保障統治者的經濟利益的功能和促進國家發展的公共功能，而經濟功能是指租稅法具有調節稅收和規範稅收行為的規範功能、具控制的拘束功能、對稅收的確認功能和保護功能❷。

　　1919年德帝國稅收通則第1條：「通過財政權並根據普通的標準向臣民施加的一種金錢給付。」❸，租稅是政府為因應國家公共建設、公共服務之需要，以增進人民公共福祉為目的，基於國家統治權，依據憲法賦與立法院所制定之法律所規定的範圍和方法，以強制力向人民或其他課徵之對象徵收具貨幣價值之給付，而無直接對價報償之行為。

　　租稅是人民對國家應承擔的義務❹，人民繳納之稅、費，用以維持政府機關日常運作和公共權力，國家在維持公共權力的基礎上，提供多樣的公共服務，並保護人民的生命、財產之安全。故納稅不單純是人民對國家作出的特別犧牲，應可看成是人民藉納稅享用國家公共服務付出的對價。

　　具體而言，國家的租稅必須滿足下列條件：（一）政府為滿足人民公共需要與增進人民公共福利而徵收：國家與人民間互有依存關係，國家政策之目的，在滿足人民私欲望以外的公共欲望，如保障人民生命、財產之安全，建立社會秩序，發展交通、教育、衛生、經濟與社會福利等，其所需費用自必須向全體國民徵收。（二）政府基於統治之公權力，依法律規定的課徵範圍和方法向人民或課徵之對象所徵收：政府依法向人民強制徵收租稅，人民無自由取捨權利，其目的在謀取收入的確定性，以充分供應政府施政所需，租稅是依從公法關係所徵收，所以具有強制性，與政府的事業收入、財產收入及須經對方同意之其他收入有別，租稅按一定標準而平等課徵，與按受益程度不同而徵收之受益費、規費亦有所區別。（三）租稅是無直接對等的報償：租稅和規費、租金等性質不同，租稅無直接對等的報償，人民如已依法納稅後即可享有政府所提供的公共需要與社會福利，並不因多納稅或少納稅而有所差別待遇。美國最高法院在 1809 年判決中曾明示：「課稅權是一種偉大的權力，整個國家組織以其為基礎，正如空氣對人類一般重要，課稅權為國家存在和繁榮所必需，不但是一種破壞的權力，也是一種保持生存的權力。」

　　從法律的觀點言之我國的憲法、各個的稅法及其他法律，皆未有租稅的定義規定，惟在憲法第 19 條：「人民有依法納稅之義務」及第 143 條第 I 項後段：「私有土地應照價納稅」，同條第 III 項：「土地價值非因施以勞力資本而增加者，應由國家徵收土地增值稅，歸人民共享之」。另外在憲法第 107 條規定國稅、109 條規定省稅、第 110

條規定縣稅之立法權和執行權。從此可見租稅不僅是一般法律之概念，且是一個憲法之概念❺，由於在憲法上之體制不同、制憲目的不同，其內涵功能及法律效力也就各有不同。

所謂租稅，「乃國家，為支應財政之需要，或為達成其他行政目的，依據法律，向人民強制徵收之金錢或其他金錢價值之實物之給付義務，而不給直接報償者。」❻，德國租稅通則第3條第1項是法律中對租稅比較完整的定義：（一）國家或地方自治團體❼，（二）依財政目的之法律規範，（三）對所有滿足法定構成要件之人，（四）課徵無對價性，（五）金錢給付之義務。租稅一定要有財政目的，財政目的可以是次要的目的，但不可以完全沒有財政目的，如果沒有財政目的的租稅是一種扼死稅或稱絞殺稅，這是一種「寓禁於徵❽」，違反國家不當連結的立法行為。租稅除了財政收入之目的外，皆備其他特別功能，將「稅租本質」大致分列如下表：

表1 租稅本質表

	所得稅	財產稅	交易稅	消費稅
舉例	個人綜合所得稅	房屋稅 土地增值稅	證券交易稅	營業稅
共同目的	財政收入			
特別目的	平均財富、所得重分配		資本市場的政策課稅	針對消費能力課稅
課徵 點	合乎人性尊嚴生活以上	維持人民生存所需	按比例課徵	按消費比例課徵
納稅義務人	所得人	所有人	交易者	消費者
課稅原則	量能課稅		避免破壞競爭中立性	凡有營業皆須課稅
課稅方式	直接稅；累進稅	直接稅；比例稅或累進稅	直接稅；比例稅	間接稅；比例稅

資料來源：李惠宗，稅法方法論，元照出版有限公司，P23

課稅權是從帝王（國王）權力而來，從權力觀點來看在絕對王權時代，國王的權力往往是具有裁判權和課稅權，但從王權時代演變到王政時代，則以國民代表組成的議會來制衡行政權，從而更導致了課稅法律原則[9]。現代國家經濟建設發展多樣化，所以課稅的對象也就有著多種類型，為了使人民對租稅的負擔不會集中在某一種或少數的課稅對象，而感到痛苦，因此現化的國家大多數採取複數稅制，用來分散課徵租稅之負擔。

---

[1] 楊葉承、宋秀玲，稅務法規-理論與應用，新陸書局，2005年10月，頁2

[2] 袁璨，民國所得稅法律制度研究-以稅公平原則為視角，中國人民大學出版社，2018年9月，頁25

[3] Dieten Birk，Deguo Shuifa Jiaokeshu，徐妍譯，德國稅法教科書，13版，北京大學出版社，2018年5月，頁32

[4] 憲法第19條：人民有依法律納稅之義務。

[5] 陳敏，稅法總論，自版，2019年2月，第1頁

[6] 陳敏，稅法總論，自版，2019年2月，第1頁

[7] 德國租稅通則是使用公法團體，其公法團體含公法之地域法人及公法之宗教團體，公法教團體之課稅權，依德國稅法規定得就所得稅、不動產稅或財產附加徵收教會稅

[8] 寓禁於徵：政府未明白禁止，但課以較高之稅賦，使其在實質上無法經營從事該項經濟活動。

[9] 森炎，詹慕如譯，死刑肯定論，遠足文化，2019年，頁139

SECTION 1-2 租稅法的基本目的

　　我們要談節稅必需要了解知道租稅法的基本目的和制定時的基本原則，我們先就租稅法制定基本目的談起。租稅法的主要目的有下列之目的：

一、財政目的（Fiskalzweck）

　　課稅最主的目的就是「公共服務需要錢」，稅法大部分規範均是為了財政目的而規範。此類目的最主要依據負擔正義的標準。作為具體的課稅價值的決定，當然要考慮到基本權利，而財政目的主要的取向應是「量能課稅原則」，以發揮公平及市場中立的功能，亦可能取向「量益原則」❶。

二、社會目的（Sozialzweck）

　　社會目的最主要是為經濟發展和誘導產業政策走向及為環境或生態保護、維護國民健康或為教育、體育、文化促進、社會協助等之社會目的之「管制誘導性租稅」，其可能和負擔正義或量能課稅原則相牴觸，但仍可基於稅捐上統制的理由加以正當化，此種違反平等原則的正當化，僅於其管制目的在憲法上具有足以平衡違反量能課原則而

值得時始能成立，例如為了促進環境保護的目的，而對投資環境污染預防設備的投資金額，准予定額抵減營利事業所得稅，以獎勵特定的經濟上之行為，此種稅捐優惠雖產生在相同的給付能力者間，而有不公平的負擔效果，但此種平等原則卻因管制目的而加以正當化❷。

 ## 三、簡化目的（Vereinfacungszweck）

　　簡化目的係基於稽徵經濟之理由，為使租稅法的適用更為容易，簡政便民，而不應以提高財政收入為目的，而破壞租稅法的內在價值體系。稅捐行政是一種大量行政的事件，為使租稅法律能夠被執行成為一種現實法律，因此在立法上就採取了各種簡便計算稅款的措施或者便利稽徵或便利納稅義務人繳納稅款的制度❸。

　　首先，財政目的是租稅法規制訂的最主要目的，是為了讓國家或地方自治團體等公法團體，得藉此取得必要的財政收入，以滿足各項日常組織所需之資金。其次，社會目的主要是為了經濟發展或誘導產業政策走向或為教育、生態環境保護、國民健康維護；文化促進再而為了提供社會救助等目的制訂，最後，簡化目的是以在租稅大量行政事件的條件下，為使法律能實際被執行，因此在立法上就採取各種簡便的措施，以便利稽徵或納稅義務人繳納稅款的制度。

---

❶ 柯格鐘，量能課稅原則與稅捐優惠規範之判斷－以所得稅法若干條文規定為例，月旦法學雜誌第276期，2018年5月，頁164

❷ 柯格鐘，量能課稅原則與稅捐優惠規範之判斷－以所得稅法若干條文規定為例，月旦法學雜誌第276期，2018年5月，頁164

❸ 柯格鐘，量能課稅原則與稅捐優惠規範之判斷－以所得稅法若干條文規定為例，月旦法學雜誌第276期，2018年5月，頁165

SECTION
1-3 租稅法的基本原則

　　稅捐的課徵會直接減少人民可支配的財產，亦有可能會影響人民的婚姻、生存、工作、遷徙以及自由平等發展等權力，故租稅法最重要的原則為「租稅法律主義原則」與「租稅公平主義原則」，前者是關於課稅的行使方法原則；後者是關於租稅負擔分配原則❶，而且租稅法亦是屬於行政法之一部分，故亦應遵行政法之一般原則，分述如下：

一、租稅法定原則

　　租稅法定原則為現代法治國家立法例，無論在憲法層次或租稅法律層次所共同認定的原則，我國憲法第19條❷即租稅法定主義在憲法上的規範基礎，基於租稅課徵對人民的經濟自由會造成深入的影響。在稅捐稽徵法第12條之1亦曾明定有：「涉及租稅事項之法律，其解釋應本於租稅法律主義之精神，依各該法律之立法目的，衡酌經濟上之意義及實質課稅之公平原則為之。」

　　一般而言，稅捐給付義務之發生或消滅，必須由法律定之，而稅捐既為一種法定之債，意味著對於債之關係的成立、內容之變更與消滅，必須以法律規定。於實體法中，是指稅捐主體、稅捐客體、稅捐

客體之歸屬、稅基、稅率、納稅方法、納稅期間與租稅優惠等皆須由法律明定之，而程序法方面，則在大法官釋字第640號解釋中已然認為「稅捐稽徵程序」亦屬法律保留事項，而租稅法律主義原則之內容應可區分如下❸：

① 課稅要件法定原則

　　課徵租稅重要事項包括構成要件的稅捐主體、稅捐客體、課徵標準以及稅率等，均應有法律訂定之，否則就違反了課稅要件法定原則之法治國家原則。因為課稅權的行使會使人民之財產權受到侵害，故須納稅義務人之全部課稅要件成立時捐稽徵機關始得行使課稅權，課稅之構成要件須達合致性才符合課稅要件法定原則。

　　課稅其構成要件要素包括了稅捐主體、稅捐客體、稅捐客體的歸屬、課稅基礎（稅基）、稅率及稅捐之減免或加重事由。課稅之作用對國民財產之侵犯，為避免人民被國家違法課稅，所有的課稅要件及租稅之稽徵要件，皆須依課稅要件法定原則進行，如因涉及技術性及時效性非將課稅要件及租稅課徵有關規定，委任行政機關以命令或辦法方式執行者，仍須依課稅要件法定主義，以具體性、個別性之委任，不可為一般性、空白性之委任。

② 課稅要件明確原則

　　所謂課稅要件明確性原則即稅法必須將課稅主體、課稅客體、稅捐客體之歸屬、稅率等事項以法律方式詳細明確規定，以幫助納稅義

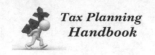
務人可以預見法律效果，而稅捐機關亦能夠客觀地適用，亦可稱稅捐構成要件明確性原則❹。

　　課稅固然應嚴格根據立法者所制的法律執行，但法治國家所要求的稅捐構成要件明確性，也並不排除法律規定之解釋的需要，也不禁止稅捐立法者使用不確定法律概念作為構成要件❺。但不確定的法律概念太過抽象而違背了立法者的目的，容易產生不依照稅法解釋方法作成稅法的解釋，使得稅法的法律意義不明確，導致公權力濫用的情形，故課稅要件必須在明確原則下，對於租稅法律或其授權訂定之命令所規定的相關課稅構成要件與稽徵程序，在意義方面也必須是明確的始可為之。在課稅要件法定原則的前提下，原則上租稅法不許設有承認稅捐稽徵機關自由裁量之規定，對於使用不確定法律概念，亦須十分慎重以免違背課稅要件明確主義之原則。

　　在法律或法律委任（授權）行政機關自定之行政辦法有關課稅要件及租稅稽徵程序之規定，其意義必須明確，若其規定不明確，則如同行政機關自行訂定不明確、非不具一般性、空泛性之辦法，實有違課稅要件明確主義。所以從租稅法觀點，原則上不允許行政機關訂定只有自由裁量權之規定（辦法）❻。

③ 合法性原則

　　所謂合法性原則，既只要符合課稅要件，稅捐稽徵機關就必須依法向納稅義務人課徵規定稅額，不僅不能有所減免，亦不可有所增加，更不可不能不課徵，因為租稅法具有強制性❼。

法治國家的稅法合法性原則，應排除一般行政法上的便宜原則，合法的平等的課稅並不允許稅捐稽徵機關自行決定何時實施稽徵程序或以何種方式繳納稅捐、繳納多少稅額。倘稅捐稽徵機關逾越上述規定，而以裁量決定拋棄稅捐，則上述規定將形同具文。在稅捐徵收上，稽徵機關原則上應依稅法規定，依職權或依申請進行稽徵程序，其負有義務，而非單純的只具有權限在進行稽徵程序。

4 正當程序原則

租稅稽徵乃公權力之行使，所以稅捐稽徵機關必須依法律所規定之稽徵程序執行，對於稅捐救濟程序亦須依法律所規定之程序公正處理，又稱「租稅稽徵程序原則」。

課徵租稅自應依合法之手續進行，在進行稽徵程序時不免會有稅捐稽徵機關或財政部指定人員進行調查要求提示有關文件，這些調查或涉及納稅人與他人之人身自由或攸關居住之安寧或財產之秘密，而此等自由或權利，均為憲法所保障，因此稅捐稽徵機關調查權之行使，亦形成一種侵害，自應有稅法之依據，且須合理之手續執行。

基於稅捐法定原則合法課稅之要求，產生了以下延伸效果：

1 不允許選擇權

依稅捐法定原則，不僅租稅之構成要件須由法律規定產生，如法律未授予納稅義務人選擇權，則稅捐稽徵機關和行政法院皆不得許可

之。但有些稅法因財政目的給予納稅義務人具有選擇權，例如：所得稅法第15條第2項納稅義務人關於稅額之計算可以選擇各類所得合併計算稅額、薪資所得分開計算稅額或各類所得分開計算稅額，所得稅法第17條第1項第2款納稅義務人就標準扣除額或列舉扣除額擇一減除[8]。

② 不允許稅捐協議

稅法要求稅捐之核定及徵收應依法規定執行，稽徵機關和納稅義務人，不得以雙方法律上的意思表示一致達成「租稅協議」，使其變更或失效。此種租稅協議或稅捐契約原則上為稅法所不許，應屬無效[9]。

租稅的課徵稅捐稽徵機關應依法進行職權調查及闡明課稅事實，而據此稅捐稽徵機關應依法課徵租稅，但有些經濟財產之價值以及給付之價格等無法精確探求及計算，須用推估方式計算，為了達成正確的推估計算，徵納雙方以妥協之方法，達成彼此皆可接受的結果，此時可類推適用行政程序法第136條締結「和解契約」以解決決議，並非就租稅債務成立與否及數額為協議，則不違反租稅法定原則。

最高行政法院的實務見解認為，財政部為暢通納稅義務人申訴管道，增進徵納雙方意見溝通，以減少爭議，訂定行為時協談作業要點，規定稅務案件有課稅事實認定或證據採認有協談必要或徵納雙方見解歧異等情事者，稽徵機關於審查或復查階段得與納稅義務人協談。也就是說稽徵機關與納稅義務人依行為時協談作業要點來進行之協談，

具有就事實不易查明，且無法適用推計課稅之情形互為協商，可以減少爭議之目的。在要點第13條規定：「經稽徵機關簽報核定或簽提復查委員會之協談案件，除有左列情形之一者外，**稽徵機關應儘量遵照協談結果辦理**：（一）協談之成立，係以詐術或其他不正當方法達成者。（二）協談成立，發現新事實或新證據，影響課稅之增減者。」如果我們參考行政程序法第136條則表示行政機關對於行政處分所依據之事實或法律關係，經依職權調查仍不能確定者，為有效達成行政目的，並解決爭執，得與人民和解，締結行政契約的規定。所以協談是依職權調查仍不能確定，為有效達成行政目的而為之行為，如已經稽徵機關簽報核定或簽提復查委員會，並據以作成處分或復查決定者，則此協談結果，應認除有上述協談作業要點第13條規定之兩款情形外，本於行政契約之拘束力及誠信原則，稽徵機關及納稅義務人均不得再為違反於協談結果之主張。否則不僅有違協談作業要點係為減少爭議之規定目的；更因協談本具有徵納雙方就爭議互為讓步之本質，若就徵納雙方互為讓步而作成之行政處分，仍許一方即納稅義務人就其原讓步部分再為爭議（稽徵機關就其讓步部分本於行政救濟不利益變更禁止原則，原則上已無從再爭議），無異鼓勵納稅義務人藉由協談程序以圖僥倖，顯有違稅捐正義（最高行政法院100年判字第532號判決）。最高行政法院100年判字第1992號判決亦採同樣見解，財政部係為暢通納稅義務人申訴管道，增進徵納雙方意見溝通，以減少爭議，而訂定行為時協談作業要點，規定稅務案件有課稅事實認定或證據採認有協談必要或徵納雙方見解歧異等情事者，稽徵機關於審查或復查

階段得與納稅義務人協談。

從上行政法院的判決可以看出實務上行政法院並不承認，稅捐稽徵機關和納稅義務人間具有稅務協議或和解契約，均認為是徵納雙方間調查期間為認定課稅事實或證據採認，認有協談必要或為化解徵納雙方見解歧異等情事所為之協談。

二、租稅公平原則

平等原則表現在稅法上就是租稅公平原則，既在課稅上要求相同的狀況的納稅義務人，應給予相同的對待，不同納稅義務人則按照不同的對待。課稅是國家以公權力強制向人民課以相當金錢（財產）給付之權利，是侵害人民的基本權利，從憲法第7條保障人民平等權的概念用來實踐在稅法上時就是租稅公平原則，也是租稅正義的核心價值。租稅係人民對國家所為無法獲得直接報償之財產給付義務，其分擔如不能合理公平，即無法期待個別之納稅義務人能履行其義務[10]。

租稅公平原則，所要求不僅僅限於形式平等之實現，更應強調的實質平等的貫徹，也就是說國民的租稅負擔，應分別按其經濟能力為依據，使同等狀況應有同等待遇，不同狀況者應給予不同的待遇。依照大法官解釋第485號解釋：「平等原則並非指絕對、機械之形式平等，乃保障人民在法律地位之實質平等，立法作用基於憲法之價值體系及立法目的，自得斟酌規範事務性質差異而為合理之區別對待」。而平等原則要求的稅捐稽徵機關對於相同事務必須相同對待，在大法官的解釋中闡釋並非絕對平等的，從經濟面或財政面，須以法律規定

其差別，從累進稅率、特別扣除額等可以看出，租稅公平原則又可區

以下原則：

① 量能課稅原則

量能課稅原則，係依個別納稅義務人繳納租稅之經濟能力課徵租稅之原則。憲法雖未明文規定量能課稅原則，惟經由平等原則及其他與租稅有重大關聯之憲法原則之適用，而獲得憲法之拘束力及效力。惟該原則亦與其他憲法原則，如禁止過度、禁止不利於婚姻與家庭及社會國家等合作。其結果，可以認定構成稅法體系之原則為具憲法效力之原則[11]。

違反量能課稅會構成租稅公平原則的侵害，也就可能構成對憲法平等權的違反，日本學者金子宏認為，所謂量能課稅原則，乃是人民的租稅負擔，應依個別納稅人之租稅負擔能力成比例，無租稅負擔能力的人民，國家不應讓其負擔租稅，他認為人民之經濟能力應超過「最低限度之健康與文化生活」部分，才具有納稅能力，方須負擔租稅。這可以從納稅者權利保護法第4條第1項：「納稅者為維持自己及受扶養親屬享有符合人性尊嚴之基本生活所需之費用，不得加以課稅。」已充分表現。**但量能課稅原則並不是所有的稅種都有的共通的原則，只有在所得稅與財產稅上，才有量能課稅原則的適用[12]。**

② 實質課稅原則

德國租稅通則第42條：「稅法不因濫用法律之形成可能性而得規

避其適用。於有濫用之情事時，依據與經濟事件相當之法律形成，成立租稅請求權。」為實質課稅原則最常被引用之理論依據。

稅捐稽徵法第12條之1第1、2項與納稅者權利保護法第7條第1、2項：「涉及租稅事項之法律，其解釋應本於租稅法律主義之精神，依各該法律之立法目的，衡酌經濟上之意義及實質課稅之公平原則為之。稅捐稽徵機關認定課徵租稅之構成要件事實時，應以實質經濟事實關係及其所生實質經濟利益之歸屬與享有為依據。」均表示稅捐機關認定課徵租稅之構成要件事實時，應以實質經濟事實關係及其所生實質經濟利益之歸屬與享有為依據。例如：未具有醫師執業執照，依醫師法第8條規定雖不得執行醫師業務，但在被查獲前既已執行醫師業務，並收取費用，而確有所得者，自應依所得稅法第2條：「凡有中華民國來源所得之個人，應就其中華民國來源之所得，依本法規定，課徵綜合所得稅」之規定辦理。密醫在被查獲前之執行醫師業務收入，自應課徵綜合所得稅，如其所得未有適當資料或紀錄可資查核者，應比照本部核定之當年度醫師執行業務收入費用標準逕行核定課徵或補徵，其有違反稅法有關規定者並應移罰[13]。另外一案例：房屋稅係以附著於土地之各種房屋及有增加房屋使用價值之建築物為課徵對象，無照違章建築房屋，自不例外。至房屋稅之完納，僅表示納稅義務之履行，不能據以使無照違章建築房屋，變成合法[14]，均為實務上實質課稅之表現。

租稅稽徵機關可基於實質課稅原則不受表面虛假的法律關係限制，從直接的交易實際情況作為課稅的標準，將可有效防止納稅義務

人利用或塑造與經濟事實不相當之法律形式，以規避租稅之課徵[15]。

③ 禁止租稅規避行為原則

租稅規避是一種脫法行為，所謂禁止租稅規避行為，係指濫用租稅法律上的方式，以達到減輕租稅負擔行為。而濫用法律的方式，是指為達成某種經濟目的所為之行為。稅捐稽徵法第12條之1第3項及納稅者權利保護法第7條第3項前段：「納稅義務人基於獲得租稅利益，違背稅法之立法目的，濫用法律形式，規避租稅構成要件之該當，以達成與交易常規相當之經濟效果，為租稅規避。」由上述法律意旨我們可以得知，租稅規避須具備主觀及客觀要件，納稅義務人除須客觀上須有規避租稅之行為外，並須在主觀上有規避租稅之意思，始足構成租稅規避。

三、行政法之一般原理原則

租稅法屬於公法之一部，由一般行政法發展而成，就公法之整體架構而言，租稅法也是財政法律之一部[16]，故其解釋適用，也應遵循行政法之一般原則，分別探討如下：

① 租稅誠信原則

誠實信用原則乃源於善意與衡平，斟酌各該事件之特別情事，較量雙方當事人之利益，期使在交易上公平妥當之一種法律原則，故有法諺：「善意與衡平乃法之法律」，故誠實信用原則不僅為法律行為

或法律條文解釋或補充之原理，且為立法之準則❶。

依據司法院釋字第385號解釋，指租稅法律所定之事項若權利義務相關聯者，本於法律適用之整體性及權利義務之平衡，其解釋不得任意割裂適用。蓋法律有關租稅負擔之權利義務事項，若予割裂適用者，將造成人民承擔之租稅有欠公平或顯不合理，違背誠實信用之意旨。行政程序法第8條：「行政行為應以誠實信用原則之方法為之，並應保護人民正當合理之信賴。」在實務上行政法院72年判字第890號判決認為違背誠信原則之行政處分構成濫用權力之違法，而租稅法為行政法之一環，且各種稅額之核定是為一種行政處分，更可直接引用。租稅法之目的乃為徵納雙方行使權利、履行義務實現法律之公平與正義，故須依誠信原則為之，才能實現租稅法律的公平正義之法律理想。

② 租稅法上比例原則

所謂比例原則及乃稽徵機關採取一項措施來達成特定目的時，所採取之措施必須是「必要」且「適當」的行為，其所帶來的不利益也應各項措施中最小的，其所達成的目的之利益應是大於其不利益❶。

憲法第23條；「除為防止妨礙他人自由、避免緊急危難、維持社會秩序，或增進公共利益所必要者外，不得以法律限制之。」可知人民的自由權利僅得以「法律限制」，而限制人民自由權利必須出於「必要性」。這所謂的必要性，即法治國以公權力干涉人民之自由權利時，所應遵守的「比例原則」。

　　納稅者權利保法第15條：「稽徵機關或財政部賦稅署指定之人員依職權及法定程序進行稅捐調查、保全與欠繳應納稅捐或罰鍰之執行時，不得逾越所欲達成目的之必要限度，且應以對納稅者權利侵害最少之適當方法為之。」是租稅法上最佳的比例原則表現。

③ 信賴保護原則

　　信賴保護為法治國家之要素。行政程序法第8條：「行政行為，應以誠實信用之方法為之，並應保護人民正當合理之信賴。」在稅捐稽徵機關行使裁量權時自應注意，不得違反[19]。納稅者權利保護法第9條第2項：「解釋函令未依行政程序法第一百六十條第二項、政府資訊公開法第八條或其他適當方式公開者，稅捐稽徵機關不得作為他案援用。」稅局作稅務調查時，常使用稅局之內規要求納稅義務人提供相關資料這已經違反了信賴保護原則。

　　且大法官釋字第525號解釋：「信賴保護原則攸關憲法上人民權利之保障，公權力行使涉及人民信賴利益而有保護之必要者，不限於授益行政處分之撤銷或廢止，即行政法規之廢止或變更亦有其適用。行政法規公布施行後，制定或發布法規之機關依法定程序予以修改或廢止時，應兼顧規範對象信賴利益之保護。除法規預先定有施行期間或因情事變遷而停止適用，不生信賴保護問題外，其因公益之必要廢止法規或修改內容致人民客觀上具體表現其因信賴而生之實體法上利益受損害，應採取合理之補救措施，或訂定過渡期間之條款，俾減輕損害，方符憲法保障人民權利之意旨。」故信賴保護原則已經是一憲

法層級之法律原則。

---

❶ 張進德，誠實信用原則應用租稅法，元照出版公司，2008年10月，頁107

❷ 憲法第19條：人民有依法律納稅之義務

❸ 整理自張進德，誠實信用原則應用租稅法，冠恆國際企業管理顧問股份有限公司，2008年8月，頁110以下，黃茂榮，稅捐的構成要素，經社法制論叢第6期，頁23，陳敏，租稅債務關係之成立，政大法學評論第39期，頁381以下

❹ 呂麗娟，保證金與實質課稅原則之研究-以釋字第500號解釋為中心，2001年，中正大學會計研究所

❺ 陳清秀，稅法之基本原理，三民書局，1993年，頁64

❻ 張進德，誠實信用原應用於租稅法，冠恆國際企業管理顧問股份有限公司，2008年8月，頁115

❼ 張進德，誠實信用原應用於租稅法，冠恆國際企業管理顧問股份有限公司，2008年8月，頁115

❽ 陳敏，稅法總論，自版，2019年2月，頁41

❾ 陳敏，稅法總論，自版，2019年2月，頁41

❿ 陳敏，稅法總論，自版，2019年2月，頁65

⓫ TiPke, Klaus/Lang, Joachim, Steuerrecht, Köln 2005, 18. Atfl, §4 Rdnr.13.

⓬ 李惠宗，稅法方法論，元照出版有限公司，2021年9月，頁23

⓭ 財政部61/02/04台財稅字第31185號令：未具有醫師執業執照，醫師法第8條規定雖不得執行醫師業務，但在被查獲前既已執行醫師業務，並收取費用，而有所得者，自應依所得稅法第2條：「凡有中華民國來源所得之個人，應就其中華民國來源之所得，依本法規定課徵綜合所得稅」之規定辦理。密醫在被查獲前之執行醫師業務收入，自應課徵綜合所得稅，如其所得未有適當資料或紀錄可資查核者，應比照財政部核定之當年戒醫師執行業務收入費用標準逕行核定課徵或補徵，其違反稅法有關規定者並應移罰。

⓮ 財政部67/03/04台財稅字第31475號函

⓯ 陳敏，稅法總論，自版，2019年2月，頁211

⓰ 陳敏，稅法總論，自版，2019年2月，頁27

⓱ 張進德，誠實信用原則應用於租稅法，冠恆國際，2008年10月，頁247

⓲ 陳敏，稅法總論，自版，2019年2月，頁242

⓳ 陳敏，稅法總論，自版，2019年2月，頁243

1-4 租稅之分類

　　租稅結構（tax structure）或稱為租稅體系（tax system），是指稅收制度整體內部的分類、層次、構成、比例以及相互關係的總合。一國不同種類稅收的總和構成了該國的「稅收體系」，而每一類稅收在該體系中所占的比重就表現為該國的「租稅結構」。

　　在已開發國家中，雖然各國實際採用的稅目有相當的多樣性，但基本上較常見的包括：個人所得稅、公司所得稅、社會保障稅（薪給稅）、財產稅、遺產贈與稅、一般銷售稅、特種銷售稅、增值稅、關稅等等。理論上來說，稅收的分類主要依據其課稅對象的不同而劃分。

 ## 以稅收歸屬區分

　　租稅種類，以歸屬之政府單位來區分，可以區分為國稅、地方稅，其稅收歸屬依「財政收支劃分法」之規定，國稅稽徵權屬於財政部關務署及財政部所轄五區國稅局分別是財政部台北國稅局；轄台北市全市國稅之稽徵，財政部北區國稅局；轄宜蘭縣、基隆市、新北市、桃園市、新竹市、新竹縣、花蓮縣、金門縣、連江縣國稅之稽徵，財政部中區國稅局；轄苗栗縣、台中市、南投縣、彰化縣、雲林縣國稅之稽徵，財政部南區國稅局；轄嘉義縣、嘉義市、台南市、屏東縣、台

東縣、澎湖縣國稅之稽徵，財政部高雄國稅局；轄高雄市全市國稅之稽徵。地方稅稽徵權屬於各直轄市及縣（市）地方政府所屬的稅捐機關，有些縣市稱地方稅務局，但有些縣市稱稅捐稽徵處。

① 國稅

國稅是屬於中央政府可支用的稅收，包括有下列10種：

（一）**關稅**：由財政部關務署負責徵收，貨品從境外通過海關進入境內的時候，境內政府透過海關針對貨物所課徵的稅金。

（二）**所得稅**：由財政部所屬各地區國稅局負責稽徵，凡有中華民國來源所得之個人，不論其為本國人或外國人，亦不論其是否居住中華民國境內，均應就中華民國來源所得課徵綜合所得稅，在中華民國境內經營之營利事業，不論其組織型態，均應課徵營利事業所得稅。

（三）**遺產稅**：由財政部所屬各地區國稅局負責稽徵，經常居住中華民國境內之中華民國國民，死亡時就其中華民國境內境外全部遺產，或經常居住中華民國境外之中華民國國民，及非中華民國國民，死亡時在中華民國境內遺有財產者，就其在中華民國境內之財產，課徵遺產稅。

（四）**贈與稅**：由財政部所屬各地區國稅局負責稽徵，經常居住中華民國境內之中華民國國民，或經常居住中華民國境外之中華民國國民，及非中華民國國民，就其在中華民國境內之財產為贈與者。

（五）**貨物稅**：由財政部所屬各地區國稅局負責稽徵，凡貨物稅條例規定之貨物，不論其在國內產製或自國外進口，除法律另有規定外，均應課徵貨物稅。

（六）**證券交易稅**：由財政部所屬各地區國稅局負責稽徵，凡買賣有價證券，除各級政府發行之債券外，均課徵證券交易稅。自99年1月1日至115年12月31日止暫停徵公司債及金融債券之證券交易稅。自106年1月1日起至115年12月31日止暫停徵證券投資信託事業募集發行以債券為主要投資標的之上市及上櫃指數股票型基金受益憑證之證券交易稅。但槓桿型及反向型之債券指數股票型基金受益憑證，不適用之。

（七）**期貨交易稅**：由財政部所屬各地區國稅局負責稽徵，凡在中華民國境內期貨交易所從事期貨交易，均應課徵期貨交易稅。

（八）**營業稅**：由財政部所屬各地區國稅局負責稽徵，在中華民國境內銷售貨物或勞務及進口貨物，均應課徵營業稅。

（九）**菸酒稅**：由財政部所屬各地區國稅局負責稽徵，凡菸酒稅法規定之菸酒，不論國內產製或國外進口，均應於出廠或進口時徵收菸酒稅。

（十）**特種貨物及勞務稅**：由財政部所屬各地區國稅局負責稽徵，在中華民國境內銷售、產製及進口特種貨物及銷售特種勞務，均應課徵特種貨物及勞務稅❶。

我國國稅範圍依財政收支劃分法第8條規定：應有下列九種：一、所得稅，二、遺產稅及贈與稅，三、關稅，四、營業稅，五、貨物稅，六、菸酒稅，七、證券交易稅，八、期貨交易稅，九、礦區稅。

② 地方稅

地方稅是屬於地方政府可支用的稅收，另依財政收支劃分法第19條規定：「各級政府為適應特別需要，得經各該級民意機關之立法，舉辦臨時性質之稅課。」，尚包括直轄市及縣（市）稅，有以下8種：

（一）**地價稅：**由各直轄市及縣（市）地方政府所屬的稅捐機關負責稽徵，已規定地價之土地，除依法課徵田賦者外，應課徵地價稅。

（二）**田賦：**由各直轄市及縣（市）地方政府所屬的稅捐機關負責稽徵，對未規定地價之土地或已規定地價符合土地稅法第22條規定作農業使用之土地，應課徵田賦。（目前停徵）。

（三）**土地增值稅：**由各直轄市及縣（市）地方政府所屬的稅捐機關負責稽徵，已規定地價之土地，於土地所有權移轉時，應按其土地漲價總數額徵收土地增值稅。但因繼承而移轉之土地，各級政府出售或依法贈與之公有土地，及受贈之私有土地，免徵土地增值稅。

（四）**房屋稅：**由各直轄市及縣（市）地方政府所屬的稅捐機關負責稽徵，附著於土地之各種房屋及可增加該房屋使用價值之建築物。

（五）**契稅**：由各直轄市及縣（市）地方政府所屬的稅捐機關負責
　　　稽徵，不動產之買賣、承典、交換、贈與、分割或因占有而
　　　取得所有權者，均應申報繳納契稅。但在開徵土地增值稅區
　　　域之土地，免徵契稅。

（六）**使用牌照稅**：由各直轄市及縣（市）地方政府所屬的稅捐機
　　　關負責稽徵，使用於公共水陸道路之交通工具。

（七）**娛樂稅**：由各直轄市及縣（市）地方政府所屬的稅捐機關負
　　　責稽徵，電影、職業性歌唱、說書、舞蹈、馬戲、魔術、技
　　　藝表演及夜總會之各種表演，戲劇、音樂演奏及非職業性歌
　　　唱、舞蹈等表演，各種競技比賽及舞廳或舞場、高爾夫球場
　　　及其他提供娛樂設施供人娛樂者開徵娛樂稅。

（八）**印花稅**：由各直轄市及縣（市）地方政府所屬的稅捐機關負
　　　責稽徵，非小規模營業人之銀錢收據或買賣動產契據、承攬
　　　契據、典賣、讓受及分割不動產契據均須貼用印花稅。

 ## 以課稅客體是否通過國境區分

① 國境稅

　　租稅客體通過國境時所課徵之租稅，現行稅法中為關稅及其附屬
之租稅，例如對進口貨物課徵之貨物稅、營業稅❷。由於關稅具有國
際性質，課徵的技術又具特別性，故在稅法自成一格，所以稅捐稽徵
法第2條：「本法所稱稅捐，指一切法定之國、直轄市、縣（市）及

鄉（鎮、市）稅捐。但不包括關稅。」就將關稅排除其適用範圍而另成稽徵體系。

 ② 內地稅

課徵之租稅客體均在本國境內，依稅捐稽徵第1條：「稅捐之稽徵，依本法之規定；本法未規定者，依其他有關法律之規定。」及第2條前段：「本法所稱稅捐，指一切法定之國、直轄市、縣（市）及鄉（鎮、市）稅捐」。故凡適用稅捐稽徵法者均為內地稅，例如所得稅、營業稅、房屋稅等。

依課稅主體與實際負擔稅額者區分

① 直接稅

法律所規定之「納稅義務人」❸和「租稅承擔人」❹均同一人承擔者，為直接稅。例如所得稅、遺產稅等。

② 間接稅

租稅之負擔原則上由納稅義務人轉嫁第三人，納稅義務人和租稅承擔人為不同之人者，間接稅，在現行稅法中比較大家所知的營業稅，納稅義務人為販賣商品或勞務之人，實際承擔稅額者為商品或勞務的購買人，貨物稅亦同。但依加值型及非加值型營業稅法第32條第2項規定：「營業人對於應稅貨物或勞務之定價，應內含營業稅。」

❶ 自 105 年 1 月 1 日起，訂定銷售契約銷售不動產者，停徵特種貨物及勞務稅
❷ 陳敏，稅法總論，自版，2019 年 2 月，頁 13
❸ 納稅義務人：依稅法規定應繳納稅額之人
❹ 租稅承擔人：在經濟上實際承擔租稅稅額之人

所得稅法的起源
暨定義

TAX
PLANNING
HANDBOOK

SECTION 2-1 所得稅的起源

　　人類的社會早期無論是東方還是西方社會，所開徵的稅賦都是人頭稅，依人頭來徵稅。稅率也大都是採用正比稅率，都是以不改變社會力量對比為出發點來設計稅率，因為國家不會通過徵稅的手段來影響社會財富的自然分配。在早期徵稅原則是以John Syuart Mill，於1833年所總結的「愛丁堡原則」為原則，愛丁堡原則大意：「讓它保持原狀態（Leave them as you fund them）」；人們認為國家的責任僅限於保證國家安全和維護社會秩序，百姓為此交稅給國家，國家安全和公共秩序是無論富人還是窮人都享受得到，所以才會按人頭數開徵人頭稅，但是富人的地產、財產多，需要獲得的保護也比較多，例如保護富人的200,000坪的土地所需要的警力比保護窮人30坪的土地所需要的警力要多得多，所以富人要按正比稅率繳稅。❶

　　所得稅最先起源於英國財政大臣威廉‧皮特（Willam Pitt d.J.）於1799年創設包括單獨的收入種類、收入調查規定和需要考慮納稅主體支付能力的規定（通過免稅金額扣除生活費負擔❷），其主要的目的是為了籌措戰爭經費，而臨時開徵的稅種❸。1842年英國首相皮爾（R. Peel）為彌補關稅與消費稅的不足，創設經常性的所得稅，也一直延用至今。而德國也在1806年其首相就呼籲要向英國學習引入所得

稅制度，但直到1878年才在德國生效執行了所得稅法，但也只是在普魯士王國實施而已，1920年德國的財政部長茨伯格統一了德國中各王國的所得稅法在全德國境內開徵所得稅❹。

1870年法國在普法戰爭中戰敗必須向德國支付巨額的賠償款，面臨空前的財政壓力，當時的法國總理考慮向英國學習開徵所得稅但遇到當時的總統激烈的反對，才未開徵，直到在第一世界大戰的財政壓力下，法國才於1914年開徵所得稅❺。而美國的所得稅的開徵比德國還早，但中間曾經有二次停徵，由於這些大國都開徵了所得稅產生了國富民強的效果，其他各國都仿效開徵所得稅，所得稅大都是採用累進稅率，而通過累進稅率使得低所得者和高所得者之間的對比力量發生了重大的變化，低所得者的相對力量加強了，而高所得者的力量相對的減弱了許多，其財產的狀態也發生了改變，有錢人的財產被部分剝奪，這等於侵犯了私有財產，破壞了私有財產神聖不可侵犯的天條❻，這也表示，國家通過所得稅法實現了社會財富重分配，讓富人盡些社會責任，窮人得以享受平等的公共資源。

我國所得稅制度的造型和稅率設計，基本上由民國初年的經濟結構自農業社會漸進而成工商社會，更進一步成為開發中國家，甚至向已開發國家邁進。其歷經落後的農業經濟、民國建立、袁氏稱帝政制突變、北伐成功、中日戰爭、遷都南京、退避台灣，經濟起飛等時期。我國歷年所得稅制度，在設計上仍不失其傳統上「量能課稅」的財政意義，「矯正所得」的社會功能和民生主義的「均富政策」政治目標❼。

＊表2 我國所得稅稅制重要紀事表

時期	所得稅稅制重要紀事
民國25年	訂定所得稅暫行條例，民國26年施行，奠定直接稅基礎，採分類所得稅制。
民國32年	訂定所得稅法（共22條），同年7月施行。所得稅由臨時稅演變為正式稅。
民國35年	修正所得稅法（共42條），同年4月16日施行，確立分類綜合所得稅制。
民國44年	修正所得稅法（共120條），民國45年施行，分類綜合所得稅制改進為個人綜合所得稅與營利事業所得稅平行之雙排所得稅制，所得稅基本架構已完備。
民國45年以後	此後所得稅法之修正（截至110年5月底，共計修正59次），係基於民國44年所得稅法之架構下，予以增修，摘錄重要修正內容如下： 1. 民國50年：正式施行營利事業所得稅結算申報查帳準則（民國47年至49年為試行期間）。 2. 民國86年：實施兩稅合一制。 3. 民國90年：規範信託制度相關所得課稅規定。 4. 民國94年：訂定所得基本稅額條例，實施最低負稅制，民國95年施行。 5. 民國99年：配合促進產業升級條例租稅減免落日，營利事業所得稅稅率自25%降為17%。 6. 民國100年：實施噸位稅制及反自有資本稀釋課稅制度。另刪除軍教人員薪資所得免稅規定，自民國101年施行。 7. 民國102年：實施個人股票交易所得課徵綜合所得稅（自105年1月1日起停徵）。另營利事業基本稅額徵收率由10%提高為12%。 8. 民國103年：自104年度起，推動所得稅－回饋稅制度。 9. 民國104年：自105年1月1日起，實施房地合一課徵所得稅制度。 10. 民國107年：實施所得稅制優化方案。 11. 民國108年：依106年2月8日司法院釋字第745號解釋，所得稅法第14條第1項第3類第1款及第2款、第17條第1項第2款第3目之2關於薪資所得之計算，僅許薪資所得者就個人薪資收入減除定額之薪資所得特別扣除額，而不許其於該年度之必要費用超過法定扣除額時，得以列舉或其他方式減除必要費用，於此範圍內，與憲法第7條平等權保障之意旨不符，修正所得法第14條、第17條。

	12.民國109年：為配合民法成年年齡下修為十八歲，並使適用納稅義務人扶養親屬免稅額規定之受扶養親屬成年與否之認定回歸民法規定，爰將第一項第一款第二目至第四目所定「未滿二十歲」及「滿二十歲以上」修正為「未成年」及「已成年」。 13.民國110年：為防杜個人交易短期持有房屋、土地，利用土地增值稅稅率與房地合一所得稅稅率間差異規避所得稅負，延長有關適用百分之四十五及百分之三十五稅率之持有期間規定。

資料來源：財政部財政史料室

---

❶ 張巍，中國需要現代的個人所得稅，浙江工商大學出版社，2015年12月，頁3

❷ Dieten Birk，Deguo Shuifa Jiaokeshu，徐妍譯，德國稅法教科書，13版，北京大學出版社，2018年5月，頁7

❸ 王樺宇，劉劍文，兩岸稅法比研究，北京大學出版社，2015年1月，頁96

❹ 整理張巍，中國需要現代的個人所得稅，浙江工商大學出版社，2015年12月，頁5

❺ 整理張巍，中國需要現代的個人所得稅，浙江工商大學出版社，2015年12月，頁7

❻ 整理張巍，中國需要現代的個人所得稅，浙江工商大學出版社，2015年12月，頁4

❼ 參考陳可粵，我國所得稅制度之演變，台灣商務印書館，1986年10月，頁2

SECTION
2-2 所得之定義

　　所得一詞之定義自開徵所得稅以來，即有爭論，而美國經濟學家海格（R. M. Haig）於 1921 年提出：所得稅是以個人或經濟組織的所得為納稅對象，其本質在於「矯正所得」和「平均財富」的財經政策的要求[1]，其租稅結構具多變性和可塑性[2]。基於所得稅課徵之規範目的在法律的概念上所得應具備三個要素：（1）貨幣或有價客體流入，（2）經濟行動（3）實現；進而定義所得為：「因個人或組織之經濟行動，而自外界有形流入之貨幣或有價客體，已經實現者。」[3]

　　所得稅法上所得概念之理論，主要可分四種，分別為源泉理論、純資產增加說與市場所得理論[4]、營利所得說。我國所得稅法上所得之概念，應係採取與美國、日本相同之純資產增加說的所得理論為基礎。因此，包含國家給予私人之經濟上補助在內，因其形成資產淨值之增加，增加納稅人之稅捐負擔能力，故亦屬所得稅法上所得，應對其課徵所得稅。

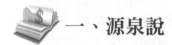

一、源泉說

　　係由總體經濟為起點，乃站在在國民經濟立場的課稅理論。所得乃從繼續存在之固定源泉（Quellen），所產生之具有規律性、反覆

性的孳息。非由固定源泉所產生，僅具有一時性（einmalig）之財產上增益，例如一時貿易盈餘、繼承、贈與、機會中獎、保險給付、因嗜好活動（Liebhaberei）而取得之收入，依據源泉理論，均非所得範圍。屬於財產本體價值之變動（Wertänderung der Vermögen），不論其增值或貶值，亦不論是否透過轉售以實現其價值，均非源泉理論下所認知的所得。源泉理論之所得範圍雖較為狹窄，但仍應注意所謂源泉之孳息，不限於外界可見的金錢給付，亦包括具有金錢價值的利益（geldwerte Vorteile）在內。

二、純資產增加說

係以個體經濟為基礎，著眼個人經濟能力為重點的課稅理論。所謂經濟能力，係指支配消費的能力而言。由經濟學者 Schanz 於 1896 年首先提出，主張：所得為一定期間中資產淨值之增加或貶損，其中亦包括使用與第三人所提供之具有金錢價值的給付（Nutzungen und geldwerte Leistungen Dritter）在內[5]，故所得之概念，為一切增加稅捐主體之財產上增益，不論是否具有規則反覆性、是否自繼續存在之固定源泉所產生、是否為孳息或為基幹財產之增加，均為所得。純資產增加說所掌握之所得，乃資產淨值之客觀變動，對於資產淨值之增加，不論稅捐主體在主觀上是否有增加財產之意願，或是否具有獲取所得之意圖，亦不論稅捐客體係從營業領域或私人領域取得，於所得之認定均不生任何影響[6]。

 ### 三、市場所得說

　　所得必須是納稅主體參與市場活動後所實現之財產上增益。若非參與市場而有所取得者，不論是遺產、贈與、國家所提供之照顧給付，或依據法律所定私人扶養義務的給付，均非所得，亦非現行所得稅法課徵之範圍。「市場所得理論」（Markteinkommenstheorie, Market-income theorey）之構成要件：（一）稅法上之課稅所得即為市場所得，必須是納稅義務人基於主觀獲取盈餘之意圖，即須有營利之意圖。（二）須藉由客觀構成要件之營利行為，參與經濟上之交易所實現之經濟成果方屬之。倘若納稅人欠缺營利之意圖，因此而取得之財產上增益，例如業餘之集郵嗜好者，其交換或出售珍藏之郵票，縱有財產上增益，因主觀上並無獲取盈餘之意圖，故依照此處之市場所得理論，屬於個人嗜好之活動，不論其為利得或有所損失，均屬私人消費領域，不列入應稅或可得減除損失的範圍。納稅人非透過市場經濟，或取得不具對價給付性質之財產上增益者，均非所得❼。

 ### 四、營利所得說

　　市場所得說其最大問題在於使用經濟學上的「市場」概念來界定課稅所得之範圍，卻發現在所得稅法上課稅所得之經濟活動，亦不以「市場」概念中之營利或職業活動為限。例如擔任高級行政官員或各項公法團體之主管等職務，其工作與市場之經濟活動可能毫無關係，但與國家行使統治高權等行為有關，個人因該項職位而取得之報酬，雖非因市場經濟活動而有所取得，仍為所得稅法上課稅所得之範圍，

只要納稅人主觀上具備獲取盈餘之意圖，具備營利之意圖，客觀上係經由上述之營業或職業活動，因此而產生之財產上增益，即為所得稅法上之所得❽。

在所得稅法的立法上就採用哪種理論非有一定數，觀各國之所得稅法各有不同，例如，英國採所得源泉說，對資本增益均不課稅，而美國採純資產增加說，資本增益亦在課稅之列❾。

「所得」乃所得稅法之中心概念，並作為課稅之標的，在實務上應先認定納稅人客觀取得之收入為應稅所得，否則不能加以之課稅，但在實務上的確顯示，應稅之「其他所得」與「非所得」之劃分界線並不清楚，「所得」之概念不夠明確，會引發徵納雙方，對於課稅與否認知不同而有所差異，進而涉及一連串後續之法律效果的反應。如稅捐機關認為納稅人並未誠實申報所有應予課稅之所得，除可能對於納稅義務人要求補稅以外，還可能對於納稅義務人或扣繳義務人未依法按時申報或未依法扣繳之行為，因此施以「行為罰」或者「漏稅罰」，甚至認定其涉及逃漏稅捐之行為，應負相當之刑事責任，其後果可謂相當嚴重。所以「所得」概念之處理，為稅法學上一項無法迴避、必須正面回應之課題。在「所得」概念未明、欠缺應稅標準的情況下，不僅稅捐機關與司法機關容易作出前後矛盾之決定或裁判，在學理上亦無法協助提出一套合理性並實際可行之所得理論，此時在立法運作上稅法很容易淪為政治角力之禁臠，不論是「應稅」或「免稅」項目，便可能成為各個利益團體積極遊說的對象，一旦在立法上經常出現，欠缺正當理由只為迎合某些特定團體之「課稅」或「免稅」規定，勢

將引發人民對於稅法規定的反抗意識，而且稅法本來就是一種干預之法律，在本質上已很難期待人民願誠心誠意自動遵守，若其又欠缺價值一貫性，淪為政治角力與利益交換之工具，則將使人人視稅法規定為必要之惡，將逃漏或規避稅捐之行為看為真本事，如此一來距離稅捐體制整體崩潰之邊緣亦將不遠矣，從近來抗稅聯盟（太極門事件）所產的一連串行為中可窺一般❿。

我國之所得稅法究採用何種理論基礎，在學界有不同的意見，大致可以分為以下二說：

一、純資產增加說

探討我國所得稅法發展之歷史與現行規定之內容，可以認定我國所得稅法上所得之概念，應係採取與美國、日本相同之純資產增加說的所得理論為基礎，從所得稅法第14條第1項第1類之營利所得、第8類之競技、競賽及機會中獎之獎金或給與，以及第10類之其他所得，分別將一時貿易盈餘及非自「市場」取得之中獎獎金收入，與一切可能形成納稅人財產增加之因素，不論其是否因其營業或職業而取得，也不論其是否基於偶然之因素而取得、不論其為合法或非法之取得，均列為課稅所得之範圍，可得知我國所得稅法立法精神為「純資產增加說」⓫。

二、純資產增加暨市場交易說

所得稅法第14條規定所得種類除了可以明白確認之收入種類外，

亦包括了無法歸類的其他收入，所以是採取了概括的所得概念，只是強調個人自外來流入的「收入」。另依所得稅法第24條第1項規定：「營利事業所得之計算，以其本年度收入總額減除各項成本費用、損失及稅捐後之純益額為所得額。」營利事業的收入亦採包括所得的概念，基本上採資產增加說的精神。其法條的規定又是以收入之型態，認為所得，故原則上應將未實現之利得自己財產利用等歸屬所得，排除於課稅對象，因此實質上又具有市場交易所得說的內涵，但其範圍似又比交易所得說為廣，並又不似透過市場交易所取得之為限[12]。

在實務上對所得稅法的「所得」概念提出判決不多，且學界的意見分歧，在大法官解釋文中仍然可以看大法官在協同意見書或部分不同意見書中，有對於所得概念之看法與意見的表達，例如在司法院釋字第315號解釋之協同意見書中，楊日然大法官表示：「所得稅法第二十四條第一項概括的規定以當年度的『純益額』作為所得額，可知我國所得稅法對於營利事業之課稅所得概念，基本上係參考『純資產增加說』的所得理論的精神，認營利事業既因當年度的純資產增加而具備負擔納稅的經濟能力，故將此『純益額』作為所得額納入課稅範圍，實符合租稅公平負擔的要求。」楊大法官對所得的概採「純資產增加說」。此外，蘇俊雄大法官亦在司法院釋字第508號解釋提出之不同意見書中指出：「從所得稅法第八條第一款至第十款的例示規定，可以得出在『量能課稅』的基本原則下，本法所稱『所得』解釋上至少有兩項特徵：一、形成財產增加，二、該財產增加係經由市場交易而來。從所得稅法第八條所列例示中，列明有『股利』、『盈餘』、『報

酬』、『利息』、『租金』、『權利金』、『增益』、『獎金或給與』等，皆屬原財產增加之收入概念，及從第十四條關於個人綜合所得總額計算方式規定，亦可知所得稅法所掌握者為財產的增加。蓋並非有財產收入之外觀即屬本法課徵標的，尚必須引起財產收入的經濟行為結果，造成整體財產的增加時方屬之。最典型的例子為，因財產損失所得之賠償金或補償金為填補損失之用，非形成整體財產之增加，故對賠償、補償金自不列入所得課稅。所得稅課徵之基礎——負擔能力，原基於市場所能提供的營利機會而來。……國家課徵所得稅之正當性，正在於納稅義務人參與市場而有收益，因此負有義務分擔公共支出，觀察所得稅法第八條所列之經濟行為樣態：包括參與營利事業分配、提供勞務、財產借貸、供他人使用財產或權利、財產交易、經營事業、參與競賽等，皆為在獲得利潤盈餘的意圖下參與市場活動之行為，可知所得稅課徵標的應限於營利行為所生之收入。亦即，所得稅課徵標的是個人參與市場交易活動所得之財產增加，未經由交易而得之增益即不屬之。」蘇大法官採「純資產增加暨市場交易說」。無論是楊大法官所提及的「純資產增加說」所得理論，或是蘇大法官所說明的「形成財產增加」與「經由市場交易而來」之市場所得概念特徵，在我國的法學文獻中亦有相關之說明，並對於我國所得稅法上之所得概念，表示其適當之見解者，多數係採取後述之「市場交易說」。

　　筆者認為在我國所得稅法中的所得概念宜用「純資產增加說」，其理由如下；（一）美國與二次世界大戰後之日本，大致上採行涵蓋範圍較為廣泛的「純資產增加說」所得理論為其立法基礎，（二）我

國現行的所得稅法之立法規定，無論是從稅捐立法的歷史或所得稅法之法條規定之關連性以及從所得稅與其他稅法規定間的體系關係來看，應是採取與美、日相同之「純資產增加說」的所得理論為基礎，亦即所有增加納稅人稅捐負擔能力之財產上增益，均為我國稅法上課稅所得之範圍。（三）從我國所得稅法的規定和課徵實務上來看，所有的所得均為其課稅所得但得扣除必要之成本、費用之淨額始為課稅所得，就如財政部61年2月4日台財稅字第31185號令：密醫在被查獲前之執行醫師業務收入，應比照本部核定之當年度醫師執行業務收入費用標準逐行核定課徵或補徵，其有違反法有關規定者並應移罰。其所得實為密醫之資產增加所致，另財政部66年8月11日財稅字35323函：各機關首長在定期經費預算內「一般行政及管理一般特別及機密費」項下領據列報規定部分，核非屬個人所得免納所得稅。其所得非機關首長資產有所增加，故認定為非課稅所得。

❶ 陳可粵，我國所得稅制度之演變，台灣商務印書館，1986年6月，頁1
❷ 包括所得種類的選擇，稅基範圍的伸縮擴張，課稅所得淨額的計算方法，累進稅率起徵點高低和級距訂定等
❸ 吳金柱，所得稅法之理論與實用，五南圖書出版，2008年4月，頁191
❹ 柯格鐘，論所得稅法上的所得概念，臺大法學論叢第37卷第3期，2008年9月，頁129
❺ 柯格鐘，論所得稅法上的所得概念，臺大法學論叢第37卷第3期，2008年9月，頁139

❻ 林大造,簡錦川譯,所得稅之基本問題,財政部財稅人員訓練所,1984年2月,頁81

❼ 柯格鐘,論所得稅法上的所得概念,臺大法學論叢第37卷第3期,2008年9月,頁151

❽ 柯格鐘,論所得稅法上的所得概念,臺大法學論叢第37卷第3期,2008年9月,頁153

❾ 林大造,簡錦川譯,所得稅之基本問題,財政部財稅人員訓練所,1984年6月,頁81

❿ 整理自柯格鐘,論所得稅法上的所得概念,台大法學論叢,第37卷第3期,2008年9月,頁156-168

⓫ 整理自柯格鐘,論所得稅法上的所得概念,台大法學論叢,第37卷第3期,2008年9月,頁156-168

⓬ 整理自陳清秀,稅法各論(上),2016年3月,頁60

營利事業所得稅

TAX
PLANNING
HANDBOOK

　　營利事業之會計基礎依所得法第22條第1項規定：「會計基礎，凡屬公司組織者，應採用權責發生制，其非公司組織者，得因原有習慣或因營業範圍狹小，申報該管稽徵機關採用現金收付制。」原則上是權責發生制，所謂權責發生制依商業會計法第10條規定為「所謂權責發生制，係指收益於確定應收時，費用於確定應付時，即行入帳。決算時收益及費用，並按其應歸屬年度作調整分錄。」。非公司組織者如獨資、合夥組織得向該管稽徵關申請採用「現金收付制」，所稱現金收付制，係指收益於收入現金時，或費用於付出現金時，始行入帳。

　　營利事業所得稅係對營利事業之所得課徵之所得稅，其性質類似其他國家實施之法人所得稅或公司所得稅，而我國除對公司法人課稅外，尚包括獨資、合夥、合作社、其他組織以及不符合行政院規定免納所得稅適用標準之教育、文化、公益、慈善機關團體等事業，其範圍較廣。

　　凡在中華民國境內經營之營利事業，包括公營、私營、或公私合營，以營利為目的之獨資、合夥、公司、合作社及其他組織之工、商、農、林、漁、牧、礦冶，以及不符合免稅標準之教育、文化、公益慈

善機關團體事業等，均需依法課徵營利事業所得稅❶。對於營利事業之總機構在中華民國境內者，應就其在中華民國境內及境外全部營利事業所得，合併課徵營利事業所得稅，惟為避免國際間之重複課稅，於所得稅法第3條第2項規定：「營利事業之總機構在中華民國境內者，應就其中華民國境內外全部營利事業所得，合併課徵營利事業所得稅。但其來自中華民國境外之所得，已依所得來源國稅法規定繳納之所得稅，得由納稅義務人提出所得來源國稅務機關發給之同一年度納稅憑證，並取得所在地中華民國使領館或其他經中華民國政府認許機構之簽證後，自其全部營利事業所得結算應納稅額中扣抵。扣抵之數，不得超過因加計其國外所得，而依國內適用稅率計算增加之結算應納稅額。」有扣抵稅款之辦法。若營利事業總機構在中華民國境外（即國外營利事業），不論在中華民國境內有無固定營業場所或營業代理人，如有中華民國來源所得，均應依法向稅捐稽徵機關繳納營利事業所得稅。

❶ 所得稅法第11條第2項規定

3-2 營所稅之稅捐主體

　　營利事業所得稅之稅捐主體，也就是營利事業所得稅納稅義務人，依所得稅第11條第2項、第3項規定為：

一、以營利為目的之營利事業、合作社，所謂營利事業指公營、私營或公私合營，以營利為目的，具備營業牌號或場所之獨資、合夥、公司及其他組織方式之工、商、農、林、漁、牧、礦冶等營利事業，其判斷的標準在實務上採形式登記主義的認定方式，公司組織依公司法登記取得法人之人格，但獨資合夥組織（行號或商號）也須依商業登記法向當地縣市政府理登記，依商業登記法第4條規定：「商業除第五條規定外，非經商業所在地主管機關登記，不得成立。」又依商業登記申請辦法第4條：「商業經營之業務，依法律或法規命令須經各該目的事業主管機關許可者，其申請商業各類登記事項，應附具各該目的事業主管機關許可文件。」商業登記須經各該目的事業主管機關許可者，取得許可後依加值型及非加值型營業稅法第30-1條向各地管區之國稅局辦理稅籍登記，依法核課各項稅捐，但依商業登記法第5條規定：「下列各款小規模商業，得免依本法申請登記：一、攤販。二、家庭農、

林、漁、牧業者。三、家庭手工業者。四、民宿經營者。五、每月銷售額未達營業稅起徵點者。前項第二款及第三款所定小規模商業，以自任操作或雖僱用員工而仍以自己操作為主者為限。」民宿經營者依民宿管理辦法向當地縣市政府申請設立，取得主管機關之設立許可向稅捐稽徵機關辦理稅籍登記原無法律上之問題，但每月銷售額未達營業稅起徵點者❶和攤販、家庭農、林、漁、牧業者、家庭手工業者免辦理商業登記，但在實務上各地區國稅局為便宜徵稅會要求他們辦理設籍課稅，唯**查無「設籍課稅」之法源依據**。原本攤販訂有：「台灣省攤販管理規則」但於民國91年12月31日廢止，現攤販由各地縣（市）政府管理，例如台北市訂有「台北市攤販管理自治條例」台北市的攤販之登記、發證、規劃及管理，由台北市政府產業發展局負責，指揮監督由台北市市場處執行，所以攤販應先向當地主管機關申請許可後再向稅捐主管機關辦理稅籍登記，實無設籍課稅之必要且無法源依據。每月銷售額未達營業稅起徵點者免辦理商業登記者更是法律上之大漏洞，目前我國稅捐稽徵技術和人力之欠缺，無法稽徵其營業行為之營業額實為多少，形成我國地下經濟之主要來源，且**易形成徵納雙方衝突的最大衝突點，建議稅捐主管機關：應依現實狀況於相關法令中訂定設籍課稅之法源依據，以利國民清楚了解及行政機關（含稅捐稽徵機關）有所行政依據。**

二、不符合行政院規定免納所得稅適用標準之教育、文化、公益、
慈善機關團體（亦稱非營利組織），依所得稅法第11條第4
項規定：「所謂教育、文化、公益、慈善機關團體，係為合
於民法總則公益社團及財團之組織，或依其他相關法令，經
主管機關登記或立案成立者為限。」，非營利組織的用語，
源自美國內地稅法（Internal Revenue Code）第501條第C
項第3款的定義❷，該條款將教育、宗教、科學等致力於公
共事務且非以營利為目的之組織，賦予享有租稅減免的優惠。
在我國非營利組織係依所得法第4條第1項第13款規定者給
予免徵所得稅，有關公益團體從事公益活動，可分攤國家之
任務，減少政府財政負擔支出，因而給予「稅捐優惠」，並
不違反平等原則。但非營利組織如不符合行政院所頒定「教
育、文化、公益、慈善機關或團體免納所得稅適用標準」免
稅標準之要件，仍應依所得稅法第71條之1第3項：「合於
第四條第十三款規定之教育、文化、公益、慈善機關或團體
及其作業組織，應依第七十一條規定辦理結算申報；其不合
免稅要件者，仍應依法課稅。」課徵營利事業所得稅。非營
利組織是不以營利為目的的組織，不過其並非不得有任何利
潤的組織，因為組織為了追求永續經營，任何組織都必須產
生利潤作為維持組織運作之資金，非營利組織也不例外，只
要不把獲利當做組織之主要目標，並不將所獲取之利潤加以
分配，非營利組織從事適度營利活動應該是可被接受。

非營利組織的特質由於各組織間具有相當大的差異，很難用一套標準的方法歸類和描述，而學者對非營利組織之特質有下列見解：

（一）**Wolf（1990）**：（1）必須具有服務大眾的主旨，（2）必須是不以營利為目的的組織，（3）其經營結構必須不任何人利己營私的組織，（4）其組織享有政府稅賦上的優惠，（5）捐贈該機構的捐款可享受稅賦優惠[3]。

（二）**Salamon（1999）**：（1）正式化（formal）的組織，（2）私人（private）的組織，（3）非利潤分配（nonprofit distributing）的組織，（4）自主管理（self-governor）的組織，（5）志願服務（voluntary）的組織[4]。

筆者從管理學和我國法律規定，認為非營利組織應具備的特質有以下數點：（1）非以營利為目的之組織，（2）必須為合法且正式之組織，（3）負有公益服務使命之組織，（4）禁止分配盈餘之組織，（5）享有租稅優惠之組織。

依據教育、文化、公益、慈善機關或團體免納所得稅適用標準第2條第2項：「財產總額或當年度收入總額達新臺幣一億元以上之教育、文化、公益、慈善機關或團體，其本身之所得及其附屬作業組織之所得免納所得稅者，除應符合前項各款規定外，並應委託經財政部核准為稅務代理人之會計師查核簽證申報。」所稱「收入總額」謂指該團體銷售貨物或勞務之淨額與銷售貨物或勞務以外之收入合計數[5]。而「財產總數」是指財（社）團法人之法人登記證書所載之財產總額[6]，而非法人社團之財產總額，目前無明確規定，大都以資產總額

來認定。

　　非營利組織依所得稅法第4條第1項第13款之規定:「下列各種所得,免納所得稅:……十三、教育、文化、公益、慈善機關或團體,符合行政院規定標準者,其本身之所得及其附屬作業組織之所得。」免納所得稅,如有銷售貨物或勞務之所得,除銷售貨物或勞務以外之收入不足支應與其創設目的有關活動之支出時,得將該不足支應部分扣除外,其餘銷售貨物或勞務之所得應依法應課徵所得稅[7],但其所得收支比小於60%者仍應課徵所得稅[8],關於收支比財政部89年6月1日台財稅字第0890453088號函解釋:「核釋『教育文化公益慈善機關或團體免納所得稅適用標準』第2條第1項第8款有關80%(編者註:現為60%)支出比例之計算方式。說明:二、教育、文化、公益、慈善機關或團體(以下簡稱機關團體)適用首揭條款有關『用於與創設目的有關活動之支出,不低於基金之每年孳息及其他經常性收入之80%(編者註:現為其他各項收入60%)』規定時,應以機關團體『用於與其創設目的有關活動之支出(包括銷售與非銷售貨物或勞務之支出)』占『創設目的有關收入(包括銷售與非銷售貨物或勞務之收入)加計其創設目的以外之所得額及附屬作業組織之所得額』之比例計算為準,據以核定其是否符合首揭條款規定。至附屬作業組織之虧損可列為支出項下計算;但創設目的以外之虧損則不得列為支出項下計算。」但在實務上當非營利組織之收支比未達60%時須編報「支用計畫」經國稅局核備後仍可依所得稅法第4條免納所得稅。

　　非營利組織違反免稅適用標準之規定時,依所得稅法之規定,應

即依法課徵營利事業所得稅。不過財政部當前對非營利組織的租稅卻是採取以輔導取代懲罰課徵的觀點。因為非營利組織具有輔政府支出的功能，可替代政府部分職能及減少政府的財政支出，亦產生外部利益。故目前政府對非營利組織多給予相當大的優惠和寬容度，好讓非營利組織能服務大眾，創造更美好的社會。

一般而言稅捐主體與課稅單位應為同一組織，但原則上稽徵程序主體和納稅單位在實體法上的納課稅主體應相互配合不應混淆，但在稅捐實體法著重應是經濟實質，而非法律形式，欠缺權利能力的組織，如獨資、合夥、信託財產、分公司並不是實際負擔納稅義務的權利主體，但納稅義務最終還是歸屬到利用這些組織獲取利益的個人或私法人，同時也是能夠承擔違章責任之人，否則個人將可利用這些組織，自行創設多個納稅主體，從而利用其名義來切割規避納稅義務或違章之責任。

在實務見解上最高行政法院88年判字第3340號判決：按「獨資商號並無獨立之人格，以該商號為營業，所生權利義務仍歸諸出資之個人，是商號與個人名稱雖異，實非不同權義主體。至應否課徵營業稅、營利事業所得稅、個人綜合所得稅及應否辦理營業登記，乃因其所得、因其行為之不同而異，非可因此不同，謂為獨資商號與出資之個人乃不同之主體。」筆者認為為達到租稅公平性原則應容許稅捐主體與課稅單位可以為不同組織。

❶ 營業稅起徵點依財部95年12月22日台財稅字第09504553860號函規定:「一、買賣業、製造業、手工業、新聞業、出版業、農林業、畜牧業、水產業、礦冶業、包作業、印刷業、公用事業、娛樂業、運輸業、照相業及一般飲食業等業別之起徵點為每月銷售額新臺幣八萬元。二、裝潢業、廣告業、修理業、加工業、旅宿業、理髮業、沐浴業、勞務承攬業、倉庫業、租賃業、代辦業、行紀業、技術及設計業及公證業等業別之起徵點為每月銷售額新臺幣四萬元。」

❷ 林江亮,非營利組織所得稅理論與實務,2019年9月,頁2

❸ 請參見Wolf, T., 1990, Managing a Nonprofit Organization. New York; Prentice Hall press

❹ 請參見Salamon, L. M., 1999, America's Nonprofit Sector: APrimer. New York: The Foundation Center.

❺ 財政部84年10月18日台財稅字第841653319號函

❻ 財政部85年3月27日台財稅案第851900306號函

❼ 教育文化公益慈善機關或團體免納所得稅適用標準第3條

❽ 教育文化公益慈善機關或團體免納所得稅適用標準第2條第1項第8款:八、其用於與其創設目的有關活動之支出,不低於基金之每年孳息及其他各項收入百分之六十。但符合下列情形之一者,不在此限:(一)當年度結餘款在新臺幣五十萬元以下。(二)當年度結餘款超過新臺幣五十萬元,已就該結餘款編列用於次年度起算四年內與其創設目的有關活動支出之使用計畫,經主管機關查明同意。

一、課稅範圍

營利事業所得稅之稅捐客體依所得稅法第3條規定：「（第1項）凡在中華民國境內經營之營利事業，應依本法規定，課徵營利事業所得稅。（第2項）營利事業之總機構在中華民國境內者，應就其中華民國境內外全部營利事業所得，合併課徵營利事業所得稅。但其來自中華民國境外之所得，已依所得來源國稅法規定繳納之所得稅，得由納稅義務人提出所得來源國稅務機關發給之同一年度納稅憑證，並取得所在地中華民國使領館或其他經中華民國政府認許機構之簽證後，自其全部營利事業所得結算應納稅額中扣抵。扣抵之數，不得超過因加計其國外所得，而依國內適用稅率計算增加之結算應納稅額。（第3項）營利事業之總機構在中華民國境外，而有中華民國來源所得者，應就其中華民國境內之營利事業所得，依本法規定課徵營利事業所得稅。」可知營利事業所得稅之課稅範圍係以「屬人課稅主義」為主，「屬地課稅主義」為輔。「屬人課稅主義」從本條第2項：「營利事業之總機構在中華民國境內者，應就其中華民國境內外全部營利事業所得，合併課徵營利事業所得稅」可得而知，但為避免納稅義務人利用總機構在境外之營利事業來規避稅捐，所以在本條第3項：「營利事業之

總機構在中華民國境外，而有中華民國來源所得者，應就其中華民國境內之營利事業所得，依本法規定課徵營利事業所得稅」此即為「屬地課稅主義」。

二、營利事業所得之計算

① 以核實計算為原則

依所得稅法第24條第1項規定：「營利事業所得之計算，以其本年度收入總額減除各項成本費用、損失及稅捐後之純益額為所得額。所得額之計算，涉有應稅所得及免稅所得者，其相關之成本、費用或損失，除可直接合理明確歸屬者，得個別歸屬認列外，應作合理之分攤；其分攤辦法，由財政部定之。」在理論上營利事業所有收入和支出都應有原始憑證，故應以核實計算營利事業得所得為原則。唯在營利事業所得計算時有以下幾點應注意：

1.營利事之應稅收入範圍與計算基準，原則上應參照商業會計法、商業會計處理準則、企業會計準則公報、金融監督管理委員會認可之國際財務報導準則、國際會計準則、解釋及解釋公告（以下簡稱國際財務報導準則）等據實記載，但辦理所得稅結算申報時，其帳載事項與所得稅法、所得稅法施行細則、產業創新條例、中小企業發展條例、營利事業所得稅不合常規移轉訂價查核準則、適用所得稅協定查核準則、營利事業適用所得稅法第24條之4計算營利事業所得額實施辦法、營利事業對關係人負債之利息支出不得列為費用或損失查核辦法、

房地合一課徵所得稅申報作業要點及有關法令規定未符者，應於申報書內自行調整之❶。

2.營利事業如有取得土地、證券交易所得等免稅所得，相關成本費用損失，除有直接合理明確歸屬者，按個別歸屬認定外，如無法明確歸屬者可依財政部訂定之「營利事業成本費用損失分攤辦法」規定，進行合理分攤。

3.營利事業之成本費用損失在解釋上只要與營業活動具有關聯性者，自得允許減除，至於是否屬於營業上不必要之浪費，則屬企業管理與市場競爭之範疇，稅法不宜過介入，**惟在實務上多採從嚴解釋，認為是營業上必要且合理支出，始許列報減除。**

② 以推估之公式計算所得

所得稅法基於稽徵便宜規定總機構在中華民國境外之營利事業，在中華民國境內經營國際運輸、承包營建工程、提供技術服務或出租機器設備等業務，其成本費用分攤計算困難者得以一定之公式直接設算營利事業所得，加以核課：

1.國際運輸事業：所謂國際運輸業❷指：（一）海運事業：指自中華民國境內承運出口客貨所取得之全部票價或運費，（二）空運事業：1.客運：指自中華民國境內起站至中華民國境外第一站間之票價。2.貨運：指承運貨物之全程運費。但載貨出口之國際空運事業，如因航線限制等原因，在航程中途將承運之貨物改由其他國際空運事業之航空器轉載者，按該國際空運事

業實際載運之航程運費計算。國際運輸業務所得額按其在中華民國境內之營業收入之百分之十計算。

2. 國外影片事業：國外影片事業在中華民國境內無分支機構，經由營業代理人出租影片之收入，應以其二分之一為在中華民國境內之營利事業所得額，其在中華民國境內設有分支機構者，出租影片之成本，得按片租收入百分之四十五計列[3]。

3. 承包營建工程、提供技術服務或出租機器設備等業務：按其在中華民國境內之營業收入之百分之十五為中華民國境內之營利事業所得額[4]。

4. 海運船舶事業：為提升我國海運的國際競爭力，於100年度起，總機構在中華民國境內經營海運業務之營利事業，其海運業務收入得選擇依船舶淨噸位計算營利事業所得額，（一）各船舶之淨噸位在1,000噸以下者，每一百淨噸位之每日所得額為67元，（二）超過1,000噸至10,000噸者，超過部分每一百淨噸位之每日所得額為49元，（三）超過10,000噸至25,000噸者，超過部分每一百淨噸位之每日所得額為32元，（四）超過25,000噸者，超過部分每一百淨噸位之每日所得額為14元，依標準按每年三百六十五日累計計算[5]，但海運業務收入以外之收入除外。

三、營利事業所得額之計算

營利事業之所得扣除成本、費用、稅捐、損失後之所得額，即

為營利事業所得額,所得額始能確保營利事業得永續經營之可能,此即為營利事業所得稅之稅基,才有負擔租稅之可能,又可稱為「客觀淨所得原則」,其計算方式因營利事業性質不同而略有差異,大致可分買賣業、製造業、其他供給勞務或信用各業,其計算公式列舉如下[6]:

① 買賣業

1. 銷貨總額-(銷貨退回+銷貨折讓)=銷貨淨額
2. 期初存貨+〔進貨-(進貨退出+進貨折讓)〕+進貨費用-期末存貨=銷貨成本
3. 銷貨淨額-銷貨成本=銷貨毛利
4. 銷貨毛利-(銷售費用+管理費用)=營業淨利
5. 營業淨利+非營業收益-非營業損失=純益額(即所得額)

② 製造業

1. (期初存料+進料-期末存料)+直接人工+製造費用=製造成本
2. 期初在製品存貨+製造成本-期末在製品存貨=製成品成本
3. 期初製成品存貨+製成品成本-期末製成品存貨=銷貨成本
4. 銷貨總額-(銷貨退回+銷貨折讓)=銷貨淨額
5. 銷貨淨額-銷貨成本=銷貨毛利
6. 銷貨毛利-(銷售費用+管理費用)=營業淨利

7. 營業淨利＋非營業收益－非營業損失＝純益額（即所得額）

③ 其他供給勞務或信用各業

1. 營業收入－營業成本＝營業毛利

2. 營業毛利－管理或事務費用＝營業淨利

3. 營業淨利＋非營業收益－非營業損失＝純益額（即所得額）

在計算營利事業所得額前我們必須先要區分「成本」與「費用」二者不同處，成本即可以歸於收入者，而費用是無法歸入收入者。例：製造業必需要有原材料和直接生產之勞工，始能製造出產品，此時材料和直接勞工即為成本，而在辦公室支援之行政人員，與生產無直接相關即為費用非為成本。

（一）**成本：**又可稱為營業成本，依營利事業查核準則第38條第1項前段規定：「進貨、進料未取得憑證或未將取得憑證保存，或按址查對不確，未能提出正當理由或未能提供證明文件者，稽徵機關應按當年度當地該項貨品之最低價格，核定其進貨成本。」故營業成本以核實認定為優先，但營利事業者因交易相對人未給統一發票或合法憑證者，又可依營利事業所得稅查核準則第38條第2項：「營利事業如因交易相對人應給與而未給與統一發票，致無法取得合法憑證，其已誠實入帳，能提示送貨單及支付貨款證明，經稽徵機關查明屬實者，准按實際進貨價格核定成本，並依稅捐稽徵法第四十四條規定處罰。」如經稅捐稽徵機關查明屬實者得按實

際進貨價格核定成本，但須依稅捐稽法第44條未給與或未取得及保存憑證處交易總額5%罰鍰之行政罰。其營業成本又可分為進貨與銷貨成本、存貨成本、製造成本，其調整和計算分述如下：

1. 進貨與銷貨成本：營利事業之銷貨與進貨成本是依營利事業取得之原始憑證所載之價格為依據，但如未取得進貨憑證或未保存進貨憑證時則依所得稅法第27條規定：「（第1項）營利事業之進貨未取得進貨憑證或未將進貨憑證保存，或按址查對不確者，稽徵機關得按當年度當地該項貨品之最低價格核定其進貨成本。（第2項）營利事業之銷貨未給與他人銷貨憑證或未將銷貨憑證存根保存者，稽徵機關得按當年度當地該項貨品之最高價格核定其銷貨價格。」按當年度當地該項貨品之最低價格核定其成本。

2. 存貨成本：存貨的計價方法在所得稅法第44條第3項和營利事業所得稅查核準則第51條第1項的規範下，有個別辨認法、先進先出法、加權平均法、移動平均法，或其他經主管機關核定之方法等，不同存貨計價方法影響企業之損益相當大。但依所得稅法第44條第1項規定：「商品、原料、物料、在製品、製成品、副產品等存貨之估價，以實際成本為準；成本高於淨變現價值時，納稅義務人得以淨變現價值為準，跌價損失得列銷貨成本；

成本不明或淨變現價值無法合理預期時，由該管稽徵機關用鑑定或估定方法決定之。」採用「成本與淨變現價值孰低法」來調整存貨成本，這也是為了配合商業會計法所做的修正。

3. 製造成本：營利事業之製造成本應以核實認定為原則，營利事業者有主動提示完整帳證之協力義務，如營利事業者無法提出合法之原始憑證及帳冊，稅捐稽徵機關依所得稅法第28條規定：「製造業耗用之原料超過各該業通常水準者，其超過部分非經提出正當理由經稽徵機關查明屬實者不予減除。」將其超過同業標準之成本剔除，並得進行推計課稅。

（二）**費用與損失**：營利事業之費用及損失未經取得原始憑證或取得而記載事項不符者依營利事業所得稅查核準則第67條1項前段規定不予認定。但因交易相對人應給與而未給與統一發票，致無法取得合法憑證，其已誠實入帳，能提示交易相關文件及支付款項資料，證明為業務所需，經稅捐稽徵機關查明屬實者，准依其支出性質核實認定為費用或損失，並依稅捐稽徵法44條規定處罰；如果在稽徵機關發現前由會計師簽證揭露或自行於申報書揭露者，免予處罰。可是交易相對人涉嫌違章部分，則稅捐稽徵機關應依法通報相關單位辦理。費用或損失，如經查明確無支付之事實，而係虛列費用或損失逃稅者，應依所得稅法第110條第1、2項之規定：

「（第1項）納稅義務人已依本法規定辦理結算、決算或清算申報，而對依本法規定應申報課稅之所得額有漏報或短報情事者，處以所漏稅額二倍以下之罰鍰。（第2項）納稅義務人未依本法規定自行辦理結算、決算或清算申報，而經稽徵機關調查，發現有依本法規定課稅之所得額者，除依法核定補徵應納稅額外，應照補徵稅額，處三倍以下之罰鍰。」處以所漏稅額二倍至三倍之罰鍰處罰。

在營利事業之營業損失部分整理如下表：

*表3 營利事業之損失報備事項之規定

項目	法令依據	法令規定	申報期限
1.商品盤損	查核準則第101條	存貨採永續盤存制或經核准採零售價法者，存貨盤點短少須於事實發生後30日內，檢具清單報請該管稽徵機關調查認定；惟若經會計師盤點並提出查核簽證報告或年度所得稅查核簽證報告，則免予報備。	事後報備，並應於事實發生後30日內報備。
2.災害損失	1.所得稅法施行細則第10條之1 2.查核準則第102條	1.凡遭受地震、風災、水災、火災、旱災、蟲災及戰禍等不可抗力之災害損失，除船舶海難、空難事件，事實發生在海外，勘查困難，應憑主管官署或海事報告書及保險公司出具之證明處理外，應於事實發生後之次日起30日內，檢具清單及證明文件報請該管稽徵機關派員勘查。 2.如未依上述規定報經稽徵機關派員勘查，但能提出確實證據證明其損失屬實者，仍應核實認定。	事後報備，並應於事實發生後之次日起30日內報備。

3.固定資產報廢	1.所得稅法第57條 2.查核準則第95條第10款	固定資產因特定事故未達固定資產耐用年數表規定耐用年數而毀滅或廢棄者，除可依會計師查核簽證報告或年度所得稅查核簽證報告，並檢附相關資料，或提出經事業主管機關監毀並出具載有監毀固定資產品名、數量及金額之證明文件等核實認定外，應於事前報請稽徵機關核備，以其未折減餘額列為該年度之損失。但有廢料售價之收入者，應將該售價作為收益。	事前報備。
4.商品報廢	查核準則第101條之1	1.商品或原料、物料、在製品等因過期、變質、破損或因呆滯而無法出售、加工製造等因素而報廢者，除可依會計師查核簽證報告或年度所得稅查核簽證報告，並檢附相關資料核實認定其報廢損失者外，應於事實發生後30日內檢具清單報請該管稽徵機關派員勘查監毀，或經事業主管機關監毀並取具證明文件，核實認定。 2.生鮮農、魚類商品或原料、物料、在製品因產品特性或相關衛生法令規定，於過期或變質後無法久存者，可依會計師查核簽證報告或年度所得稅查核簽證報告，並檢附相關資料核實認定其報廢損失。	應於事實發生後30日內報備。

資料來源：財政部網站，國稅節稅手冊（https://www.etax.nat.gov.tw/etwmain/web/ETW118W/CON/406/6623469355472075534?tagCode=）

　　在營利事業所得稅查核準則第67條第3項：「營利事業依本準則規定列支之製造費用及營業費用，如係取得小規模營利事業出具之普通收據，其全年累計金額以不超過當年度經稽徵機關核定之製造費用及營業費用之總額千分之三十為限，超過部分，不予認定」規定營利事業取得之小規模營業人之收據如欲列報費用其列報只能有其費用之3%，**筆者認為有違「租稅法律主義」。其理由如下：**

　　司法院大法官解釋釋字640號：「憲法第十九條規定，人民有依

法律納稅之義務，係指國家課人民以繳納稅捐之義務或給予人民減免稅捐之優惠時，應就租稅主體、租稅客體、稅基、稅率、納稅方法、納稅期間等租稅構成要件及租稅稽徵程序，以法律定之。是有關稅捐稽徵之程序，除有法律明確授權外，不得以命令為不同規定，或逾越法律，增加人民之租稅程序上負擔，否則即有依營利事查核準則第92條第1項第3、5款：「（第3款）支付國外佣金以下列對象為受款人者，不予認定：1.出口廠商或其員工。2.國外經銷商。3.直接向出口廠商進貨之國外其他廠商，但代理商或代銷商不在此限。（第5款）在臺以新臺幣支付國外佣金者，應在不超過出口貨物價款百分之三範圍內取具國外代理商或代銷商名義出具之收據為憑予以認定；其超過百分之三者，如另能提供國外代理商或代銷商確已收到該新臺幣款項或存入其帳戶之證明及其他相關證明文件時，准予認定。」在實務上常見營利事業列報境外佣金時，遭到國稅局質疑支付的真實性與必要性，而遭剔除補稅。境外佣金支出的事實雖客觀上有不易查核之事實，易生弊端，惟以嚴之標準來認定，對大多數之中小企業實有失公允。

關於境外佣金在營利事業查核準則之規定，完全是從防弊的觀點出發，但在商業上之經營有些佣金之支出是屬於「必要之惡」如查核準則中規定。在企業經營中必會產生相對事件，例如以不實發票充當費用或以人頭支出再以地下匯兌進行支付等。

筆者認為：1.不應以受款人為查核對象，應是以營利事業舉證其佣金之必要為依據，有實際支出證明和金流。2.境外佣金之佔比不應用同一標準，應依各行業訂定。3.境外佣金認定標準不宜過苛，關於

境外佣金支出,欲要契約和結匯證明外,又另要求營利事業舉證佣金受款人有實際提供仲介勞務事實,尚屬強人所難的不合理協力要求,所得稅法對費用損失定一般性限制❼,縱認為「實際提供仲介勞務之事實」係作為判斷費損是否與本業及附屬業務具有「關聯性」之要件事實,亦不當課予個別營利事業過高的證明義務,實有礙企業之發展。

---

❶ 營利事業所得稅查核準則第2條第2項規定

❷ 所得稅法第25條第2項規定

❸ 所得稅法第26條規定

❹ 所得稅法第25條第1項規定

❺ 所得稅法第24條之4規定

❻ 所得稅法施行細則第31條

❼ 所稅法第38條:經營本業及附屬業務以外之損失,或家庭之費用,及各種稅法所規定之滯報金、怠報金、滯納金等及各項罰鍰,不得列為費用或損失。

3-4 營所稅之稅率與申報

營利事業所得之稅率

營利事業所得稅起徵額在新台幣 12 萬元，全年所得額超過新台幣 12 萬元者就其全部課稅所得額課徵百分之二十。但其應納稅額不得超過營利事業課稅所得額超過十二萬元部分之半數❶。營業期間不滿一年者，應將其所得額按實際營業期間相當全年之比例換算全年所得額，依規定稅率計算全年度稅額，再就原比例換算其應納稅額。營業期間不滿一月者以一月計算。茲將營利事業所得稅率整理如下表：

＊表 4 營利事業所得稅稅率彙整表

全年課稅所得額（P）	營利事業所得稅額（T）（計算式）
P<120,000	免徵
120,000<P<200,000	T=（P － 120,000）/2
200,000<P	T=Px20%

資料來源：筆者自行整理

營利事業所得稅暫繳申報

暫繳申報是輔助結算申報之「即時徵繳制度」，也就是營利事業於暫繳申報期間，先行計算應納營利事業所得稅的應納稅額，並繳納稅款的一種制度。（等到年度結算或年度中決算申報時，此項繳納之

稅款,可用以抵繳當年度營利事業所得稅結算或決算申報之應納稅款,如抵繳有剩餘,並可抵繳上一年度未分配盈餘加徵之稅額或退還)。辦理暫繳申報之目的為:1.減輕納稅義務人於年度結算申報時,一次負擔大額稅款的壓力,2.便利國庫資金調度。

　　下列營利事業或機關團體可免辦理暫繳申報:1.營利事業按其上年度結算申報營利事業所得稅應納稅額之二分之一為暫繳稅額,且未以投資抵減稅額、行政救濟留抵稅額及扣繳稅額抵減暫繳稅額者,於自行繳納暫繳稅款後,得免辦理暫繳申報。2.在我國境內無固定營業場所之營利事業,其營利事業所得稅依所得稅法第98條之1之規定,應由營業代理人或給付人扣繳者。3.獨資、合夥組織之營利事業及經核定為免用統一發票的小規模營利事業。(凡在年度1至6月份原核定為小規模營利事業,嗣於7月1日起經核定改為應使用統一發票,也可以免辦理暫繳申報。)4.合於免稅規定之教育、文化、公益、慈善機關或團體及其作業組織、未對外營業之消費合作社、公有事業。5.依所得稅法或其他有關法律規定,免徵營利事業所得稅者。6.上年度結算申報營利事業所得稅無應納稅額者或年度內新開業者。7.營利事業於暫繳申報期間屆滿前遇有解散、廢止、合併或轉讓情事,其依所得稅法第75條規定,應辦理當期決算申報者。8.營利事業按其上年度結算申報營利事業所得稅應納稅額二分之一計算之暫繳稅額在新臺幣2,000元以下者,免辦理暫繳申報及免繳納暫繳稅款。9.其他經財政部核定之營利事業。

　　應辦理暫繳申報的營利事業,應於每年9月1日起1個月內,按其

上年度結算申報營利事業所得稅應納稅額之二分之一為暫繳稅額，自行繳納暫繳稅款，並填具暫繳稅額申報書，檢附暫繳稅額繳款收據及稅額抵減證明資料，一併向當地稅捐稽徵機關辦理暫繳申報。但公司組織之營利事業、合作社，其會計帳冊簿據完備，使用所得稅法第77條所稱藍色申報書或經會計師查核簽證，並如期辦理暫繳申報者，得以當年度前6個月之營業收入總額，依所得稅法有關營利事業所得稅之規定，試算其前半年之營利事業所得額，按當年度稅率，計算其暫繳稅額。

營利事業除符合相關規定得免辦理暫繳申報者外，如未依限辦理暫繳申報，會受到下列損失：1.營利事業未依第67條第1項規定期間辦理暫繳申報，或自行向國庫繳納暫繳稅款，而於當年10月31日以前已依規定計算補報及補繳暫繳稅額者，應自該項稅款繳納期間截止之次日起至其繳納暫繳稅額之日止，按其暫繳稅額，依郵政儲金1年期定期儲金固定利率，按日加計利息，一併徵收。2.營利事業如逾當年10月31日仍未依規定辦理暫繳者，除經查明當年度1至6月份無營業額外，稅捐稽徵機關應就營利事業上年度結算申報營利事業所得稅應納稅額之二分之一為暫繳稅額，並依郵政儲金1年期定期儲金固定利率，加計1個月之利息，一併填具暫繳稅額核定通知書，通知該營利事業於15日內自行繳納。

如果納稅義務人因客觀事實發生財務困難，不能於繳納期間內一次繳清暫繳稅款，如營利事業符合相關規定，可於應納稅款之繳納期間內（9月1日至9月30日），檢附申請書及相關證明文件，具體敘

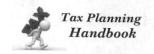
明無法一次繳清稅款之原因及聲明同意加計利息，如有應退稅款，並同意抵繳分期應納稅款，向管轄國稅局所屬分局、稽徵所或服務處提出申請。每筆申請分期繳納稅款案件以申請1次為限，分期繳納之期數，視稅款金額而定，每期以1個月計算。其適用條件如下：1.營利事業所得稅應納稅款繳納期間屆滿之日前一年內，連續4個月營業收入淨額合計較前一年度同期減少30%以上者。但營利事業已申請停業或註銷、擅自歇業或經主管機關撤銷、命令解散、廢止則不適用。2.其他因素致發生財務困難，不能於繳納期間內一次繳清營利事業所得稅應納稅款，經查明屬實；其應納稅款在新臺幣200萬元以上者，並應聲明同意提供相當擔保。

營利事業所得稅結算申報

營利事業所得稅結算申報，在實務上主要有以下三種申報方式：擴大書面審核申報、查帳申報及會計師稅務簽證申報，分述如下：

① 擴大書面審核申報

財政部為簡化稽徵作業，稱為推行便民服務，每年度會公告「○○年度營利事業所得稅結算申報案件擴大書面審核實施要點❷」訂定「擴大書面審核」的申報方式，簡稱「擴大書審」。擴大書審的概念有些類似綜所稅採標準扣除額申報，並非減除實際的成本費用，而是以財政部訂的標準來減除成本費用，計算課稅所得額。財政部依照行業別所訂的「擴大書審純益率」，多介於4%至10%之間，且大都落在

6%[3]。採「擴大書審」申報，課稅所得額計算公式為：

課稅所得額＝（全年營業收入淨額＋全年非營業收入）×擴大書審純益率

　　擴大書面審核申報適用條件：（1）營業單位全年營業收入淨額和非營業收入）不大於新台幣3,000萬元，（2）書表齊全，自行依法調整之純益率在「擴大書審純益率」以上，（3）於申報期限截止前繳清應納稅款。

　　擴大書面審核申報優點：（1）除具有重大異常外，各地國稅局僅依書面資料進行核定，不進行調帳查核，（2）委外記帳費用較低。而**擴大書面審查申報缺點：**（1）企業的純益率若低於財政部所訂擴大書審純益率，稅捐稽機關會以同業利潤率核課，必須多繳稅。（2）營業人當年度如為虧損，仍必須依擴大書審純益率計算課稅所得額繳稅，（3）不同年度的盈虧無法互抵。

　　國稅局在查核營利事業所得稅結算申報案件時，發現營利事業利用擴大書審制度來規避或逃漏稅捐分析後有以下六種類型[4]：

（1）利用成立多家企業分散收入，以適用擴大書審規避查核。

（2）跨轄區設立關係企業，以規避稽查。

（3）適用擴大書審企業將取得之憑證轉供其他關係企業列報成本及費用。

（4）利用擴大書審企業開立發票予關係企業作為成本費用之憑證。

（5）適用擴大書審企業未據實辦理扣繳。

（6）高薪資所得或執行業務所得者利用擴大書審制度規避個人綜合所得稅。

　　擴大書審制度的由來❺：於民國59年由於經濟環境大幅變遷，工商業日趨發達，結算申報案件大幅成長，但捐稽徵機關的稽徵人力不足，故台北國稅局研議全年營業額在100萬元以下之營利事業，結算申報書表齊全，符合下列情形之一者，予以書面審核，不再調閱帳簿憑證❻：（1）申報所得額已達各該業所得額標準者。（2）申報所得額達3年來每年核定最高所得額比率者。（3）以前年度所得額經按同業利潤標準核定，而該年度申報純益率在10%以上者。經財政部60年1月19日台財稅第30422號令准續辦1年。台北國稅局於59年度及60年度，就全年營業額在100萬元以下案件實施書面審核，不再調閱帳冊憑證。由於可簡化稽徵人力，又有益稅收，財政部同意該局續辦，便於61年間擬訂「擴大書面審核營利事業所得稅結算申報案件要點」，明訂營業額在500萬元以下適用，此即為擴大書審之起源，從此正式開啟擴大書面審核之申報制度。財政部並於66年度擴大至1,000萬元以下之營利事業，67年度為2,000萬元以下，68年度擴大至凡全年營業收入淨額及非營業收入合計在3,000萬元以下之營利事業，72年度擴大凡全年營業收入淨額及非營業收入（不包括土地及其定著物之交易增益暨依法免計入所得課稅之所得額）合計在新臺幣4,000萬元以下之營利事業，至82年度其適用範圍又調降為3,000萬元以下。此後財政部每年度增修要點內容，並推行至全國至今各地國稅局均依財政部所頒訂「擴大書面審核營利事業所得稅結算申報案件

要點」持續辦理。

擴大書審制爭點：擴大書審在實務上運作多年，使徵納雙方看似簡便，但在學術界（尤其是會計學界）或實務界均有要求檢討之聲浪。茲將該制度主要之爭點彙整如下[7]：

（一）營利事業所得稅之課稅所得額計算，係以收入減除成本及費用、並扣除損失後而得。但採擴大書審制度申報之案件，其課稅所得係以財政部頒訂之「營利事業所得稅結算申報案件擴大書面審核實施要點」所訂之純益率計算而得。此種推計得出課稅所得的方式，與所得稅課徵制度之誠實申報原則未盡相符。

（二）稽徵機關對於按擴大書審制度申報之案件，多數以書面審查之方式核定。在低抽查率的情形下，導致帳簿憑證不完全之營利事業為避免被查帳，故而選擇擴書制度申報。因此對於會計制度不健全之營利事業，擴大書審制度有如該等營利事業之保護傘。

（三）相同稅務違章事實，會因為營利事業是否採用擴大書審制度申報，稽徵機關之核課所得與裁罰基準有所不同。此非但有失課稅公平原則，更干擾了營利事業之經濟行為。

（四）許多純益率高於擴大書審制度純益率之營利事業為減少稅負，於申報營利事業所得稅時不按實際獲利之純益申報，而改以較低之擴大書審純益率列報，使得擴大書審制度陷入以稅收損失「交換」稽徵成本節省的困境。

　　由上述爭點可知：擴大書審制度儼然已成為營利事業規避稅負之手段之一，反而在後續通報查核上衍生出更高的稽徵成本；另未經稽徵機關抽查之擴大書審案件，更是造成稅基侵蝕、稅收流失。此與擴大書審制度原本欲節省稽徵成本及充足稅收之立意相違。

　　筆者從法學的角度觀「擴大書審制」其重要的爭點：（1）無法源依據，現各地國稅局所依循的財政部每年頒訂的「營利事業所得稅結算申報案件擴大書面審核實施要點」其第1條：「為簡化稽徵作業，推行便民服務，特訂定本要點。」看似以行政程序法第159條第2項第1款為其法源，但司法院大法官解釋釋第640號就明白指出：「國家課人民以繳納稅捐之義務時，應就租稅主體、租稅客體、稅基、稅率、納稅方法、納稅期間等租稅構成要件及租稅稽徵程序，以法律定之。是有關稅捐稽徵之程序，除有法律明確授權外，不得以命令為不同規定……」，而只為徵納雙方的便宜而放棄租稅公平性原則，且從國稅局的研究也指出擴大書審制度也淪為逃漏稅捐的原因之一，已從人工查核進入AI查核，應沒有無法查核之因素，另由於擴大書審制不查核會計帳冊和原始憑證，未取得原始憑證者居多，這使國家營業額和各方面也形成重大損失，故擴大書審實為不宜在繼續存在實行，國內多位法學學者亦執相同意見[8]。

　　擴大書審制應限縮其適用的範圍，把得適用企業的門檻自年營收3千萬元降至1千萬元，或以毛利低、前途未卜的微型、新創事業為限，凡超過此門檻的企業，改由查帳申報或會計師稅務查核簽證申報，使營利事業的帳務、稅務回歸正確常態。

② 查帳申報

參照商業會計法等相關法令據實記載營業人的收入、各項成本、費用及損失等，在辦理營利事業所得稅結算申報時，依其帳載事項再依所得稅法等法令自行調整後，計算營利事業所得額再乘以稅率即為營業事業所稅額。

查帳申報優點：依實際盈虧核實課稅，當年度虧損時不必繳稅。但其**缺點有**：（1）帳證須經得起各地國稅局的查核，否則容易補稅加罰。（2）不同年度的盈虧無法互抵。（3）委外記帳費用會比較高。

③ 會計師稅務簽證申報

營業人全年度營業收入與非營業收入合計達新台幣1億元以上者依營利事業委託會計師查核簽證申報所得稅辦法第3條規定：「下列各營利事業，其營利事業所得稅結算申報，應委託經財政部核准登記為稅務代理人之會計師查核簽證申報：一、銀行業、信用合作社業、信託投資業、票券金融業、融資性租賃業、證券業（證券投資顧問業除外）、期貨業及保險業。二、公開發行股票之營利事業。三、依原獎勵投資條例或促進產業升級條例或其他法律規定，經核准享受免徵營利事業所得稅之營利事業，其全年營業收入淨額與非營業收入在新台幣五千萬元以上者。四、依金融控股公司法或企業併購法或其他法律規定，合併辦理所得稅結算申報之營利事業。五、不屬於以上四款之營利事業，其全年營業收入淨額與非營業收入在新台幣壹億元以上者。」營利事業辦理營利事業所得稅結算申報，必須委託會計師查核

簽證。選擇會計師稅務簽證申報通常有以下幾項原因：（1）**合法節稅規劃：**一般公司對於稅務法規及租稅優惠不見得那麼熟悉，借稅務簽證的機會，可請會計師規劃與指導，善用合法節稅的管道。（2）**盈虧互抵：**若企業虧損時，採擴大書審申報可能導致虧損仍必須繳稅的結果；若採查帳申報，雖可核實課稅不必繳稅，但本年度的虧損在未來獲利時無法互抵；若採會計師稅務簽證申報，本年度的虧損可於未來10年內扣抵，即降低未來的所得稅負。（3）**交際費限額提高：**為避免企業浮濫申報交際費，稅法對於交際費列支設有限額；採會計師稅務簽證申報時，交際費限額提高，可合法節稅，降低所得稅負。（4）**降低被查稅的風險：**採會計師稅務簽證申報時，會計師必須出具查核簽證報告書，國稅局對會計師查核簽證報告書進行書面審核，營利事業被國稅局直接調帳查核機率較低，可降低被查稅的風險。（5）**降低查稅溝通成本：**採會計師稅務簽證申報，若真的被國稅局選中查核時，國稅局會先找會計師調閱查核工作底稿，營利事業需直接面對國稅局及提示帳證資料的機會較少，可減輕營利事業財會人員直接面對國稅局的壓力。

　　會計師稅務簽證申報優點：（1）合法節稅規劃；（2）不同年度的盈虧可互抵；（3）交際費限額提高；（4）降低被查稅的風險；（5）降低查稅溝通成本。但其**缺點為：**會額外產生會計師的稅務簽證費用。

　　如營利事業應委託會計師辦理簽證之案件未委託會計師簽證，則當地稅捐稽徵機關依營利事業委託會計師查核簽證申報所得稅辦法第5條規定：「營利事業未依第三條規定委託會計師辦理營利事業所得稅

查核簽證申報者，稽徵機關應對其申報案件加強查核」加強查核作業。

❶ 所得稅法第5條第5項：營利事業所得稅起徵額及稅率如下：

一、營利事業全年課稅所得額在十二萬元以下者，免徵營利事業所得稅。

二、營利事業全年課稅所得額超過十二萬元者，就其全部課稅所得額課徵百分之二十。但其應納稅額不得超過營利事業課稅所得額超過十二萬元部分之半數。

三、營利事業全年課稅所得額超過十二萬元未逾五十萬元者，就其全部課稅所得額按下列規定稅率課徵，不適用前款規定。但其應納稅額不得超過營利事業課稅所得額超過十二萬元部分之半數：

（一）一百零七年度稅率為百分之十八。

（二）一百零八年度稅率為百分之十九。

❷ 如附件三

❸ 請參閱109年度營利事業各業所得額暨同業利潤表

❹ 資料提供財政部北區國稅局

❺ 楊淑卿，擴大書面審核制度在數位經濟時代下之興革建議，財稅半月刊，第42卷第6期，頁19

❻ 國稅局事後抽查的比率甚低的理由，有：（一）欲提高課徵效率，（二）想避免因「擾民」而惹來刁民陳情，以及（三）調帳查核，行政程序繁重。

❼ 吳欣惠、陳國樑，擴大書面審核制度之檢討與修正，月旦財稅實務釋評，第11期，2020年11月，頁9

❽ 參見黃士洲，擴大書審稅制的法律觀點——從租稅法律主義、量能課稅原則切入，月旦財稅實務釋評第14期，柯格鐘，論營所稅之擴大書審制與中小型企業所得課稅法制，月旦財稅實務釋評第17期

Chapter *4*

綜合所得稅

TAX
PLANNING
HANDBOOK

4-1 三大個人所得稅制

　　個人所得稅是世界上現代化國家最大的財政收入來源的稅種。現代個人所得稅具有三個特點，其特點都是對有錢人不利的；第一、法定申報收入要求公開收入，有錢人最怕別人知道自己有多少收入，第二、分項區別徵稅，即對穩定的資本收入與不穩定的變動收入區分徵稅，要求對資本收入徵更高的稅，第三、累進稅率，等於是「劫富濟貧」。目前世界各國的個人所得稅制可分為三大類；分類所得稅制、綜合所得稅制、分類綜合所得稅制，依據OECD對會員國個人所得稅制度現實特點的比較發現，儘管大部分OECD國家的個人所得稅制度原則上都建立在綜合所得稅制基礎上，但在經濟全球化下已向分類所得制偏移，茲將所得稅制之分類分述如下：

 ## 一、分類所得稅制

　　分類所得稅乃將個人所得按其性質或來源進行分類，將所得區分為若干種類，再按各類種之所得分別以不同的徵收方式和標準分別徵計個人所得稅之制度。分類所得稅乃是根據對各所得按其租稅負擔能力課稅之想法，因此資產性較強之所得，稅率越高免稅點越低，勤勞性較強之所得，稅率越低基本扣除額越大[1]。

分類所得稅制的優點[2]：（一）便於對不同性質的所得實施差別稅率課稅，以實現特定政策目標，（二）易於掌控持定的所得來源，實施源泉徵收，（三）課徵程序簡便，節省徵收費用，（四）所得體係可各自獨立，無同一所得重複課徵與否之困擾。

分類所得稅制的缺點就是：（一）易於分散所得逃避累進差額，（二）無最低生活費用之扣除，形成收入附著稅型態，（三）所得高者適用較高累進稅率之困難，（四）欠缺所得稅矯正所得平均財富的主要精神[3]。在稅制設計上沒有考慮納稅義務人的綜合收入水準和經濟負擔能力，會出現納稅能力相同的個人因為收入種類不同而繳納稅額不同，甚至較低收入者的繳納稅額高於較高收入者的繳納稅額的不合理情形，造成稅負難以公平合理之現象。

二、綜合所得稅制

綜合所得稅制則不考慮個人的收入來源，而以在一定期間內（通常為一年）各項不同的所得，減除法定扣除額和免稅額，就期間所得淨額按法定累進稅率綜合徵計個人所得稅。

綜合所得稅制的優點[4]：（一）稅基較寬，（二）在稅制設計上充分考慮了納稅義務人的綜合收入水準和家庭負擔等情況，（三）對淨所得累進稅率課徵，能反映納稅義務人的能力，能體現「量能負擔」原則。如能配合嚴密的源泉扣繳制度，有利於培養納稅義務人的納稅意識。

綜合所得稅制的缺點[5]：（一）稽徵程序複雜、手續繁瑣，不易

控管（二）稅捐稽徵成本高，要能有較好的財會核算水準和全民良好的納稅意識。

三、分類綜合所得稅制

分類綜合所稅制是將分類所得稅和綜合所得稅結合而成之稅制，即規定一些來源的收入為分類徵收，並相應設定扣除標準和徵收稅率，對於其他收入則進行綜合徵計，使用統一的扣除額和免稅額，進行所得稅徵計。在徵收方式上採源泉扣繳及申報並行，日常徵收採源泉扣繳。年終對綜合計徵部分匯算清繳，多退少補。又稱混合所得稅制或二元稅制。分類綜合所得制兼顧了稅負公平，又避免了稅制過繁。分類綜合所得稅又可分以下數種：

一、分類綜合所得制之型態[6]：分類核課或就源扣繳後，以其蒐集資料彙總歸戶，綜合累進核稅，其重複課稅部分採「所得淨額計算法[7]」或採「稅額抵繳法[8]」。

二、分類所得稅為主，綜合所得稅為輔[9]：以「分離綜合二法併行」核課，分類項目較多，可採累進或高比例稅率，綜合較少，此制度的優點：可分別眾多所得不同屬性，例如勤勞所得或非勞動所得，適用不同稅率。

三、綜合所得稅為主，分類所得稅為輔[10]：以「分離綜合二法併行」核課，分類項目較少，綜合累進核課項目較多，此制度以所得之多寡為準，不以所得之屬性為標準。

關於我國個人所得稅是採用「綜合所得稅制」，乃是國家對個人

在一定期間內（通常為一年）之淨所得課徵之稅。所謂淨所得，即個人在一定期間內之綜合所得總額，減除依法得予扣除、減免之數額。採用累進稅率重課高所得者而輕課低所得者，以符合國民之納稅能力，並達到平衡社會財富分配之目的。我國綜合所得稅原則上採屬地主義，亦即對凡在本國境內所發生之所得，不問所得者之國籍，亦不論是否為居住者，均在課稅之列。凡有中華民國來源所得之個人，不論其為本國人或外國人，亦不論其是否居住中華民國境內，其有中華民國來源所得者，均應申報課徵或就源扣繳綜合所得稅。亦就是納稅義務人為「有中華民國來源所得之個人」。但依所得基本稅額條例第12條第1項第1款的規定：所得稅法規定計算之綜合所得淨額加計未計入綜合所得總額之非中華民國來源所得、依香港澳門關係條例第28條第1項規定免納所得稅之所得。但一申報戶全年之本款所得合計數未達新臺幣一百萬元者，免予計入，為屬人主義之例外規定。

---

❶ 金子宏，蔡宗義譯，租稅法，財政部財稅人員訓練所，1985年3月，頁46-47

❷ 潘明星，論中國大綜合分類個人所得稅制改革，所得稅法基本問題暨2018年灣最佳稅法判決，財團法人資誠教育基金會，頁363

❸ 陳可粵，我國所得稅制度之演變，台灣商務印書館，1986年10月，頁156

❹ 潘明星，論中國大綜合分類個人所得稅制改革，所得稅法基本問題暨2018年灣最佳稅法判決，財團法人資誠教育基金會，頁363

❺ 潘明星，論中國大綜合分類個人所得稅制改革，所得稅法基本問題暨2018年灣最佳稅法判決，財團法人資誠教育基金會，頁363

❻ 陳可粵，我國所得稅制度之演變，台灣商務印書館，1986年10月，頁224

❼ 我國所得稅民國35年所得稅採此法計算

❽ 我國所得稅民國44年、72年採用此法計算

❾ 陳可粵，我國所得稅制度之演變，台灣商務印書館，1986年10月，頁224

❿ 陳可粵，我國所得稅制度之演變，台灣商務印書館，1986年10月，頁224

SECTION 4-2 綜合所得稅課稅主體

　　依所得稅法第2條規定，凡有中華民國來源所得之個人，應就其中華民國來源之所得，課徵綜合所得稅。而非中華民國境內居住之個人，有中華民國來源所得者，除所得稅法另有規定外，其應納稅額，分別就源扣繳。由此可得知（一）綜合所得稅之課稅主體為「自然人」，（二）原則上對中華民國之居民之境內所得課徵綜合所得稅，採「屬地主義」，（三）對非中華民國之居民之境內所得採「就源扣繳」方式課徵綜合所得稅。

　　至於境內之居民認定原則，依所得稅法第7條第2、3項規定，中華民國境內居住之個人，指下列兩種：一、在中華民國境內有住所，並經常居住中華民國境內者。二、在中華民國境內無住所，而於一課稅年度內在中華民國境內居留合計滿一百八十三天者。非中華民國境內居住之個人，係指前項規定以外之個人。關於「在中華民國境內有住所，並經常居住中華民國境內」者，財政部於101年9月27日以台財稅字第10104610410號令解釋：「所稱『在中華民國境內有住所，並經常居住中華民國境內』，指個人於一課稅年度內在中華民國境內設有戶籍，且有下列情形之一者：1.於一課稅年度內在中華民國境內居住合計滿31天。2.於一課稅年度內在中華民國境內居住合計在1天

以上未滿31天，其生活及經濟重心在中華民國境內。所謂生活及經濟重心在中華民國境內，應衡酌個人之家庭與社會關係、政治文化及其他活動參與情形、職業、營業所在地、管理財產所在地等因素綜合認定。」

　　綜合所得稅具有屬人性，是以「人」為課稅對象，故其課稅單位為個人，係為「個人課稅制」，可是個人結婚後有了家庭成員共同生活，共同分享經濟利益和分擔經濟危險，形成了密不可分的家庭結構和消費單位，於是乎所得稅的課稅單位也從「個人課稅制」轉變成「家戶單位課稅制」❶。所謂「家戶單位課稅制」乃將納稅義務人、配偶及受扶養親屬或家屬的各項所得進行加總，得出家庭之總所得後，再依人數均分，計算每人所獲之平均所得額，據以乘上人所得稅稅率，計算每人應負擔所得稅額，再全部加總計算整個家庭的所得稅額❷。

　　目前我國綜合所得稅採用夫妻合併申報制，其立法的目的：（一）忠實反映家計單位之節省效果，（二）避免納稅義務人不當分散所得，（三）考量稽徵成本與財政收入。前財政部部長林全先生在《今周刊》791期以「解釋文重創所得稅制」一文中提到，司法院大法官解釋釋字696號，認為所得稅法有關夫妻非薪資所得合併申報的規定，形成租稅對婚姻的懲罰，違反憲法平等原則，認為只有減稅效果，沒有增稅問題，會使多數高所得者會因而竊喜，進而推論大法官釋字696號解釋文是以憲法公平為名，卻實現為富人減稅之實。**筆者認為如果單就一個財政官員來看或許是對的，但法律的原理原則並不是減稅的目的可以蓋過去的，所得稅制與人民生活有著密不可分的關係，許多社**

會制度、法令、文化價值都潛附其上，致使大幅轉軌不僅會產生極大的有形及無形成本，能否產生社會共識也充滿變數。而原本所得稅制就隱藏著許多的不公平的問題，也有許多已有夫妻之實但無夫妻之名的生活，從林前部長的觀點：「我們可以聯想，對想要離婚卻無法離婚的配偶，現行合併申報制顯然並非合理。但是若依696號解釋文，採取『折半乘二』等對婚姻具獎勵效果的稅制，豈非更增加配偶不願離婚的誘因。」實非一個政務官員應下的結論。筆者完全同意大法官696號解釋。

綜合所得稅之課稅單位合理性應從下列三方面考量❸：（一）**婚姻中立性考量**：從平等權的觀點來看，合併申報會造成婚後稅負大於婚前之婚姻懲罰，如果二人稅前所得愈接近，則因結婚增加的稅負也愈多，也就是說以家庭為課稅單位違反婚姻中立性，要求夫妻所得合併計稅會造成對婚姻的懲罰，這也是大法官釋字第696號釋文中所揭者，（二）**租稅公平性考量**：從傳統的看法知道家庭是基本的生活單位，家人間互通有無，故主張應以家庭為衡量支付能力的單位，但無論是以家庭為單位還是個人為單位，應該二個都具有相同的租稅待遇才對，這才符合水平公平原則❹。（三）**效率性考量**：是否合併申報除了影響婚姻決策及租稅公平之外，課稅單位的選擇亦與效率息息相關，以租稅對勞動供給的影響而言，最適租稅理論（optimal taxation theory）要求對勞動供給性大的勞動者，應課以較低的稅率；反之，對勞動性較小者，應課以較高的稅率❺。若不論供給彈性之大小，均課以相同的稅率，此時供給彈性大者其勞動供給減少的幅度會大於供

給較無彈性者。在總稅收不變的情況下，改變對供給彈性大者課以較低的稅，而彈性小者課以較高的稅，使二者勞動供給減少相同的百分比時，整體的超額負擔將最小。從台灣地區而言，男性大多為家庭中主要收入來源，女生次之，所以已婚的男性勞動供給彈性小於已婚女性。若採用合併申報制，則夫妻二人將適用相同的邊際稅率，並不符合最適租稅理論。

　　原本世界各國的所得稅課稅單位多採「家戶單位課稅制」，由於出現家庭承擔不合理累進效果的不公平感，現也慢慢轉型，出現了下列的計算方式❻：

（一）所得分割法：在綜合所得稅的高度累進稅率下，夫妻合併申報所得稅之稅負較重，因此按所得分割法申報所得稅，所得分割法又可分為：

　　1.折半乘二制：有配偶的納稅義務人將所得除以二（即夫妻二人總所得淨額折半），再按累進稅率計算稅額後再乘二，即為應納稅額，目前採用此法者有德國為代表。

　　2.家庭係數制：依家庭人口多寡而訂定家庭係數，以家庭總所得除以該係數之後，依適用之稅率計算稅額，再乘以該係數，即為應納稅額，以法國為代表。

（二）夫妻薪資分開計稅合併申報制：夫妻薪資部分稅負可分開計算，再合併申報，如此可以減輕夫妻同為薪資所得者之租稅負擔，但仍有婚姻懲罰之效果，我國所得稅法自民國80年起至107年間採用此法。

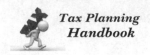

（三）個別申報制：此制度採完全個別申報，夫妻個別所得獨自申
　　　　　報，但夫妻間有一方無所得時，得合併申報以享受免稅、
　　　　　減扣除額的合併申報租稅利益。

　　租稅的公平權和稽徵成本、經濟效率及稅收等之影響，不能只考
量稅收之高低，應從憲法所保障人民的權利為出發點來處理，再來才
是考量稅收的問題，才是最佳的租稅制度。如稅收之不足應是租稅稅
基的問題。

---

❶ 莊弘仔，夫妻所得合併申報制度之研析——兼評行政院所得稅法第15條條文修正草
案，立法院專案研究報告，2013年5月1日

❷ 柯格鐘，我國夫妻稅制根本問題-大法官696號解釋之後（上），稅務旬刊第2245期，
2014年2月10日，頁24

❸ 參考何怡澄，賴育邦，羅光達，徐崑明，我國綜合所得稅單位修正方案評析，當代財
政第29期，2013年5月，頁53

❹ 財政學的「水平公平原則」：指具有相同所得者，應負擔相同的稅負。

❺ 此項理論背後的原因在於，租稅打擊勞動者的工作誘因，使得勞動者供給偏離最有效
率的水準，進而造成超額負擔（excess burden）

❻ 參考何怡澄，賴育邦，羅光達，徐崑明，我國綜合所得稅單位修正方案評析，當代財
政第29期，2013年5月，頁55

4-3 綜合所得稅之課稅客體

　　所得稅係以「所得」為課稅客體，產生所得之本體則為稅本，所得與稅本之關係有如「果」與「樹」之關係，有如樹之存在將可不斷的結出果實一般，所得稅應僅對樹上果實加以課稅，不能對樹本身課稅，否則即會發生「課稅侵及稅本」之現象，稅本一旦受到侵蝕，所結出的果實自不會理想，所得稅收反而會減少，即為「樹果原則」（Fruit and Tree Doctrine）為所得稅課徵上著名之理論❶。

　　依所得稅法2條規定，凡有中華民國來源所得之個人，應就其中華民國來源之所得，依本法規定，課徵綜合所得稅。非中華民國境內居住之個人，而有中華民國來源所得者，除本法另有規定外，其應納稅額，分別就源扣繳。綜合所採「屬地主義」僅就中華民國來源課稅，關於中華民國來源之所得，依所得稅法第8條係指下列各項所得：一、依中華民國公司法規定設立登記成立之公司，或經中華民國政府認許在中華民國境內營業之外國公司所分配之股利。二、中華民國境內之合作社或合夥組織營利事業所分配之盈餘。三、在中華民國境內提供勞務之報酬。但非中華民國境內居住之個人，於一課稅年度內在中華民國境內居留合計不超過九十天者，其自中華民國境外僱主所取得之勞務報酬不在此限。四、自中華民國各級政府、中華民國境內之法人

及中華民國境內居住之個人所取得之利息。五、在中華民國境內之財產因租賃而取得之租金。六、專利權、商標權、著作權、秘密方法及各種特許權利，因在中華民國境內供他人使用所取得之權利金。七、在中華民國境內財產交易之增益。八、中華民國政府派駐國外工作人員，及一般雇用人員在國外提供勞務之報酬。九、在中華民國境內經營工商、農林、漁牧、礦冶等業之盈餘。十、在中華民國境內參加各種競技、競賽、機會中獎等之獎金或給與。十一、在中華民國境內取得之其他收益。個人綜合所得稅採屬地主義，但徵納雙方常就是否屬中華民國來源所得發生爭執，於是財政部於民國98年9月23日頒佈訂定「所得稅法第八條規定中華民國來源所得認定原則」並於108年9月26日以台財稅字第10804544260號令❷修正，來認定是否為中華民國來源所得，以避免徵納雙方的爭議。由於「臺灣地區與大陸地區人民關係條例」將台灣地區人民、法人、團體或其他機構有中國大陸來源所得者，視為中華民國來源所得，所以有中國大陸所得者應將其所得視為境內課稅客體。

各項稅捐客體之歸屬❸

第一類營利所得：除投資企業分配之股利或盈餘外，經營事業年度分配之盈餘和個人一時貿易之盈餘皆屬之。

1. 投資企業所分配之股利或盈餘：包括投資公司組織所獲配之股利或出資合作社或其他法人所獲配之盈餘。

2. 經營事業年度分配之盈餘：包括自己獨資或合夥組織之營利事

業所得之盈餘依所得稅法第71條第2項規定：「獨資、合夥組織之營利事業應依前項規定辦理結算申報，無須計算及繳納其應納之結算稅額；其營利事業所得額，應由獨資資本主或合夥組織合夥人依第十四條第一項第一類規定列為營利所得，依法課徵綜合所得稅。但其為小規模營利事業者，無須辦理結算申報，由稽徵機關核定其營利事業所得額，直接歸併獨資資本主或合夥組織合夥人之營利所得，依法課徵綜合所得稅。」辦理結算申報。

3. 個人一時貿易之盈餘：依所得稅法施行細則第12條規定，一時貿易之盈餘，指非營利事業組織之個人買賣商品而取得之盈餘，其計算準用關於計算營利事業所得額之規定。凡是非營利事業組織之個人買賣商品而取得之盈餘如個人參加傳銷事業銷售貨品所賺取之利潤得依財政部83年3月30日台財字稅第831587237號函❹前段計算所得。在實務上因個人多未設帳，故個人買賣商品取得之收入乘上財政部之個人一時貿易之純益率標準（6%），計算本項營利所得。但個人參加傳銷事業非因商品之利潤，而係下屬直銷商及自己累積一定標準之業績獎金或各項補助費則屬其他所得❺。

第二類執行業務所得：執行業務者依所得稅法第11條第1項規定為指律師、會計師、建築師、技師、醫師、藥師、助產士、著作人、經紀人、代書人、工匠、表演人及其他以技藝自力營生者。此類人員提供專業性勞務，免辦理營業登記，故免徵營業稅及營利事業所得稅，

而係課徵綜合所得稅。此類人員收入減除業務所用之房租或折舊、業務上使用器材設備之折舊及修理費，或收取代價提供顧客使用之藥品、材料等之成本、業務上雇用人員之薪資、執行業務之旅費及其他直接必要費用後之餘額為所得額。但執行業務者未依法辦理結算申報，或未依法設帳記載及保存憑證，或未能提供證明所得額之帳簿文據者，稽徵機關得照同業一般收費及費用標準核定其所得額[6]。

第三類薪資所得：薪資所得就是在職務或工作上所取得各種收入，包括薪金、俸給、工資、津貼、歲費、獎金、紅利、和補助費和其他給與（如車馬費等）。

提供勞務直接相關且由所得人負擔之下列必要費用合計金額超過該扣除額者，得檢附相關證明文件核實自薪資收入中減除該必要費用，以其餘額為所得額[7]：

（一）**職業專用服裝費：**職業所必需穿著之特殊服裝或表演專用服裝，其購置、租用、清潔及維護費用。每人全年減除金額以其從事該職業薪資收入總額之百分之三為限。

（二）**進修訓練費：**參加符合規定之機構開設職務上、工作上或依法令要求所需特定技能或專業知識相關課程之訓練費用。每人全年減除金額以其薪資收入總額之百分之三為限。

（三）**職業上工具支出：**購置專供職務上或工作上使用書籍、期刊及工具之支出。但其效能非二年內所能耗竭且支出超過一定金額者，應逐年攤提折舊或攤銷費用。每人全年減除金額以其從事該職業薪資收入總額之百分之三為限。

　　第四類利息所得：凡公債（包括各級政府發行之債票、庫券、證券及憑券）、公司債、金融債券、各種短期票券、金融機構的存款（包括公教軍警人員退休金優惠存款）及其他貸出款項利息，以及有獎儲蓄之中獎獎金，和超過郵政儲蓄額部分之存款利息。個人持有（1）公債、公司債及金融債券之利息所得，（2）短期票券到期兌金額超過首次發售價格部分之利息所得，（3）依金融資證券化條例或不動產證券化條例規定發行之受益證券資產基礎證券分配之利息所得，（4）前述（1）～（3）之有價證券或短期票券從事附條件交易，到期賣回金額超過原買入金額部分之利息所得，應依所稅法第88條規定以扣繳率10%辦理扣繳稅款者不併入綜合所得稅申報。

　　第五類租賃所得及權利金所得：係分別指將有形財產及無形財產提供他人使用所獲取之報酬而言，可分別為：

（一）以財產出租之租金所得

（二）財產出典典價經運用之所得

（三）因設定定期的永佃權和地上權而取得的各種收入

（四）專利權、商標權、著作權、秘密方法及各種特許權利，供他人使用而取得之權利金所得

（五）財產出租所收的押金或類似押金的款項或財產出典而取得的典價，應按年息1.04%利率計算租賃收入，但得扣除必要費用。

　　第六類自力耕作、漁、牧、林、礦所得：以自己的力從事農業耕作、漁撈、畜牧、造林、採礦等所到的全年收入減除成本及必要費用後之

餘額為所得額。

第七類財產交易所得：凡財產及權利因買賣或交換而取得之所得，依財產取得方式又可分：

（一）財產或權利原為出價取得者：以交易時之成交價額，減除原始取得之成本，及因取得、改良及移轉該項資產而支付之一切費用後之餘額為所得額。

（二）財產或權利原為繼承或贈與而取得者：以交易時之成交價額，減除繼承時或受贈與時該項財產或權利之時價及因取得、改良及移轉該項財產或權利而支付之一切費用後之餘額為所得額。

個人出售無論是有形資產或無形資產如有所得皆屬本類所得，但個人出售房地，因自民國105年1月1日起實施房合一稅，如其取得房地日期（以所有權移轉登記日期為準）在民國105年1月1日以後就須於房地完作交易後30日內向戶籍所在地國稅局辦理「個人房屋土地交易所得稅」申報，不併入計綜合所得稅申報。

第八類競技、競賽及機會中獎之獎金或給與：就是參加各種競技比賽及各種機會中獎之獎金或給與，其所支付之必要費用，准予減除，但政府所舉辦的獎券中獎採就源扣繳，按中獎之獎金的20%辦理扣繳就無須併入綜合所得稅申報。

第九類退職所得：個人領取之退休金、資遣費、退職金、離職金、終身俸、非屬保險給付之養老金及依勞工退休金條例規定辦理年金保險之保險給付等所得。但不包括個人歷年自薪資收入中自行繳付之儲

金或依勞工退休金條例規定提繳之年金保險費，於提繳年度已計入薪資收入課稅部分及其孳息。

第十類其他所得：不屬於上列各類之所得，以其收入額減除成本及必要費用後之餘額為所得額。但告發或檢舉獎金、與證券商或銀行從事結構型商品交易之所得，除依第八十八條規定扣繳稅款外，不併計綜合所得總額。

---

❶ 王建煊，租稅法，自版，1997 年 8 月，頁 65

❷ 如附件：所得稅法第八條規定中華民國來源所得認定原則

❸ 所得稅法第 14 條

❹ 財政部 83 年 3 月 30 日台財字稅第 831587237 號函：「多層次傳銷事業參加人所得課稅有關規定如次：（一）傳銷事業應於每年 1 月底前將上一年度各參加人進貨資料，彙報該管國稅稽徵機關查核。（二）個人參加人如無固定營業場所，可免辦理營業登記，並免徵營業稅及營利事業所得稅，惟應依法課徵個人綜合所得稅。（三）個人參加人部分：1.個人參加人銷售商品或提供勞務予消費者，所賺取之零售利潤，除經查明參加人提供之憑證屬實者，可核實認定外，稽徵機關得依參加人之進貨資料按建議價格（參考價格）計算銷售額，如查無上述價格，則參考參加人進貨商品類別，依當年度各該營利事業同業利潤標準之零售毛利率核算之銷售價格計算銷售額，再依一時貿易盈餘之純益率 6% 核計個人營利所得予以歸戶課稅。2.個人參加人因下層直銷商向傳銷事業進貨或購進商品累積積分額（或金額）達一定標準，而自該事業取得之業績獎金或各種補助費，係屬佣金收入，得依所得稅法第 14 條第 1 項第 2 類規定，減除直接必要費用後之餘額為所得額。納稅義務人如未依法辦理結算申報，或未依法記帳及保存憑證，或未能提供證明所得額之帳簿文據者，可適用本部核定各該年度經紀人費用率計算其必要費用。3.個人參加人因直接向傳銷事業進貨或購進商品累積積分額（或金額）達一定標準，而自該事業取得之業績獎金或各種補助費，核屬所得稅法第 14 條第 1 項第 9 類（編者註：現為第 10 類）規定之其他所得。營利事業參加人部分：營利事

業參加人除經銷傳銷事業商品賺取銷售利潤外，其因向傳銷事業購進商品達一定標準而取得之報酬，按進貨折讓處理；其因推薦下層參加人向傳銷事業購進商品達一定標準而取得之報酬，按佣金收入處理。準此，營利事業參加人兼具買賣業及經紀業性質，其於適用擴大書面審核實施要點時，應依該要點第2點第2項規定，以主要業別（收入較高者）之純益率標準計算之。至稽徵機關依同業利潤標準核定其所得額時，則分別按各該業別適用之同業利潤標準辦理。」

⑤ 同財政部83年3月30日台財字稅第831587237號函

⑥ 所得稅法施行細則第13條

⑦ 所得稅法第14條第1項規定

SECTION 4-4 所得稅課稅客體之問題

一、非法所得是否為所得稅之課稅客體

非法所得論其型態應可區分為（1）不當得利（如民法上之不當得利或侵權行為所獲得之財物），（2）違章所得（如密醫執行業務所獲取之報酬），（3）犯罪所得（如偷竊獲得之財務）❶三種型態。對非法所得課稅，係基於量能課稅原則以及實質課稅原則，其既然增加淨資產、財富增加，已實現收入之課稅要件，自應納入課稅所得範圍加以課稅，惟不當得利和犯罪行為獲得財產，亦侵犯了第三人權益，就對第三人負有相同金額之賠償（或返還）義務，是否應課稅，不無疑問：

❶ 否定說

1. 稅是享受國家所提供的公共服務之對價，也可以說是享受社會保護的對價，對來自不受政府保護，且被法律所否定的非法活動的所得徵稅，存在矛盾❷。

2. 如果對來自犯罪等非法活動的所得徵稅，會被認為在這些非法活動中存在的是納稅人而不是犯罪分子或違法分子，稅法被置於倫理之外❸。

3. 所得人客觀上淨資產並未增加，自未實現所得課稅要件，而不

應課徵所得稅❹。對於除犯罪行為所獲得之財產上利益，則不得再就該部分之財產上利益課徵所得稅，一方面優先保障受害人權利，落實憲法上保障人民財產權之精神，以防止違規者因為被課稅之後喪失賠償能力，無法全額賠償被害人，另一方面避免課稅同時，又遭被害人民事賠償之重複請求。

② 肯定說

1. 不對非法所得課稅會導至不公平，相關主體獲取了非法利益的好處，又獲得不用繳稅之好處，會增加對從事非法活動取得非法收益的激勵❺。

2. 所得稅的應稅行為就是收入的擁有，而收入是一項經濟上的概念，與來源無關，而對來源於非法活動的收益不加以課稅會違反憲法的平等原則和量能課稅原則❻。

3. 基於犯罪行為所發生的所得，因此增加財富，仍滿足了課稅要件，具有課稅之可能性。實際上稅捐稽徵機關採此見解，但財政部直接稅處於民國26年4月21日以處字第203號訓令：「娼妓係屬不正當營業，原在取締之列，不予課徵所得稅。」好像又否定此一見解，惟自民國38年以後稅捐稽徵機關就採203號訓令之見解。

筆者認為宜採「折衷說」

非法所得確實與所得三要素（1）有貨幣或有價客體之有形流入，（2）有實際經濟行動，（3）有現實之一致性，則其非法所得應屬所

得依量能課稅和實質課稅原則，應予課稅，其「違章所得」就符合上述條件應予課稅，財政部61/02/04台財稅第31185號令：「未具有醫師行醫執照（編者註：現為執業執照），依醫師法第8條規定雖不得執行醫師業務，但在被查獲前既已執行醫師業務，並收取費用，而確有所得者，自應依所得稅法第2條：『凡有中華民國來源所得之個人，應就其中華民國來源之所得，依本法規定，課徵綜合所得稅』之規定辦理。密醫在被查獲前之執行醫師業務收入，自應課徵綜合所得稅，如其所得未有適當資料或紀錄可資查核者，應比照本部核定之當年度醫師執行業務收入費用標準逕行核定課徵或補徵，其有違反稅法有關規定者並應移罰。」採相同見解。

而「犯罪所得」和「不當得利」就無法符合所得三要素。在犯罪所得方面，財政部81/02/20台財稅第810759763號函表示：「經營六合彩賭博之收入其未經沒入部分，核屬所得稅法第14條第1項第9類之其他所得，應以其收入額減除成本及必要費用後之餘額為所得額，合併課徵綜合所得稅」。該函釋中表示「未經沒入部分」應合併申報綜合所得稅，但在申報期後經法院院判決沒入者，其沒入金額應包括稅金部分，那稅捐稽徵機關如何處理，並未詳示。筆者認為應以法院確定判決為依據處理之。在不當得利方面，納稅義務人如在申報綜合所得稅時申報繳納所得稅自無問題，但如經法院判決確定為不當利須還返時稅捐稽徵機關自應准許納稅義務人申請退還該稅額，且最高行政法院於民國85年4月11日85年判字第802號判決：「原告既經民事法院判決應賠償或返還不當得利確定，則其應給付高雄港務局之款項，

自非其所得,應予剔除」,准許納稅義務人更正所得額及應納稅額。

由於目前我國所得稅筆者認為採「純資產增加說」,故有負擔能力的增加就應課稅,就非法所得是否應為課稅所得,當視其結果所得人是否對該所得之執具有「終局持有」而論,因所得增加其可擔力亦增加就為應稅所得。與筆者採相同見解者有前財政部長王建煊[7]先生。

 ## 二、損害賠償所得是否為所得稅之課稅客體

有關損害賠償是否為課稅所得,不無疑問,且損害賠償又可分為有形財產之損害賠償和人格名譽之損害賠償等,各個情形又不同,是否可以一律視為課稅所得,分述如下:

① 否定說

在公法上的損失補償(例如徵收補償)是填補損失應非為所得,有學者從市場交易所得稅的觀點,認為其非市場交易所得,當然無所得稅之問題[8]。實務上採此見解,可從以下函釋中得知:(1)財政部83/09/27台財稅第831608870號函:「輻射污染建築物所有權人依『輻射污染建築物事件防範及處理辦法』(編者註:現行放射性污染建築物事件防範及處理辦法)申領之救濟金及補助費,係屬損害補償,免納綜合所得稅。」;(2)財政部91/01/31台財稅字第0910450396號令:「個人依土地徵收條例第31條、第32條及第34條規定領取之建築改良物補償、農作改良物補償、土地改良物補償或遷移費等法定補償,係屬損害補償性質,尚無所得發生,不課徵綜合

所得稅。」，（3）財政部91/01/31台財稅字第0910450397號令：
「○○市政府捷運工程局為興建大眾捷運系統工程，以協議設定或徵
收取得之地上權，其依大眾捷運系統路線使用土地上空或地下處理及
審核辦法（編者註：現行大眾捷運系統工程使用土地上空或地下處理
及審核辦法）第11條及第13條規定，給付個人之地上權補償費及其
加成補償或地上物拆遷補償費，係屬損害補償性質，尚無所得發生，
不課徵綜合所得稅。」

② 肯定說

　　有形財產的損害賠償，如以賠償損害的名義收受金錢，而客觀上
並未受有損害時，例如懲罰性損害賠償金，其並非損害之回復，而屬
於所得[9]，又如侵權行為或債務不履行之損害賠償，該項所得之利益
也非填補損失，均應列為所得，加以課徵所得稅。

　　結論上筆者認為宜採折衷說，損害賠償是因為對其所受之損害及
所失之利益加以填補，就算能全部的填補亦只是達到原始狀態，可能
損失了機會利益其應得之利益，這部分不可列為所得加以課稅，但非
損害填補的部分亦為所得，應加以課稅，例如：因加害人違反公平交
易法，受害人獲得營業利益之賠償，該項所失利益本即屬於可得之利
益，應屬課稅所得範圍。但這個舉證責任應由納稅義務人負舉證責任，
是否為損害填補或非損害填補。就人格名譽損害賠償方面，所獲得之
賠償金具有人身權利侵害之回復原狀性質，應不構成所得，如財政部
87/07/30台財稅第871955603號函：「犯罪被害人或其遺屬依『犯

罪被害人保護法』規定取得之補償金，核屬損害補償性質，可依所得稅法第4條第3款規定免納所得稅；犯罪被害人遺屬領取之補償金，係政府對遺屬之補償，非犯罪被害人之遺產，免依遺產及贈與稅法第1條規定計入犯罪被害人遺產課徵遺產稅。」，及財政部67/07/21台財稅第34826號函：「因醫療糾紛取得醫生給付之慰問金如為傷害賠償可免稅，醫生與病人因醫療糾紛成立和解，由醫生給付病人之慰問金，是否為所得稅法第4條第3款規定之傷害賠償金，應以病人是否確因醫生有醫療過失而致使病人受到傷害為斷。」所示均應免徵所得稅。

❶ 吳金柱，所得稅法之理論與實用（上），五南圖書公司，2008年4月，頁285

❷ 翁武耀，義大利稅法要義，元照出版有限公司，2021年7月，頁127

❸ 翁武耀，義大利稅法要義，元照出版有限公司，2021年7月，頁127

❹ 陳清秀，稅法各論（上），元照出版有限公司，2016年3月，頁62

❺ 吳金柱，所得稅法之理論與實用（上），五南圖書公司，2008年4月，頁285

❻ 吳金柱，所得稅法之理論與實用（上），五南圖書公司，2008年4月，頁128

❼ 參見王建煊，租稅法，自版，1997年8月，頁61

❽ 葛克昌，所得稅與憲法，翰蘆圖書出版有限公司，2009年2月，頁67

❾ 美國最高院1955年判決，348U.S.426.Commissioner v. Glenshaw Glass Co. Case：最高法院在首席大法官厄爾·沃倫（Earl Warren）的意見認為，只要有"[1] 不可否認地獲得財富,[2] 清楚地實現，以及 [3] 納稅人完全控制的情況"，收入就會實現。在這個定義下，懲罰性賠償符合"收入"的要求——即使它們不是來自資本或勞動三倍損害賠償是應稅收入

4-5 綜合所得稅之稅基與稅率

　　所得稅法第13條規定：「個人之綜合所得稅，就個人綜合所得總額，減除免稅額及扣除額後之綜合所得淨額計徵之。」綜合所得稅之課徵是以「已實現所得」為限，對於可得實現所得無以課徵之實益。所得稅所掌握的是在某一特定時間內，個人所增加的財產所表現的負擔能力，這就是「所得實現原則」。納稅義務人對於經濟財之利用，限於現實，所得稅之負擔能力及計稅標準亦有時間因素在內，憲法之財產權保障要求納稅義務人保有其經濟自由，也就是特定時間之自由。對於所得也只採行定期、分段的所得來加以課稅❶，所得稅是以年度課稅原則。

　　營利所得方面個人如有獲配民國87年以後之公司股利或盈餘可下列二方式擇一課稅：

（一）**合併計稅**：全戶股利及盈餘併入綜合所得稅總額課稅，並按全戶股利及盈餘合計金額的8.5%計算可抵減稅額，抵減應納稅額，每戶可抵減金額以新台幣8萬元為限。

（二）**分開計稅**：無論納稅義務人或配偶的各類所得採合併或分開計算稅額，全戶股利及盈餘不計綜合所得總額，以全戶股利及盈餘合計金額按28%一稅率分開計算稅額，再其他類別

所得的應納稅額加總，計算應繳納稅額。

薪資所得可採「定額扣除法」或「必要費用扣除法」，定額扣除法每人每年為新台幣20萬元正（最高額）❷，必要費用扣除法項目有（1）職業專用服裝費，（2）進修訓練費，（3）職業上工具支出三項，其上限均為3%，且每人薪資中如僱主有為員工投保團體保險者每人每月可在2,000元內及每人每月2,400元伙食費可不列入薪資所得（這二項是僱主可以列報費用，而個人所取得薪資所得扣繳憑單已扣除這二費用為薪資所得，個人於申報綜合所得稅時不得再行扣除，如個人發現所取得扣繳憑單金額不符時應向僱主請求更正扣繳憑單）。

在租賃所得和權利金所得方面，租賃之合理而必要的損耗及費用可逐項舉證申報，無不採用逐項舉證申報時可依當年度財政部公告之必要費用標準扣除，本年度（109年度）必要費用標準房屋為收入的43%，土地僅得扣除地價稅，但土地供他人開採礦石得以權利金10%減除必要損耗❸，而必要費用以實際繳納之地價稅為限。如將財產無償借與他人供營業或執行業務者使用，各地主管國稅局會按當地一般租金情況，設算租賃收入，但如為直系一等親或自己所有者除外。又如個人住宅所有權人依「租賃住宅市場發展及管理條例」第17條規定，將住宅委託代管業或出租予包租業轉租，契約約定供居住使用一年以上者，得依下列規定減徵所得稅：

（一）出租期間每屋每月租金收入不超過15,000元部分，免納所得稅。

（二）出租期間每屋每月租金收入超過15,000元者，就超過部分

減除該部分之必要損耗及費用後餘額為租賃所得。該必要損
耗及費用可逐項舉證申報，如不逐項舉證申報，每屋每月租
金收入超過15,000元部分，可再減除必要耗損費用其標準
為60%。

權利金所得為取得的權利金收入減去合理而必要的損耗及
費用，合理而必要的損耗及費用依財政部94/10/06台財稅字第
09404571981號令：「個人以專利權供他人使用所取得之權利金收
入，因未符合促進產業升級條例（編者註：已於99年5月12日廢止）
第19條之2及第19條之3規定，亦未依法設帳記載及保存憑證時，可
依收入之30%計算其成本及必要費用。」可減除收入之30%。

自力耕作、漁、牧、林、礦所得之必要費用依110年1月19日台
財稅字第10904682361號令：「一百零九年度自力耕作、漁、林、
牧收入成本及必要費用標準」均為100%。如果自行耕作之農產品如
自行加工後再行出售者就不符合本項所得，就應歸類為營利所得中的
個人一時貿易之盈餘。

財產交易所得方面可以區分無形資產和有形資產，在有形資產又
可分動產和不動產二部分：（一）不動產部分：如其不動產取得日期
為民國103年1月1日以後者因已採分離課稅故不再併入綜合所得稅
中申報，如取得日期為103年1月1日以前者，又必須將其不動產區
分為土地及其定著物二部分，因土地已繳納土地增值稅，故不再列入
綜合所得稅核課範圍，以免有重複課稅之疑慮❹，但其定著物可檢附
原始交易證明文件計算其所得並可減除作本及必要之費用，成本及必

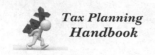

要費用依財政部83年2月8日台財稅第831583118號函規定：「核釋個人出售房屋，計算其財產交易所得可減除之成本及費用項目疑義。說明：二、有關成本及費用之認列規定如下：（一）成本方面：包括取得房屋之價金、購入房屋達可供使用狀態前支付之必要費用（如契稅、印花稅、代書費、規費、公證費、仲介費等），於房屋所有權移轉登記完成前，向金融機構借款之利息暨取得房屋所有權後使用期間支付能增加房屋價值或效能非2年內所能耗竭之增置、改良或修繕費。（二）移轉費用方面：為出售房屋支付之必要費用如仲介費、廣告費、清潔費、搬運費等。三、至取得房屋所有權後，於出售前支付之各項費用，除前述轉列房屋成本之增置、改良或修繕費外，其餘如使用期間繳納之房屋稅、管理費及清潔費、金融機構借款利息等，均屬使用期間之相對代價，不得列為成本或費用減除。」**這裡要注意的是購屋的利息和執有期間的房屋稅、管理費、清潔費等不可列為必要費用扣除，如果在管理費中有單獨列出電梯維修基金者可列為必要成本及費用扣除，但必須由納稅義務人負舉證責任。** 如果無法提供原始購買時之證明文件時，可依出售時之評定現值再行依財政部依地區所訂定之「○○年度個人出售房屋未申報或已申報而未能提出證明文件之財產交易所得標準」房屋收入再以房屋收入17%算列報綜合所得之財產交易所得。（二）動產部分自105年1月1日起，個人提供古董及藝術品在我國參加拍賣會之所得，其能提示足供認定交易損益之證明文件者，依所得稅法第14條第1項第7類規定，以交易時之成交價額減除原始取得之成本，及因取得、改良及移轉該項資產而支付之一切費用

後之餘額為所得額；如未能提示足供認定交易損益之證明文件者，以拍賣收入按6%純益率計算課稅所得。但稽徵機關查得之實際所得額較按6%純益率計算之課稅所得額為高者，應依查得資料核計之❺。個人出售家庭日常使用之衣物、家具者，依所得稅法第4條第1項第16款規定是免稅所得。

在無形資產方面如個人出讓市場攤位權利所得以成交價之20%為所得❻，個人以專門技術之財產交易所得，納稅義務人未申報或未能提出成本、費用之證明件者得按股票面額之30%計算其成本及必要費用❼，個人出售高爾夫球會員證收入，以交易時之成交價額減除原始取得之成本及因取得、改良及移該項資而支付之一切費用❽。

退職所得之計算，個人於退職時，除領取一次或分期退職所得外，另領取一次加發具有退職所得性質之其他各項給與，有關所得稅法第14條第1項第9類規定退職所得之計算方式如下：（一）一次領取退職所得，另於退職時領取一次加發之各項給與者，該一次加發之各項給與，應全數併入一次領取之退職所得中，依所得稅法第14條第1項第9類第1款規定計算所得額。（二）分期領取退職所得，另於退職時領取一次加發之各項給與者，其依所得稅法第14條第1項第9類第3款規定，計算一次及分期退職所得可減除之金額，應按下列方式計算之：

1.退職當年度一次領取之退職所得之比例（A）＝一次加發之各項給與÷（一次加發之各項給與＋退職起至死亡止分期領取退職所得之年金現值）。

退職起至死亡止分期領取退職所得之年金現值計算方式如下：

（1）如分期退職所得係於每期期末領取者：

退職起至死亡止分期領取退職所得之年金現值＝

分期退職所得×〔（1＋利率）期數－1〕÷〔利率×（1＋利率）期數〕

（2）如分期退職所得係於每期期初領取者：

退職起至死亡止分期領取退職所得之年金現值＝

分期退職所得×｛〔（1＋利率）期數－1－1〕÷〔利率×（1＋利率）期數－1〕＋1｝

（3）利率：按年領取者依退休時郵政儲金匯業局（編者註：現為郵政儲金）一年期定期儲金固定利率計算。按月、季、半年領取者，依上項年利率之十二分之一、四分之一及二分之一計算。

（4）期數：以退職時之年齡計算至國人平均壽命75歲止之年數，依分期退職所得係按月、按季、按半年或按年領取計算之。按月領取者，1年之期數為12期；按季領取者，1年之期數為4期；按半年領取者，1年之期數為2期；按年領取者，1年之期數為1期。

2.分期領取之退職所得比例（B）＝1－（A）。

3.一次退職所得可減除之金額＝15萬元×退職服務年資×退職當年度一次領取之退職所得之比例＋〔一次領取之退職所得－（15萬元×退職服務年資×退職當年度一次領取之退職所得之比例）〕×50%。但一次領取之退職所得大於「30萬元×退職服務年資×退職當年度一次領取之退職所得之比例」者，以「30萬元×退職服務年

資×退職當年度一次領取之退職所得之比例」計算之。

4. 分期退職所得可減除之金額＝65萬元×（Ｂ）。

（三）兼領一次退職所得及分期退職所得，另於退職時領取一次加發之各項給與者，其依所得稅法第14條第1項第9類第3款規定，計算一次及分期退職所得可減除之金額，應依下列方式計算之：

退職當年度一次領取之退職所得之比例（Ａ）＝一次領取之退職所得（含一次加發之各項給與）÷〔一次領取之退職所得（含一次加發之各項給與）＋退職起至死亡時領取分期退職所得之年金現值〕。❾

以109年度領取退職所得者為例，其所得額計算方式如下：

（一）一次領取者：

　　1. 一次領取總額在180,000元乘以退職服務年資之金額以下者，所得額為0元。

　　2. 超過180,000元乘以退職服務年資之金額，未達362,000元乘以退職服務年資之金額部分，以半數為所得額。

　　3. 超過362,000元乘以退職服務年資之金額部分，全數為所得額。

　　退職服務年資之尾數未滿6個月者，以6個月計，滿6個月者以1年計。

（二）分期領取者，以全年領總額減除781,000元後之餘額為所得額。

（三）兼領一之退職所得及分期退職所者，前二項規定可減除之金額，應依其取一次及分期退職得比例分計算之。

變動所得包括個人非因執行職務死亡，其遺族依法令或規定一次領取之撫卹金或死亡補償與退職所得超過定額免稅之部分及受僱從事遠洋漁業於每次出海後一次分配的報酬及耕地因出租收回或政府徵收而依平均地權條例第77條或第11條規定取得的地價補償，得依所得稅法第14條3項規定：「個人綜合所得總額中，如有自力經營林業之所得、受僱從事遠洋漁業，於每次出海後一次分配之報酬、一次給付之撫卹金或死亡補償，超過第四條第一項第四款規定之部分及因耕地出租人收回耕地，而依平均地權條例第七十七條規定，給予之補償等變動所得，得僅以半數作為當年度所得，其餘半數免稅。」以半數為所得額。

 ## 綜合所得稅之稅率

綜合所得稅稅率採「超額累進稅率」，全部所得淨額依不同的稅率級距計算應納稅額，依所得稅法5條第2項規定：「綜合所得稅課稅級距及累進稅率如下：一、全年綜合所得淨額在五十二萬元以下者，課徵百分之五。二、超過五十二萬元至一百十七萬元者，課徵二萬六千元，加超過五十二萬元部分之百分之十二。三、超過一百十七萬元至二百三十五萬元者，課徵十萬零四千元，加超過一百十七萬元部分之百分之二十。四、超過二百三十五萬元至四百四十萬元者，課徵三十四萬元，加超過二百三十五萬元部分之百分之三十。五、超過

四百四十萬元者，課徵九十五萬五千元，加超過四百四十萬元部分之百分之四十。」

合所得稅課徵級距之金額每遇消費者物價指數較上次調整年度之指數上漲累計達百分之三以上時，按上漲程度調整之。調整金額以萬元為單位，未達萬元者按千元數四捨五入❿。

---

❶ 所得稅法第14條第1項：個人之綜合所得總額，以其全年下列各類所得合併計算之

❷ 所得稅法第17條第第3項

❸ 財政部78/07/12台財稅第780654163號函：納稅義務人提供土地予他人開採礦石，收取權利金，如必要損耗未能提具確實證據以憑核實認定者，其減除標準，按取得權利金收入10%計算；其必要費用，以實際繳納之地價稅為限。

❹ 所得稅法第4條第1項第16款規定：

❺ 財政部104年12月30日台財稅字第10404680830號令

❻ 財政部67年8月4日台財稅第35223號函：納稅義務人出讓市場攤位，其為權利賣斷性質者應屬財產交易，依所得稅法第14條第1項第7類之規定，財產或權利原為出價取得者，以交易時之成交價額減除原始取得之成本及因取得、改良及移轉該項資產而支付之一切費用後之餘額為所得額；如其原始取得成本及改良費用無從查考者，其所得額之計算，以成交價額20%為標準。

❼ 財政部94年10月6日台財稅字第09404571980號令：核釋公司之個人股東以專門技術作價投資之財產交易所得計算規定：一、92年12月31日以前以專門技術作價投資之案件，該專門技術財產交易所得之計算，應依本部75年9月12日台財稅第7564235號函規定辦理；至該專門技術之成本及必要費用，納稅義務人未申報或未能提出成本、費用之證明文件者，得按股票面額之30%計算。二、93年1月1日起以專門技術作價投資之案件，依本部92年10月1日台財稅字第0920455312號令規定計算該專門技術之財產交易所得時，其屬未申報案件或未能提出成本、費用之證明文件者，該專門技術之成本及必要費用，得按作價抵充出資股款之30%計算。

❽ 財政部84年3月1日台財稅第841606833號函：個人出售高爾夫球會員證之所得屬財產

交易所得，依所得稅法第14條第1項第7類規定，以交易時之成交價額，減除原始取得之成本，及因取得、改良及移轉該項資產而支付之一切費用後之餘額為所得額。有關成本及費用之認列規定如左：（一）成本方面：包括取得高爾夫球會員證之價金及必要費用（如仲介費、過戶費等）。（二）移轉費用方面：為出售高爾夫球會員證支付之必要費用，如仲介費、廣告費等。（三）至取得高爾夫球會員證後，於出售前支付之各項費用，如年（會）費、場地使用費等，均屬使用期間之相對代價，不得列為成本或費用減除。三、納稅義務人未申報或未能提出證明文件者，以其自行舉證之售價或稽徵機關查得成交價額，兩者從高按主管稽徵機關訂定之所得標準核定之。

❾ 財政部89年2月2日台財稅第0880451484號函、財政部91年1月4日台財稅字第0900457847號令

❿ 所稅法第5條第3項

Chapter

5

扣　繳

TAX
PLANNING
HANDBOOK

SECTION 5-1 扣繳義務人與納稅義務人

　　扣繳制度，政府為能充分掌握稅源，以免稅義務人之所得有所逃漏起見，責成特定人為扣繳義務人，就納稅義務人的所得，於給付時，依扣繳辦法之規定的扣繳率，扣取稅款，在法定期限內，向國庫繳清，並開具扣繳憑單彙報該管稽徵機關，及填具扣繳憑單發給納稅義務人，並將扣繳後之剩所得給付予所得人之制度，依所得稅法第88條第1、2項規定，納稅義務人有下列各類所得者，應由扣繳義務人於給付時，依規定之扣繳率或扣繳辦法，扣取稅款繳納之：一、公司分配予非中華民國境內居住之個人及總機構在中華民國境外之營利事業之股利；合作社、其他法人、合夥組織或獨資組織分配予非中華民國境內居住之社員、出資者、合夥人或獨資資本主之盈餘。二、機關、團體、學校、事業、破產財團或執行業務者所給付之薪資、利息、租金、佣金、權利金、競技、競賽或機會中獎之獎金或給與、退休金、資遣費、退職金、離職金、終身俸、非屬保險給付之養老金、告發或檢舉獎金、結構型商品交易之所得、執行業務者之報酬，及給付在中華民國境內無固定營業場所或營業代理人之國外營利事業之所得。三、營利事業應由營業代理人或給付人扣繳所得稅款之營利事業所得。四、在中華民國境內無分支機構之國外影片事業，其在中華民國境內之營利事業所得額。

獨資、合夥組織之營利事業辦理結算申報或決算、清算申報，有應分配予非中華民國境內居住之獨資資本主或合夥組織合夥人之盈餘者，應於該年度結算申報或決算、清算申報法定截止日前，由扣繳義務人依規定之扣繳率扣取稅款繳納，經由扣繳制度使稅捐稽徵機關得以掌握國之所得情形，充分掌握稅源，且依所得稅之時徵繳基本精神，有所得即須繳稅❶。

扣繳之立法目的為：1.使政府便宜掌握稅收，便利國庫資金調度；2.掌握課稅資料；3.節省稽徵行政成本；4.預先扣繳稅款減輕納稅義務人一次繳稅之負擔壓力。

扣繳應備之功能有1.作為稅捐債權人的國家，可以獲得穩定、快速、便宜的收入來源；2.財政收入分散在年度中間進入國庫，不用等待年度納稅義務人的結算申報，有助於國庫平時財政調度；3.有效降低納義務人的稅捐抵抗。

扣繳應備以下三種特徵1.納稅義務人經濟活動之成果，在僱主對其給付時展現，稅捐債權之實體存在於扣繳義務人對之的給付當中；2.應予扣繳之所得，立於僱主或扣繳義務人之管領範圍內；3.必須是機關、事業、團體或執行業務者之僱主所作的給付。

所謂扣繳義務人係指依所得稅法規定應於給付所得時，負責代為扣繳所得稅款並依規定填報及填發扣（免）繳憑單、信託憑單之人，一般都為單位負責人，但依財政部88年7月8日台財稅第881924323號函規定：「現行所得稅法第89條第1項第2款規定，機關團體之扣繳義務人為責應扣繳單位主管，所稱『責應扣繳單位主管』，由各機

關首長或團體負責人自行指定之。機關團體已在各類所得扣繳稅額繳款書、各類所得資料申報書或各類所得扣繳暨免扣繳憑單之『扣繳義務人』欄載明扣繳義務人者，視為該機關首長或團體負責人指定之扣繳義務人；未經指定者，以機關首長或團體負責人為扣繳義務人。」可由單位負責人指定，所以有些單位為了責任和方便，由指定由會計單位主管擔任扣繳義務人。而納稅義務人，係指依所得稅法規定，應申報或繳納所得稅之人。

扣繳義務人給付以下所得時，應該在給付時辦理扣繳：1.給付予非中華民國境內居住之個人及總機構在中華民國境外之營利事業或於一課稅年度內在臺灣地區居留、停留合計未滿183天之大陸地區人民及大陸地區法人、團體或其他機構之股利；合作社分配予非中華民國境內居住之社員之盈餘；其他法人分配予非中華民國境內居住之出資者之盈餘；獨資、合夥組織之營利事業分配或應分配予非中華民國境內居住之獨資資本主或合夥組織合夥人之盈餘。2.薪資。3.利息。4.租金。5.佣金。6.權利金。7.競技、競賽或機會中獎的獎金或給與。8.執行業務者的報酬。9.退職所得：退休金、資遣費、退職金、離職金、終身俸、非屬保險給付之養老金。10.告發或檢舉獎金。11.結構型商品交易之所得。12.在我國境內沒有固定營業場所或營業代理人的國外營利事業之所得或在臺灣地區無固定營業場所及營業代理人之大陸地區法人、團體或其他機構的所得。13.所得稅法第25條規定之營利事業，依同法第98條之1規定，應由營業代理人或給付人扣繳稅款之營利事業所得額。14.所得稅法第26條規定在中華民國境內無分支機構

之國外影片事業,其在中華民國境內之營利事業所得額。15.所得稅法第3條之4信託財產發生之收入,扣繳義務人應於給付時,以信託行為之受託人為納稅義務人,依所得稅法第88條及89條規定辦理。但扣繳義務人給付第3條之4第5項規定之公益信託之收入,除依法不併計課稅之所得外,得免依第88條規定扣繳稅款❷。

按扣繳義務人係依所得稅法授權,於給付所得予納稅義務人時,按規定的比率扣繳稅款繳交國庫,涉及到誰有權利向納稅義務人扣取稅款,屬於人民納稅的方法,應有租稅法律的適用,由機關、團體、學校決定誰有權向納稅義務人扣繳稅款,而非直接以法律規定扣繳義務人,似有違租稅法律主義。且依法條文義及立法目的,亦無法經由司法審查加以確認誰才是扣繳義務人,造成扣繳義務人具體對象的認定,係處於不確定的法律狀態,亦有違法律明確性原則❸,筆者深表讚同。稅法上扣繳義務人,基於所得源泉扣繳之基本設計,應以私法上具有給付所得義務之債務人為扣繳義務人。換言之,機關、團體、學校及事業之扣繳義務人宜應為機關、團體、學校及事業。

❶ 整理自柯格鐘,所得稅法之薪資所得與應扣繳薪資所得客體的採討(下),台灣本土法學雜誌第65期,2004年12月,頁26以下,楊葉承、宋秀玲,稅務法規理論與應用,新陸書局股份有限公司,2015年10月,頁279

❷ 所得稅法第88條、第89條之1、臺灣地區與大陸地區人民關係條例第25條

❸ 莊弘仔,所得稅扣繳義務人規定之研析,立法院研究報告R00306,2017年11月

SECTION 5-2　扣繳率及辦理扣繳時間

　　各類所得扣繳率原則上中華民國境內居住之個人以所得額10%為扣繳率，非中華民國境內居住之個人以所得額20%為扣繳率，茲將常用各類所得扣繳率整理如下表：

*表5 常用各類所得扣繳率簡表

適用對象 所得類別	扣繳率				
	中華民國境內居住之個人			非中華民國境內居住之個人	
	定義：（所得稅法第7條第2項） 1.在中華民國境內有住所，並經常居住中華民國境內者 2.在中華民國境內無住所，而於一課稅年度內在中華民國境內居留合計滿183天者			定義：（所得稅法第7條第3項） 中華民國境內居住之個人以外之個人	
薪資（50）兼職所得及非每月給付之薪資，簡稱非固定薪資	扣繳率		免扣繳規定	扣繳率	條件
	固定薪資	可按全月給付繳額查表扣	未達查表起扣標準者，免扣繳（起扣標準84,501元）	6%	110年1月1日起全月給付總額在36,000元（含）（係行政院核定每月基本工資之1.5倍以下）
		或選按全月給付總額扣5%	每月應扣繳稅額不超過2,000元者，免扣繳	18%	110年1月1日起全月給付總額在36,000元
	非固定薪資	按給付額扣5%	未達查表起扣標準者，免扣繳（起扣標準84,501元）		

講演鐘點費、稿費、版稅之執行業務報酬（9B）	扣繳率	免扣繳規定	扣繳率	免扣繳規定
講演鐘點費、稿費、版稅之執行業務報酬（9B）	10%	每次應扣繳稅額不超過2,000元者，免予扣繳	20%	每次應扣繳稅額不超過5,000元者，免予扣繳
租賃所得（51）	10%	每次應扣繳稅額不超過2,000元者，免予扣繳	20%	無
權利金所得（53）	10%	每次應扣繳稅額不超過2,000元者，免予扣繳	20%	無
競技競賽機會中獎之獎金或給與（91）	10%	每次應扣繳稅額不超過2,000元者，免予扣繳	20%	無
其他所得（92）	1.免扣繳（應列單）2.告發或檢舉獎金扣繳20%		個人按20%申報納稅（應列單）	

資料來源：依各類所得扣繳率標準整理

　　凡需要辦理扣繳者於給付時須先將稅款扣除後再給付納稅義務人，如納稅義務人為中華民國境內居住之個人時扣繳義務人須於次月10日前向當地國稅局繳納稅款，並於次年1月底前填發扣繳憑單向當地國稅局申報，但如納稅義務人非中華民國境內居住之個人時須於代扣之日起10日內向國稅局繳納稅款，並於繳納之日起10日填發扣繳憑單向當地國稅局申報，為響應環保現採無紙化作業可以不主動發給納稅義務人紙本之扣繳憑單，惟納稅義務人向扣繳義務人索取時扣繳義務仍應發給紙本扣繳憑單。

SECTION 5-3 扣繳在實務上之疑問

一、對扣繳義務人之罰責

扣繳原屬國家之任務的徵收程序，今強制私人為國家代為執行扣繳，一旦扣繳義務人一時的疏忽未完成扣繳程序，依所得稅法第111條規定：「政府機關、公立學校或公營事業違反第八十九條第三項規定，未依限或未據實申報或未依限填發免扣繳憑單者，應通知其主管機關議處該機關或學校之責應扣繳單位主管或事業之負責人。私人團體、私立學校、私營事業、破產財團或執行業務者，違反第八十九條第三項規定，未依限填報或未據實申報或未依限填發免扣繳憑單者，處該團體或學校之責應扣繳單位主管、事業之負責人、破產財團之破產管理人或執行業務者一千五百元之罰鍰，並通知限期補報或填發；屆期不補報或填發者，應按所給付之金額，處該團體或學校之責應扣繳單位主管、事業之負責人、破產財團之破產管理人或執行業務者百分之五之罰鍰。但最高不得超過九萬元，最低不得少於三千元。」不問原因均將給予處罰。

此制度之設計確實有助提升稽徵效率、確保稅捐債權，對於公益有利但以處罰手段要求人民代執行業務義務，美其名是：國家將徵稅之神聖任務賦予人民執行，人民更應盡心執行。至於對單純違反扣繳義

務，而加以刑罰或行政罰，其條件應更加嚴格審慎。扣繳義務之違反，應可先區分為係扣取、繳納義務之違反或申報、填發憑單義務之違反而異其處罰規定，並去除現行法以所漏稅額一定倍數裁罰之模式，改以明定裁罰最高額，並應賦予稅捐稽徵主管機關衡酌具體個案情節輕重之裁量權限，方符合法治國原則要求❶。反觀中國大陸對扣繳之實施依中國大陸個人所得稅法第11條規定：「對扣繳義務人按照所扣繳稅款，付給百分之二的手續費。」在個人所得稅的代扣代繳方面，扣繳義務人為了代扣代繳稅款，額外支出了時間、金錢和精力，這部分即是扣繳義務人在經濟上蒙受的損失。這部分經濟損失是因為法律規定其義務造成的，因此在中國大陸的稅法上認為應給予適當的補償，實質上是對扣繳義務人的一種行政補償，以補償代替處罰。

對未完成扣繳程序之處罰，應區分為係扣取、繳納義務之違反或申報、填發憑單義務之違反而異定其處罰，應去除現行法以所漏稅額一定倍數裁罰之模式，改以明定裁罰最高額，並賦予稅捐稽徵主管機關衡酌具體個案情節輕重之裁量權限，對於已納稅款但未完成申報程序者，應給予免處罰，對於完成所有扣繳程序者，應給予稅捐減輕之優惠以勵人民勇於承擔義務及作為人民為國家付出之行政報酬。

二、執國外信用卡刷卡手續費之扣繳

信用卡刷卡應給付代收銀行3％～5％之手續費，依各類所得扣繳率標準第3條第1項第10款規定：「在中華民國境內無固定營業場所及營業代理人之營利事業，有前九款所列各類所得以外之所得，按

給付額扣取百分之二十」應由扣繳義務人代為扣繳20%之稅款。執外國銀行之信用卡在國內刷卡時其手續費是為外國銀行收入，且其事業體總機構在我國境外，依所得稅法規定必須就源扣繳。但信用卡之結算均由其銀行進行結算，結算後扣除手續費之金額撥付給出售人。國內出售人已先由銀行扣除3%～5%之手續費，扣繳義務人未能申報扣繳和代繳稅款，已違反扣繳義務依所得稅法第114條規定：「扣繳義務人如有下列情事之一者，分別依各該款規定處罰：一、扣繳義務人未依第八十八條規定扣繳稅款者，除限期責令補繳應扣未扣或短扣之稅款及補報扣繳憑單外，並按應扣未扣或短扣之稅額處一倍以下之罰鍰；其未於限期內補繳應扣未扣或短扣之稅款，或不按實補報扣繳憑單者，應按應扣未扣或短扣之稅額處三倍以下之罰鍰。二、扣繳義務人已依本法扣繳稅款，而未依第九十二條規定之期限按實填報或填發扣繳憑單者，除限期責令補報或填發外，應按扣繳稅額處百分之二十之罰鍰。但最高不得超過二萬元，最低不得少於一千五百元；逾期自動申報或填發者，減半處罰。經稽徵機關限期責令補報或填發扣繳憑單，扣繳義務人未依限按實補報或填發者，應按扣繳稅額處三倍以下之罰鍰。但最高不得超過四萬五千元，最低不得少於三千元。三、扣繳義務人逾第九十二條規定期限繳納所扣稅款者，每逾二日加徵百分之一滯納金」應處以「應扣未扣或短扣之稅額處一倍以下之罰鍰，最低不得少於一千五百元」，且在我國稅法中並無免罰之規定。

經筆者查詢各區國稅局，均告知此一問題無解，但各區國稅局也表示不會開罰。從表現來看似乎問題已得解決，但從法之觀點而言，

國稅局稅務人員不開罰是一種行政怠惰行為，但一旦開罰又會引起民怨。筆者認為應修改所得稅法第114條加註免罰條款，或在尚未修法前由財政部以函釋方式解釋免罰條件。

---

❶ 莊弘仔，所得稅扣繳處罰規定之研析，立法院專題研究A01468，2019年1月22日

所得基本稅額

（最低負稅制）

SECTION
6-1 課稅對象暨課稅原則

　　最低負稅制係為使適用租稅減免規定而繳納較低之稅負甚至不用繳稅的公司或高所得個人，都能繳納最基本稅額的一種稅制。目的在於使有能力納稅者，對國家財政均有基本的貢獻，以維護租稅公平，確保國家稅收。國家為了提振經濟和發展產業，以所得減免、稅額抵減等作為政策工具來吸引國際投資及國民投資，造成了稅基的流失嚴重，影響租稅公平及國家稅收。因此參考國際經驗，如美國、韓國、加拿大等國的作法，制定最低負稅制度（Alternative Minimum Tax），使適用租稅減免規定而繳納較低所得稅負或甚至免稅之法人或個人，至少負擔一定比例之所得稅，可兼顧既有產業或社會政策，並適度減緩過度適用租稅減免規定造成的不公平，彌補現制的不足❶。

　　最低負稅制的實施對象包括營利事業及個人。但對於未適用租稅優惠或所繳納之一般所得稅額已較最低負稅為高者，不在課徵之列，所以並不是全體國民或所有企業都適用之。另考量高所得個人透過實物捐贈方式等規避個人綜合所得稅之情形甚為嚴重，透過個人階段實施最低負稅制，可適度達到所得重分配效果。因此，我國最低負稅制之實施範圍亦包括個人。

　　最低負稅制的目的是要讓所得很高，但因享受各項租稅減免，而

完全免稅或稅負非常低的人，對國家財政有基本的貢獻。所以大多數已納稅且沒有享受租稅減免的納稅義務人，不會適用最低負稅。個人符合下列條件之一的申報戶，不必申報最低負稅：（一）申報綜合所得稅時，未適用投資抵減獎勵，且無海外所得、特定保險給付、私募證券投資信託基金之受益憑證交易所得、非現金捐贈扣除額等應計入基本所得額之項目者。（二）雖有上述應計入基本所得額之項目，但申報戶的基本所得額在670萬元以下者。（三）符合所得稅法第73條第1項規定免辦結算申報之非中華民國境內居住之個人。營利事業符合下列條件之一不必繳納最低負稅：（一）未享受租稅減免者（二）享受租稅減免但所繳納之一般所得稅額已較基本稅額為高者，（三）規模較小者（如獨資、合夥組織、不對外營業之消費合作社），（四）獲利較低者（如基本所得額在新臺幣50萬元以下者、清算申報或破產宣告者），（五）教育、文化、公益、慈善機關或團體，（六）各級政府之公有事業，（七）總機構在中華民國境外，而在中華民國境內無固定營業場所及營業代理人之營利事業❷。

　　最低負稅制的課稅原則，以一般所得稅額高於或等於基本稅額者，已達所得稅之基本貢獻，其應納稅額則不受所得基本條例影響，仍依所得稅法相關規定繳納所得稅。而一般所得稅額低於基本稅額者，因未達所得稅之基本貢獻度，應繳納之所得稅，除按所得稅法及其相關法律計算認定外，應另就基本稅額與一般所得稅額之差額繳納所得稅。

---

❶ 參考財政部最低負稅制Q&A說明
❷ 所得基本稅額條例第3條規定

SECTION 6-2 營利事業之一般所得稅額

　　營利事業之一般所得稅額，為營利事業當年度依所得稅法規定計算之應納稅額，減除依其他法律規定之投資抵減額後之餘額。

　　營利事業的「基本所得額」等於依所得稅法規定計算之課稅所得額，加上應納入最低負稅稅基的免稅所得額後的合計數。為：基本所得額＝課稅所得額＋特定免稅所得❶，特定免稅所得為：（一）證券、期貨交易所得❷；（二）國際金融業務分行之所得。但不包括依所得稅法第73條之1就其授信收入總額按規定之扣繳率申報納稅之所得❸；（三）國際證券業務分公司經營國際證券業務之所得。但不包括對中華民國境內之個人、法人、政府機關或金融機構辦理國際金融業務條例第22條之4第1項各款業務之所得❹；（四）國際保險業務分公司經營國際保險業務之所得。但不包括其資金在中華民國境內運用所生之所得❺；（五）新興重要策略性產業、製造業及其相關技術服務業、重要投資事業及重要科技事業、營運總部、參與交通建設及公共建設而受獎勵之民間機構、科學工業及因受讓設備或應用軟體而續用、因合併而繼受租稅優惠等所適用之（5年）免稅所得❻；（六）智慧財產權研究發展支出加倍減除金額（自105年度起計入）❼；（七）增僱本國籍員工之薪資費用加成減除金額（自104年度起計入）❽；

（八）增僱24歲以下本國籍員工與調高本國籍基層員工薪資之薪資費用加成減除金額〔自105年度起計入〕❾。營利事業的基本稅額，為依上述計算之基本所得額扣除新台幣50萬元後，行政院訂定之稅率計算之金額，該稅率最低不得低於12%，最高不得超過15%，其徵收率由行政院訂定之。

　另外由於所得基本稅額條例立法目的在維護租稅公平，使得適用租稅減免規定而繳納較低稅負或完全免稅之營利事業，能繳納最基本稅額之稅制。營利事業如有所得稅法第4條之1及第4條之2規定停徵所得稅之證券及期貨交易所得、合於獎勵規定之各項免稅所得、國際金融（含證券、保險）業務分行免稅所得、其他經財政部公告之減免所得稅之所得額及不計入所得稅之所得額者，應依所得基本稅額條例相關規定計算營利事業之基本稅額。證券及期貨交易所得雖然停止課徵所得稅，惟營利事業於辦理所得基本稅額申報時，仍應將證券及期貨交易所得列入基本所得額計算課徵基本稅額。

❶ 所得基本稅額條例第7條
❷ 所得稅法第4條之1、第4條之2
❸ 國際金融業務條例第13條
❹ 國際金融業務條例第22條之7
❺ 國際金融業務條例第22條之16
❻ 廢止前促進產業升級條例第9條、第9條之2、第10條、第15條、第70條之1、修正前第8條之1、獎勵民間參與交通建設條例第28條、促進民間參與公共建設法第36條、科學工業園區設置管理條例第18條、修正前第15條、企業併購法第37條
❼ 產業創新條例第12條之1第1項
❽ 中小企業發展條例第36條之2第1項
❾ 中小企業發展條例第36條之2第2項至第3項

SECTION 6-3 個人之一般所得稅額

　　個人之一般所得稅額，為個人當年度依所得稅法規定計算之應納稅額，減除依其他法律規定之投資抵減稅額後之餘額。

　　個人最低負稅係以家戶為申報單位，納稅義務人與其依所得稅法規定應合併申報綜合所得稅之配偶及受扶養親屬，有所得基本稅額條例規定應計入基本所得額之所得項目或扣除項目時，應由納稅義務人合併申報基本所得額並計算基本稅額。

　　應計入個人基本所得額的項目有：（一）海外所得：指未計入綜合所得總額之非中華民國來源所得及香港澳門地區來源所得。一申報戶全年合計數未達100萬元者，免予計入；在100萬元以上者，應全數計入。（二）特定保險給付：所得基本稅額條例施行後所訂立受益人與要保人非屬同一人之人壽保險及年金保險，受益人所受領之保險給付，但死亡給付每一申報戶全年合計數在3,330萬元以下部分免予計入。超過3,330萬元者，扣除3,330萬元後之餘額應全數計入[1]。（三）私募證券投資信託基金受益憑證之交易所得。（四）個人綜合所得稅的「非現金部分之捐贈扣除額」[2]。（五）個人綜合所得稅的「綜合所得淨額」。（六）選擇分開計算之股利及盈餘合計數。（七）各法律新增的減免綜合所得稅之所得額或扣除額，經財政部公告應計入

個人基本所得額者。

　　基本稅額應先與一般所得稅額作比較。如果一般所得稅額高於或等於基本稅額，則不必再繳納基本稅額，只要依原來的綜合所得稅規定繳稅即可。如果一般所得稅額低於基本稅額，除原來的綜合所得稅額外，尚應就基本稅額與一般所得稅額之差額繳納所得稅。海外所得已依所得來源地法律規定繳納的所得稅，得扣抵基本稅額，扣抵金額不得超過因加計海外所得，而依規定計算增加的基本稅額。前述扣抵，應提出所得來源地稅務機關發給同一年度納稅憑證。

---

❶ 受益人與要保人非屬同一人之人壽保險及年金保險給付中，屬於死亡給付部分，一申報戶全年合計數在3,330萬元以下者，免予計入基本所得額；超過3,330萬元者，其死亡給付以扣除3,330萬元後之餘額計入基本所得額。受益人與要保人非屬同一人之人壽保險及年金保險給付中，非屬死亡給付部分，應全數計入基本所得額，不得扣除3,330萬元之免稅額度。至於健康保險給付、傷害保險給付、及受益人與要保人為同一人之人壽保險及年金保險給付，均不納入個人基本所得額，自無扣除3,330萬元免稅額度問題。

❷ 非現金之捐贈估價不易，根據納稅資料分析，非現金之捐贈往往成為納稅義務人從事租稅規劃並用以規避稅負之管道，爰將其計入基本所得額。依據92年度綜合所得稅資料統計，部分高所得者，其所得總額約274億元中，申報非現金捐贈扣除金額達167億元，亦即透過非現金捐贈管道使60%之所得無須納稅，顯示高所得者利用捐贈規避稅負情形不容忽視

SECTION 6-4 罰則

　　依所得基本稅額條例第15條：「營利事業或個人已依本條例規定計算及申報基本所得額，有漏報或短報致短漏稅額之情事者，處以所漏稅額二倍以下之罰鍰。營利事業或個人未依本條例規定計算及申報基本所得額，經稽徵機關調查，發現有依本條例規定應課稅之所得額者，除依規定核定補徵應納稅額外，應按補徵稅額，處三倍以下之罰鍰。」營利事業或個人與國內外其他個人或營利事業、教育、文化、公益、慈善機關或團體相互間，如有藉資金、股權之移轉或其他虛偽之安排，不當為他人或自己規避或減少納稅義務者，稽徵機關為正確計算相關納稅義務人之基本所得額及基本稅額，得報經財政部核准，依查得資料，按實際交易事實依法予以調整❶。

---

❶ 所得基本稅額條例第 15-1 條

7

房地合一所得稅

SECTION 7-1 什麼是房地合一所得稅？

　　由於我國現行不動產（房屋）價格過高，使現行土地及房屋短期交易稅負偏低，甚或無稅負，而製訂了「特種貨物及勞務稅條例」第2條第1款規定持有期間在二年以內之房屋及其坐落基地為課稅項目，依財政部的建議參照平均地權條例施行細則第40條第1項第1款前段規定，將依法得核發建造執照之都市土地納入課稅項目，以健全房屋市場課以特種貨物稅，此為參考美國、香港及新加坡之立法例，訂定特種貨物，持有期間在一年以內者，稅率為百分之十五。經專家學者和立法者之建議，為改善現行不動產稅制之缺失，促使房屋、土地交易正常化，故在104年6月5日增訂所得稅法第4-4條：「（第1項）個人及營利事業自中華民國一百零五年一月一日起交易房屋、房屋及其坐落基地或依法得核發建造執照之土地（以下合稱房屋、土地），符合下列情形之一者，其交易所得應依第十四條之四至第十四條之八及第二十四條之五規定課徵所得稅：一、交易之房屋、土地係於一百零三年一月一日之次日以後取得，且持有期間在二年以內。二、交易之房屋、土地係於一百零五年一月一日以後取得。（第2項）個人於中華民國一百零五年一月一日以後取得以設定地上權方式之房屋使用權，其交易視同前項之房屋交易。（第3項）第一項規定之土地，不

適用第四條第一項第十六款規定；同項所定房屋之範圍，不包括依農業發展條例申請興建之農舍。」並在104年6月24日增訂公布之特種貨物及勞務稅條例（即俗稱之奢侈稅）第6條之1規定，而該條例關於不動產之部分，自105年1月1日起停止課稅，然此謂我國針對「短期持有不動產交易所得」設之稅捐特別負擔。

依所得稅法第4條第1項第16款規定：「個人及營利事業出售土地，或個人出售家庭日常使用之衣物、家具，或營利事業依政府規定為儲備戰備物資而處理之財產，其交易之所得。」免納所得稅，故在房地合一課徵所得稅制度施行前，土地交易所得僅課徵土地增值稅，毋庸課徵所得稅。在房地合一課徵所得稅制度施行後，土地稅法中關於課徵土地增值稅之規定仍維持不變，但應課徵房地合一所得稅之土地，其交易所得不再適用前揭所得稅法的免稅規定❶。亦即，個人及營利事業之土地交易所得，除課徵土地增值稅外，應另行課徵房地合一所得稅。

然在110年4月8日再次修訂所得稅法第4-4條、第4-5條、第14-4條及第14-5條、第14-6條、第24-5條，亦為房地合一稅2.0，本次修正是為防杜個人及營利事業藉由交易其具控制力之國內外營利事業股份或出資額，實質移轉該被投資營利事業之中華民國境內房屋、土地，以免稅之證券交易所得規避或減少房屋、土地交易所得之納稅義務，明定符合一定條件之股份或出資額交易，應視為房屋、土地交易，該交易所得應依本法有關房屋、土地交易所得相關規定課稅，不適用現行第4條之1規定停徵所得稅，並免依所得基本稅額條例第7條

或第12條規定課稅 ❷。政府推動房地合一所得稅2.0修正重點 ❸有：
（一）延長個人短期交易房地適用高稅率之持有期間，以抑制個人短期炒作不動產。（二）營利事業比照個人依持有期間按差別稅率課稅，以抑制營利事業短期炒作不動產，防杜個人藉由設立營利事業短期買賣房地，規避稅負。（三）修正土地漲價總數額減除規定，防杜利用土地增值稅稅率與房地合一所得稅稅率間差異，以自行申報高於公告土地現值之土地移轉現值方式規避所得稅負。（四）納入交易預售屋及其坐落基地、符合一定條件之股份或出資額，視為房地交易，防杜藉由不同型態炒作房地產規避稅負。（五）推計費用率由5%調降為3%，並增訂上限金額為新臺幣30萬元，使稽徵機關對於個人未提示證明文件之費用推計基礎更符實情；倘實際支付費用超過該金額者，納稅義務人仍得自行提出相關證明文件，核實認定。營利事業未提示有關房地交易所得額之帳簿、文據者，稽徵機關應依查得資料核定成本或費用，倘無查得資料，比照個人房地交易推計成本、費用規定辦理。（六）獨資、合夥組織營利事業交易房地之所得，由獨資資本主或合夥組織合夥人依個人規定申報及課徵所得稅，不計入獨資、合夥組織營利事業之所得額，以反映獨資、合夥組織營利事業之房地，其登記所有權人為個人，與具獨立法人格之營利事業得為所有權之登記主體有別。

　　房地合一所得稅所課徵的個人或企業的資本利得，但就稅法的概念上來說本是無可厚非的，但房地合一所得稅立法意旨為「為改善現行不動產之缺失，促使房屋、土地交易正常化」，此次房地合一所得

稅2.0納入股東（包含個人及法人）交易其股份或出資時，視為出售房地，可避免投資客以營利事業單位的名義購買不動產，再透過股權轉移交易移轉不動產，藉此規避房地合一所得稅之課徵，並將預售屋也一併納入房地合一所得稅2.0來課稅，其所有的行動皆為了「打炒房」但是否可以達此一目的實難預估，依據民國109年底內政部建物登記資料統計顯示，全國單獨擁有住宅所有權者共567.03萬人，其中擁有1~3屋者557.60萬人（占98.34%），擁有4房以上9.44萬人（占1.66%）。全國約有794.91萬住宅，其中733.74萬宅為單一所有權人（含自然人與法人）持有（占92.31%），共有住宅約61.16萬宅（占7.69%）。單獨所有的住宅中，655.53萬宅（占89.34%）為擁有1~3屋者所持有，78.22萬宅（占10.66%）為擁有四房以上者所擁有。全國非不動產或營建工程業之法人共有9.84萬個法人擁有住宅，其中8,590法人擁有4房以上，占該類法人的8.73%，合計擁有23.13萬戶住宅，占該類法人所擁有住宅68.06%。顯示非不動產或營建工程業法人擁有多戶住宅比例亦不低，多房者所擁有住宅數的占比也相當高❹。如房地合一所得稅之實施是為了降低房價，但中國人自古皆有「有土始有財」之概念，其屋主可能轉而將閒置的房屋改為「出租」，讓租屋市場的供給增加反而有助於房租市場的穩定。然而短期投資交易的期限拉長之後，投資客在目前房地持有稅及貨款利息仍然偏低的情況之下，仍可淡定地撐過並拉長持有時間，從而發生閉鎖效果，使房市的供給、交易量會減少，這樣反而會造成房價的上升，實難達到降低房價之目的，在經濟上發展五大要素，分別為（1）勞動（2）土

地（3）資本（4）技術（5）企業才能，而土地是稀有財是自然之資本財是固定的、無法增加的其他的能力下降時其財產自然都會流向土地，而房屋興建成本房地比從原本的6:4到現在的4:6，也是由於土地的稀少性和土地的執有成本低讓地主們惜售造成價格上漲，而租稅只是政策工具非實施房地合一所得稅一項就達到該目的。

稅法上有「寓禁於徵」的理論，也就是法律雖未明文禁止，但卻以課重稅的方式，來加以對特定行為加以限制。房地合一所得稅對短期持有者課以較重的稅率，最主要的理由乃是為了避免房地成為投資的工具，但未必短期持有者，都有投機炒作造成房價上漲的嫌疑，那課以較重的稅率就形同對於短期持有者的懲罰。

❶ 參照所得稅法第4條之4第4項前段
❷ 立法院修正所得稅法條文說明
❸ 財政部國稅局房地合一稅2.0常見問答表
❹ 內政部網站資料：https://www.moi.gov.tw/News_Content.aspx?n=4&s=213457

SECTION

7-2 取得日與成本之認定

取得日之認定

出售房地的取得日涉及是否要課徵房地合一所得稅，故取得日之認定至為重要，房地取得原因有非常多種，包括買賣、交換、繼承、受贈、分割、參與土地重劃及都市更新等多種，房地取得日之認定，原則上是以所有權完成所有權移轉登記日為準，但有下列特殊情況整理如下表：

＊表6 特殊情況房地取得日準則

	取得方法	取得日
非財產信託情形	強制執行辦理登記前已取得所有權者	拍定人領俀權利移轉證書日
	無法辦理建物所有權登記	訂定買賣契約日
	取得設定地上權之使用者	權利移轉日
	興建之房屋辦理保存登記	核發使用執照日
	前項無法取得使用執照之房屋	實際興建成日
	區段徵收領回抵價地	原取得被徵收土地日
	原土地所有權人取回土地重劃後重行分配之土地	原取得重劃前土地日
	營利事業實施都市更新事業或受信託辦理土地重劃，依權利變換取得抵繳開發費用之抵費地	都市更新事業計畫或重劃計畫書核定日
	剩餘財產差額分配請求權取得之房地	配偶之他方原取得日
	繼承取得之房地	繼承開始日
	分割共有物取得相當原權利範圍之房地	原取得共有物日

財產信託情形	受益人	取得日
	受益人為委託人	委託人取得日
	受益人非為委託人	訂定信託契約日或追加之日
	受益人不特定或尚未存在	訂定信託契約日或追加之日
	變更受益人	變更受益人日
	受益人不特定或尚未存在而為確定	確定受益人日
	信託行為不成立、無效、解除或撤銷而塗銷信託登記回復登記於委託人名下	委託人取得日

資料來源：自行整理

取得成本之認定

個人出售房屋及土地時，其交易所得或損失可分為兩類，一為出價取得，另為非出價取得，所謂非出價取得，即為受繼承或受贈與之方法取得不動產，因取得方法不同，計算損益時有不同之計算方式，計算公式如下；

出價取得：

房屋、土地交易所得＝交易時成交價額－原始取得成本－因取得、改良及移轉而支付之費用

繼承或受贈取得：

房屋、土地交易所得＝交易時成交價額－繼承或受贈時之房屋評定現值及公告土地現值按政府發布之消費者物價指數調整後之價值－因取得、改良及移轉而支付之費用

個人取得房地之方式因直接購入、繼承或自行興建等方式不同，直接影響其成本之認定，茲就取得方法及成本認定整理如下表：

*表7 個人取得方法及成本認定表

取得方式	成本認定
買賣取得	成交價格
個人提供土地與營利事業合建分成或合建分售	土地之取得成本
個人以自有土地與營利事業合建分屋取得房屋	1.土地以取得成本認定 2.換入房屋<換出土地價值者： 　以換出土成本-收取之價金 3.換入房屋>換出土地價值者： 　以換出土成本+收取之價金 4.以免徵所得稅之土地換入房屋者以房屋換入時時價為成本
個人自地自建	土地為取得成本，房屋為實際建造成本
區段徵收領回抵價地或土地重劃領回重劃後土地	原取得被徵收土地或重劃前土地取得成本——徵收或重劃時已領取之補償金
以房地為信託財產，後因故將所有權回復於委託人名下	委託人原取得成本
財產差額分配	配偶之他方原取得成本
繼承或受贈取得或因繼承或受贈取得分割之共有物	繼承或受贈時房屋評定現值及公告土地現值按政府發佈之消費者物價指數調整後之價值為準
分割共有物取得	原取得共有物之成本
其他情形	稽徵機關得依查得料核定其成本或依原始取得之房屋現值及公告土地現值按政府發佈之消費者物價指數調整核定其成本

資料來源：自行整理

　　營利事業計算交易損益時得減除成本及必要費用，該成本費用亦需符合所得稅法及營利事業查核準則之相關規定。整理如下所示：

　　房屋、土地交易所得（A）＝出售房地總價額－取得成本－必要費用。

　　1.A＞0，且（A－土地漲價總數額）≧0，課稅所得＝A－ 土

地漲價總數額。

2.A＞0，且（A－土地漲價總數額）＜0，課稅所得＝0。

3.A≦0，不得減除土地漲價總數額。

在計算營利事業所得額時，如其總機構在中華民國境內營利事業者，房屋、土地交易課稅所得得自營利事業所得額中減除。但如總機構在中華民國境外營利事業者，房屋、土地交易課稅所得不得自該營利事業之其他營利事業所得額中減除。

7-3 稅率、適用範圍與申報

稅率及適用範圍

　　房地合一所得稅2.0之適用範圍為自105年1月1日以後取得之房屋、土地或以設定地上權方式取得房屋使用權或取得之預售屋及其坐落之基地，如在105年1月1日前取得之房地仍用原所得稅法財產交易所得方式於每年5月申報綜合所得稅時一併申報房屋之財產交易所得，而土地也只要繳納土地增值稅即可。

　　房地合一所得稅2.0之稅率分個人和營利事業，個人又可分為我國稅務居民和非我國稅務居民，而營利事業則依其總機構是否在我國境內來區分，並將房地合一所得稅修正前和修正後之差別分別整理如下二表：

*表8 個人適用房地合一所得稅率

持有期間 ＼ 稅率	修正前	修正後
我國境內居住之個人 一年內	45%	45%
報過一年未滿二年	35%	
超過二年未滿五年	20%	35%
超過五年未滿十年		20%
超過十年	15%	15%
非我國境內居住之個人 一年以內	45%	45%
超過一年未滿二年	35%	
超過二年		35%

註：
1. 符合所得稅法第4-5條第1項第1款規定之自住房地優惠者，其課稅所得在400萬元以下免稅，超過400萬元部分適用10%稅率
2. 有以下情形者適用20%稅率：
   （1）因財政公告之調職、非自願離職或其他非自願因素❶，交易持有期間在5年以下之房住者。
   （2）以自有土地與營利事業合建房屋，自土地取得之日起算5年內完成並銷售該房地者。
   （3）個人提供土地、合法建築物、他項權利或資金參與都市更新及危老重建者，其取得房地後第一次移轉且持有期間在年內交易。

資料來源：自行整理

＊表9 營利事業適用房地合一所得稅率

持有期間	税率	修正前	修正後
總機構在我國境內	二年以內	20%	45%
	超過二年未滿五年		35%
	超過五年		20%
總機構在我國境外	一年以內	45%	45%
	超過一年未滿二年	35%	
	超過二年		35%

註：
1. 營利事業交易其興建房屋完成後第1次移轉之房屋及其落基地，依規定計算之房地交易課稅所得，仍併計營利事業所得額課稅（申報方維持合併計算稅及報繳），稅率為20%。
2. 有以下情形者適用20%稅率：
　（1）因財政公告之非自願因素 ❷，交易持有期間在5年以下之房住者。
　（2）以自有土地與營利事業合建房屋，自土地取得之日起算5年內完成並銷售該房地者。
　（3）營利事業提供土地、合法建築物、他項權利或資金參與都市更新及危老重建者，其取得房地後第一次移轉且持有期間在年內交易。

資料來源：自行整理

申報期限及方式

　　個人有房地發生移轉之情事時，應於房屋、土地完成所有權移轉登記日之次日或房屋使用權、預售屋交易日之次日起算30日內填具「個人房屋土地交易所得稅申報書」，並檢附契約書影本及其他有關文件，向個人所得稅該管之國稅局辦理申報，且應先行繳納稅款後併同繳納收據申報之。

　　而營利事業有須申報房地合一所得稅時，應檢附申報書、契約書影本及其他相關文件，併交易年度營利事業所得稅辦理結算申報，應

分開計算稅額，但合併報繳。

　　獨資、合夥組織營利事業交易房地之所得，由獨資資本主或合夥組織合夥人依個人之規定申報及課徵所得稅，不計入獨資、合夥組織營利事業之所得額。

---

❶ 非自願因素，目前僅就個人訂出下列排除情形（106年11月17日台財稅字第10604686990號公告）：

一、個人或其配偶於工作地點購買房屋、土地辦竣戶籍登記並居住，且無出租、供營業或執行業務使用，嗣因調職或有符合就業保險法第11條第3項規定之非自願離職情事，或符合職業災害勞工保護法第24條規定終止勞動契約，須離開原工作地而出售該房屋、土地者。

二、個人依民法第796條第2項規定出售於取得土地前遭他人越界建築房屋部分之土地與房屋所有權人者。

三、個人因無力清償債務（包括欠稅），其持有之房屋、土地依法遭強制執行而移轉所有權者。

四、個人因本人、配偶、本人或配偶之父母、未成年子女或無謀生能力之成年子女罹患重大疾病或重大意外事故遭受傷害，須出售房屋、土地負擔醫藥費者。

五、個人依據家庭暴力防治法規定取得通常保護令，為躲避相對人而出售自住房屋、土地者。，如因調職或非自願離職賣屋、無力償債遭強制執行房地、需出售房地負擔醫藥費等

六、共有房地在本人未同意狀態下遭出售等，後續財政部將針對企業、預售屋特性，訂定排除情形並對外公告之。

❷ 企業非自願交易有4種情形，包括土地遭他人越界而出售、欠稅遭強制執行需移轉房屋、共有房地非自願交易、銀行依銀行法規定在4年內售屋等，可適用排除條款。（財政部預告草案說明）

7-4 在法學和實務之問題點

　　房地合一所得稅之稅捐主體為「房屋、土地之出賣人」，稅捐客體為「房屋、土地交易所得」，而土地增值稅之稅捐主體為「土地原所有權人」（如係有償移轉所有權，其法律地位即為出賣人），稅捐客體則為「土地當次移轉與前次移轉之漲價總數」（本質上為土地交易所得）。就此而言，土地增值稅與房地合一所得稅，其稅捐主、客體具有包含關係，兩者如併行課徵，將構成法律上之重複課稅❶。

　　土地增值稅本質上係一種特種所得稅，且在稅制的分類上屬於地方稅且為地方重要之財源之一。土地增值稅既是特種所得稅，再課以房地合一所得稅似有重複課稅之虞。且課以高達45%及35%的重度稅捐也似有絞殺稅之意味。憲法第143條第3項規定：「土地價值非因施以勞力資本而增加者，應由國家徵收土地增值稅，歸人民共享之」，旨在實施土地自然漲價歸公政策，此為司法院大法官釋字286號解釋文中所明示。此種重稅措施是否「有助於目的的達成，即能否有效降低房價」，筆者採反對之意見。

　　財政部為避免重複課稅之問題，採取之解決方案，為「稅基減除法」，即以房屋、土地交易所得額減除「依土地稅法規定計算之土地漲價總數額」後之餘額計徵所得稅❷，其所考量之因素為：（1）稅基

減除法對於現行稅制影響較為輕微，可降低修法之阻力；（2）憲法第143條第3項規定：「土地價值非因施以勞力資本而增加者，應由國家徵收土地增值稅，歸人民共享之。」依此，廢止土地增值稅有違憲之疑慮；（3）土地增值稅係地方重要的稅收來源，如逕予廢止，將對地方財政收入造成莫大衝擊；（4）土地增值稅有諸多稅捐減免措施，該等措施得透過稅基減除法同步轉軌至所得稅，然有學者❸認為：稅基減除法並不能完全消除土地增值稅與房地合一所得稅的重複課稅，其理由為：就土地當次交易觀之，採取稅基減除法固可消除重複課稅，但由於當次交易課徵所得稅之稅基，將於土地下次移轉時，成為該次課徵土地增值稅之稅基，致「當次交易之所得稅」與「下次交易之土地增值稅」，依舊有重複課稅之問題，故**筆者認為土地交易所得併課土地增值稅與房地合一所得稅似有重複課稅之虞。**

---

❶ 葛克昌，房地合一稅及其憲法課題，會計師季刊，第267期，2016年6月，頁67

❷ 參照所得稅法第14條之4第3項、第24條之5第1項

❸ 謝哲勝，房地合一課徵所得稅修法簡介與評析，月旦法學雜誌，第247期，2015年12月，頁107

Chapter

8

執行業務所得

TAX
PLANNING
HANDBOOK

8-1 執行業務課稅主體

　　執行業務者自民國37年4月1日修訂所得稅法第1條第二類：報酬及薪資所得中增列甲、業務或技藝報酬之所得：凡自由職業者之自設業務所者業務所之所得，或獨立營生者技藝報酬之所得，當時稱「自由職業者之自設業務所者」和「獨立營生者」其中就有執行業務者的概念。直至民國44年12月23日再修所得稅法第6條：稱執行業務者，係指律師、會計師、技師、醫師、藥劑師、助產士、工匠、代書人、著作人、經紀人，及歌唱演奏之以技藝自力營生者，就明定執行業務者。而現行所得稅法第11條第1項規定，謂稱執行業務者，係指律師、會計師、建築師、技師、醫師、藥師、助產士、著作人、經紀人、代書人、工匠、表演人及其他以技藝自力營生者，與原執行業務者增加「建築師」，也將「歌唱演奏之以技藝自力營生者」變更「表演人及其他以技藝自力營生者」其範圍更大了。

　　執行業務者可以獨資經營，也可以以合夥方式經營，而且目前較多節稅方式也就是利用合夥組織的方式，但合夥時會產生以下諸多問題：

出資合夥出資比例之認定

　　執行業務者多為專門技術人員所成立之事務所，皆依其個別專門技術法律成立，因為「業必入會」的原則關係，所以須執業者必須加入公會始得執業，但以工匠、表演人及其他以技藝自力營生者除外。且執行業務者除了牙醫診所和醫美診所須購置大額的醫療器械外，大部分都是運用智慧和技術來加以執業，故其開業成本尚難定論。在實務上醫療院所需要的較為貴重之醫療器械，廠商或銀行大都願意提供分期付款或低利貸款，所以投入成本大都只有裝潢費用，**故筆者認為執行業務者之事務所如以出資為合夥者，應可類推適用公司法第7條或商業登記法第9條商業登記申請辦法資本驗資的方式辦理**，惟應可免經會計師簽證，但須由執行業者負舉證責任，保留金流之證明和資金流出證明，不可以假金流於設立完成後一筆全部由金主提出，這實以假合夥來達租稅規避之方法。

　　合夥經營者之出資應為合夥人員共同出資，其性質應同於公司組織之資本額，應為該合夥組織之營運資金為全體合夥人所共有，應存於該合夥組織之營運帳戶中作合夥組織營運使用，其盈餘應於年終或其約定期限依合夥比例來分配盈餘，不可由金主一次提領，如由金主一次提領者，應可視為假合夥。

 出資合夥外其他合夥方式

　　合夥依民法第667條規定：「稱合夥者，謂二人以上互約出資以經營共同事業之契約。前項出資，得為金錢或其他財產權，或以勞務、

信用或其他利益代之。金錢以外之出資，應估定價額為其出資額。未經估定者，以他合夥人之平均出資額視為其出資額。」可知合夥除以資本合夥外尚有其他財產權或以勞務、信用或其他利益代之合夥方式，非坊間之傳說只有出資合夥一途。但在實務上除了出資合夥外，在執行業務者大都以勞務合夥來簽訂合夥契約，**筆者認為由於執行業務者之執行業務是以其技術來執行業務，無論是律師、醫師、會計師、建築師、記帳士、地政士都以以其專業知識提供技術完成業主所委託之事務而獲取報酬，甚至工匠、表演人及其他以技藝自力營生者亦是如此，故如是以勞務為合夥方式筆者認為非常不恰當，可能還有以合夥方式來達租稅規避之目的。**

筆者認為執行業務單位合夥方式除了出資合夥外，應以技術合夥為適當，如果該合夥人未將其技術留在該事務所執業，很難認為該合夥為真實。

 ## 稅捐稽徵機關認定之執行業務合夥組織

我國執行業務所得之稅捐稽徵機關為各地區之財政部國稅局，經筆者查詢目前有財政部高雄國稅局、財政部南區國稅局、財政部中區國稅局有訂定「執行業務者聯合執業或其他所得者合夥經營之所得認定原則❶」但該原則均為國稅局內部訂定之行政規則，對納稅義務人應無對抗效益，依該原則顯示：在高雄國稅局原則第6點：「執行業務者數人聯合執行業務，應以具有相同執業資格者，始得聯合執業……」在財政部南區國稅局認定原則第5點：「執行業務者數人聯合執行業

務，應以具有相同專門職業之執業資格者，始准比照聯合執行業務申報所得稅辦法辦理」，財政部中區國稅局的認定原則第3點：「依法需具備專門職業資格始得執業者，各合夥人均應依法取得該項專業資格。」**筆者深表認同**，執行業務者均以其專業性來服務，也均成立相同之事務所來執行業務，故其應都具備相同之執業資格始可合夥經營。

另依財政部高雄國稅局認定原則第3點：「新設立或由獨資變更為聯合執業或合夥經營者，經主管機關核准為聯合執業（合夥經營）並具有證明文件者，依其核准聯合執業（合夥經營）者之盈餘分配比例表認定。」，財政部南區國稅局和財政部中區國稅局認定原則中無此項規定，在本點認定原則中所提之主管機關究是事業主管機關還是稅務主管機關，並未詳述，而在實務上無論新設立或由獨資變更為聯合執業或合夥經營者，皆無向事業主管機關申請，大都是向稅務主管機關申請之，以醫療機構（診所）為例，事業主管機關為縣市政府衛生局，如向其申請合夥經營或聯合執業者，皆告知直接向國稅局辦理既可。

再依財政部南區國稅局認定原則第10點：「聯合執業或合夥經營者之出資，應查明有無出資之事實，如以金錢方式出資者，應提示資金流程證明文件」財政部中區國稅局認定原則第8點亦同，可知**是否有出資及其金流證明文件是國稅局非常重要的認同點**。

合夥契約書應記載事項有：（一）合夥主體：各合夥人姓名、身分證統一編號及戶籍地址。（二）合夥經營期間：載明實際合夥期間之起訖日（包含年月日）。（三）合夥之出資：各合夥人出資方式（如：

金錢、其他財產權、勞務……）及其對價。（四）各合夥人分配盈餘比例及收支處理方式。（五）其他記載事項（如合夥人得支領薪資等），財政部雄國稅局認定原則第9點、財政部南區稅局認定原則第9點、財政部中區國稅局認定原則第7點均有此規定。

整理財政部各區國稅局對執行業務合夥組織認定要點為，首先合夥人是否均具有相同專門職業之執業資格者，其次有無經主管機關核准為聯合執業（合夥經營）並具有證明文件者，再來是聯合執業或合夥經營者之出資，應查明有無出資之事實和金流證明。最重要的是有無合夥契約書，契約書之必要記載事項是否完整。

 ## 行政法院如何判定假合夥

105年8月4日台中高等行政法院105年訴字第155號行政判決：稅捐稽徵機關認納稅義務人就主張合夥關係**僅提示合夥契約而未提示帳證，認原告未善盡協力義務**。按涉及租稅事項之法律，其解釋應本於租稅法律主義之精神，依各該法律之立法目的，衡酌經濟上之意義及實質課稅之公平原則為之。……又我國**稅捐爭訟制度採取職權探知主義**，即應運用一切闡明事實所必要以及可獲致之資料，以認定真正之事實課徵租稅，而關於舉證責任之分配，依行政訴訟法第136條準用民事訴訟法第277條規定……**本件如係原告所稱之合夥，各合夥人其出資若干、如何分配損益，分配若干，納稅義務人之原告應知之最詳。……關於原告是否有合夥、其出資及分配之情形，影響於有關稅捐之課徵，要求立於第三人地位之稅捐機關，舉證證明納稅義務人主**

觀有無合夥及出資情形，如何分配等情形之存在，幾無可能，且將導致舉證責任之分配失其均衡，為期公平，其舉證責任應予轉換，原告對此等有利於己之事實，自應負舉證之責。……原告主張其等為合夥。惟原告與合夥人所訂立之合夥契約書，該契約書第3條第1款約定「合夥期間各合夥人的出資為共有財產，不得隨意請求分割，合夥終止後，各合夥人的出資仍為個人所有，屆時予以無息返還。」而依民法第668條之規定各合夥人之出資及其他合夥財產，為合夥人全體之公同共有。該合夥之出資既為合夥人全體之公同共有，自應於合夥終止時辦理結算分配損益，尚不得認該合夥之出資於合夥終止後為個人所有，……其竟不論合夥組織之損益，均可於合夥關係終止時全數取回，要與民法有關合夥之規定有悖。原告主張其合夥訂有合約及出資，已符合合夥之要件云云，自不足採。……依所得稅法第14條第1項第2類「執行業務者至少應設置日記帳一種，詳細記載其業務收支項目。」及執行業務所得查核辦法第5條「聯合執行業務者，應以聯合事務所為主體設置帳簿，記載其全部收支，該聯合事務所之收支帳目，應由聯合事務所所在地稽徵機關查核。」之規定，原告至少應設置日記帳一種。然原告自98年至101年間，均未設置日記帳。……診所既未設置帳簿，其業務所房租或折舊、業務上使用器材設備之折舊及修理費，或收取代價提供顧客使用之藥品、材料等之成本、業務上僱用人員之薪資、執行業務之旅費及其他直接必要費用等均未詳載，自無從知悉業務收入及支出成本費用之正確數據及損益情形，並據以分配各合夥人之盈餘。……診所於原合夥人退夥及年度終了時，並未經結算或決

算，再憑以分配各合夥人之盈餘、分配損益及抵還股份等，該診所未設帳記載詳細收入（包含健保及非健保收入明細）及支出情形，以憑作為分配利益之依據及該診所年度決算、分配利益等情事，其僅依上開盈餘分配之方式分配，並未依合夥契約及民法合夥關係之規定計算正確之盈餘再予分配，均核與民法規定之合夥要件不符。……原告雖有提出合夥契約書、出資證明、銀行存摺及每月分配盈餘之形式，原告等人雖有訂立合夥契約、合夥決議書及協議書之形式，惟原告迄未提示帳簿文據、原始憑證、資金收支流程、合夥異動結算資料及聯強牙醫診所年度決算及分配利益等帳證資料以資原告與他人間已按合夥關係履行合夥契約之權利義務，尚難認原告主張之合夥事實為真實，其主張為合夥，核無足採。

105年1月14日臺北高等行政法院104年訴字第844號行政判決：執行業所得查核辦法：「第五條（第1項）執行業務者聯合執業之合約，須載明各執行業務者之姓名、身分證統一編號、戶籍地址、分配盈餘比例及收支處理方式等事項，並應於事實發生之年度辦理結算申報時，由代表人檢附聯合執業合約書，變更、註銷時亦同。……。（第2項）執行業務者於申報個人綜合所得稅時，應檢附執行業務場所之財產目錄及收支報告表；其為聯合執行業務者，得由代表人檢附。各聯合執行業務者並應檢附盈餘分配表，以供查核。」……按民法第667條規定：「（第1項）稱合夥者，謂二人以上互約出資以經營共同事業之契約。（第2項）前項出資，得為金錢或其他財產權，或以勞務、信用或其他利益代之。（第3項）金錢以外之出資，應估

定價額為其出資額。未經估定者，以他合夥人之平均出資額視為其出資額。」……民法所稱之合夥，固以當事人意思表示合致，其契約即告成立。然於稅法上，如實際上僅一人出資，其他合夥人未實際出資，盈餘亦全部歸該出資之一人取得，他人未受盈餘分配，即係藉合夥名義，分散所得，依實質課稅原則，仍應認係該實際出資人獨資，全部盈餘均屬其所得（最高行政法院104年度判字第727號判決意旨參照）。又納稅義務人若主張係依合夥關係計算其收入，並非僅以有合夥契約之成立為已足，尚須就其所指之合夥已依合夥關係履行，且已依合夥方式計算、分配該年度之盈餘，始為相當（最高行政法院102年度判字第528號判決意旨參照）……課徵租稅構成要件事實之認定，稅捐機關就其事實有舉證之責任，固為稅捐稽徵法第12條之1第4項所明定，惟有關課稅要件事實，多發生於納稅義務人所得支配之範圍，稅捐稽徵機關掌握困難，為貫徹公平合法課稅之目的，因而課納稅義務人申報協力義務（司法院釋字第537號解釋參照）

民國104年11月25日臺北高等行政法院104年訴字第869號行政判決：按「民法上之合夥，固以當事人意思合致，契約即為成立，然於稅法上，納稅義務人若主張係依合夥關係計算其收入，並非僅以有合夥契約之成立為已足，尚須就其所指之合夥已依合夥關係履行，且已依合夥方式計算、分配該年度之盈餘，始為相當」（最高行政法院102年度判字第528號判決意旨參看）……於合夥存續期間所需之設備及資產，除向外租賃外，其餘向原告無償借用，顯悖於常理，甚而合夥契約明定，如有虧損，由原告1人承擔，又除原告以外之其他

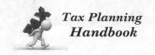

醫師依契約所定之比例取得報酬，渠等對該診所之盈虧並無利害關係，既無利益共同分享或損益共同均霑之利害關係存在，核與民法合夥規定不符，難謂為合夥。……惟該等合夥契約書，並未載明資本、出資額，且其中約定合夥人對該診所之權利義務，僅限於合夥期間損益，難謂與合夥本質相符，且原告經被告通知提示合夥契約書內容相關之盈餘比例計算依據及分配等相關資料佐證，迄未能提示，顯未盡其協力義務，是被告以原告所提合夥契約書之約定與民法合夥之相關規定不符，且原告未盡其協力義務，提供合夥之相關資料以供查核，乃依上開查得證據，核認該診所99年度係原告獨資經營，……牙醫診所為獨資或合夥之影響綜合所得稅稅基大小之事實負舉證責任，惟被告迄未就牙醫診所為獨資經營提出確實證明，而泛稱原告未盡協力義務而應受獨資之認定，顯無理由云云。經按司法院釋字第537號解釋意旨，稅務案件因具有課稅資料多為納稅義務人所掌握及大量性行政之事物本質，稽徵機關欲完全調查及取得相關資料，容有困難，為貫徹課稅公平原則，應認屬納稅義務人所得支配或掌握之課稅要件事實，納稅義務人應負有申報義務、記帳義務及提示文據義務等之協力義務。若納稅義務人未履行其協力義務者，如稽徵機關對課稅要件提出相當證明，足可使法院綜合所有證據而形成心證，即可認其已盡相當舉證責任。……執行業務所得查核辦法規定，聯合執行業務者，除提示載明各執行業務者分配盈餘比例及收支處理方式之聯合執業合約外，並應以聯合事務所為主體設置帳簿，記載其全部收支，供稽徵機關查核，是執行業務者如欲主張採合夥型態聯合執行業務，依合夥關係計算各

合夥人執行業務所得，自非僅憑合夥契約為據，即得逕按財政部頒訂之費用標準核計各合夥人所得額，尚應提出各合夥人出資及盈餘分配等相關資料，證明確有合夥分配所得之事實。……本件原告自陳其無法提出記帳資料，即其無法提供合夥人盈餘比例之計算依據及該診所99年度支付分配盈餘之資金流程等相關資料，顯未盡其協力義務，則被告依上開查得證據，認麗緻牙醫診所為原告獨資經營，並非合夥，堪認已盡其舉證責任。原告此部分之主張，亦非可採。

綜合上列法院判決為其為獨資非為合夥組織之理由整理如下：

首先是否為合夥組織之舉證責任應由主張為合夥組織之當事人負舉證責任。其次診所以出資合夥者其出資之資金為合夥之財產，為合夥人共同共有自應於合夥終止時辦理結算分配損益。再來合夥組織應建立帳冊其業務所房屋之房租或折舊、業務上使用器材設備之折舊及修理費，或收取代價提供顧客使用之藥品、材料等之成本、業務上僱用人員之薪資、執行業務之旅費及其他直接必要費用等均應詳載，從而可知悉業務收入及支出成本費用之正確數據及損益情形，並據以分配各合夥人之盈餘。最後合夥關係之成立非僅以有合夥契約之成立為已足，尚需就其所指之合夥已依合夥關係履行，且已依合夥方式計算、分配該年度之盈餘，始為相當。

醫師與非醫師可否共同合夥經營醫院、診所

依財政部高雄國稅局執行業務者聯合執業或其他所得者合夥經營之所得認定原則第7點：「執行業務者與非具有執行業務資格者聯

合執行專門職業業務，該非具有執行業務資格者應視為非聯合執業者……」另在財政部中區國稅局執行業務者暨其他所得者聯合執業之查核認定原則第三點：「依法需具備專門職業資格始得執業者，各合夥人均應依法取得該項專業資格。」故在稅務方面應視為非聯合執業，但應可以類推適用民法「隱名合夥❷」之規定，非為合夥經營或聯合執業者，應不得適用執行業務合夥經營之規定。

　　如非具醫師資格與醫師欲共同經營醫院或診所者，可依醫療法第三章醫療法人的第二節醫療社團法人中規定，以醫療社團法人❸設立醫院、診所和醫事機構，其成員不必全員具備醫師或醫事人員資格，惟法人不得成為醫療社團法人之成員，醫療社團法人結餘可按出資比例分配予社員，具有營利性質，屬所得稅法第11條第2項所稱之其他組織方式成立之營利事業單位。其會計制度採權責發生制並須於年度終了五個月內，向中央主管機關申報經董事會通過及監察人承認之年度財務報告，並依公司法相關規定理其會計制度，得適用所得稅法第39條但書：「但公司組織之營利事業，會計帳冊簿據完備，虧損及申報扣除年度均使用第七十七條所稱藍色申報書或經會計師查核簽證，並如期申報者，得將經該管稽徵機關核定之前十年內各期虧損，自本年純益額中扣除後，再行核課」，且該醫療社團法人因投資於國內其他營利事業，所獲配之股利或盈餘，不計入所得額課稅❹，惟在盈餘分配上有限制：醫療社團法人應自盈餘中先行提撥10%以上，辦理研究發展、人才培訓、健康教育、醫療救濟、社區醫療服務及其他社會服務事項基金，並應提撥20%以上作為營運基金。

非具醫師資格者除醫療法第47條至55條醫療社團法人之規定，除成立醫療社團法人外應無法與醫師共同合夥經營醫療機構。

 ## 合夥經營二家醫療院所得盈虧互抵

財政部年89年8月3日財稅字第089045042號函規定：「納稅義務人及其配偶因執行二個以上專門職業之業務，依損益分配比例核定之虧損，得自核定分配之盈餘中減除，以其餘為執行業務所得，亦即以個人而非以事業體為盈虧互抵之主體。是個人與他人合夥經營二家醫療院所，不論該二家醫院之合夥人與損益分配是否相同，其依損益分配比例核定分配之盈虧，均可適用上開之規定辦理。」在本函釋前段是符合法律規定，其主要表示其執行業務損益是以個人為主體非以事業體為主體，採盈虧互抵。但其**後半段個人與他人合夥經營二家醫療院所就法律的立場而言有所不合**；原因分述如下：醫師執業可以受僱於醫療機構，也可以依報備支援方式執業，診所如採合夥方式可以是出資合夥也可以技術合夥，如為出資者，但其執業執照設於其他執業之醫療機構，那該合夥人要至該醫療機構執業，就必須以報備方式執業，何以認為其為合夥人。又如其以技術合夥那其技術留在該診所之證明文件，應是執業執照應設於該診所才能證明其技術會留在該執業診所。就上述二種理由，何以會有個人與他人合夥經營二家醫療院所之說，此種情形在實務上大多是以「假合夥」達「規避租稅為目的」之組合，故**筆者對財政部該函釋執保留意見**。

我國現行診所之執業分為獨資和合夥二種組織，獨資其診所所有

盈餘均為負責人之所得，故現行常有診所找尋報備支援執業之醫師，以出資合夥的方式由原負責人負責在其診所帳戶中存一筆金額作為金流證明，成立合夥組織以達分擔租稅，達租稅規避。但執行業務單位重要的其技術和能力並非資本，如單純以出資者應是以醫療社團法人經營才符合經營管理之目的，如以技術為重者應只為經營一家醫療院所，故論對財政部財政部年89年8月3日財稅字第089045042號函釋，合夥經營二家醫療院所之盈虧，得盈虧互抵筆者採保留意見。

---

❶ 如附件各國稅局執行業務者聯合執業或其他所得者合夥經營之所得認定原則
❷ 民法第700條：稱隱名合夥者，謂當事人約定，一方對於他方所經營之事業出資，而分受其營業所生之利益，及分擔其所生損失之契約。
❸ 以從事醫療事業辦理醫療機構為目的，經中央主管機關許可登記之社團法人
❹ 所稅法第42條規定

SECTION 8-2 執行業務課稅客體

執行業務所得之計算以收付實現為原則[1]與營業人採權責制不同，故執行業務者之執行業務收入以實現時才列入收入[2]，執行業務應開立執行業務收據為其收入之原始憑證，同時應於收據貼用印花稅，執行業務者之收據與小規模營業人之收據不同，小規模營業人之收據是依「統一發票使用辦法」第4條第1項免用或免開統一發票，且依加值型及非加值型營業稅法第13條：「小規模營業人、依法取得從事……，其營業稅稅率為百分之一。」故小規模營業人應開立免用統一發票收據向稅捐稽徵機關繳納營業稅，而執行業務者則依印花稅法向當地縣市政府的地方稅務局或稅捐稽徵處繳納印花稅，整理印花稅繳納方式有下列三種：

① 貼用印花稅票

貼用之印花稅之稅率依印花稅法第7條第2項：「銀錢收據：每件按金額千分之四，由立據人貼用稅票」。印花稅票要到郵局購買，購買印花稅票時要請郵局人員開立印花稅票購票證明，並在購票證明上打上執行業務單位的統一編號，如果可能最好打上執行業務單位的名稱。因為印花稅是屬於地方稅，在購買印花稅稅票時有統一編號可

知歸於何縣市所有，如無法判定為何縣市所有該筆稅收歸中央政府所在地之地方政府所有。

② 大額開單繳納

大額開單繳納係依印花稅法第8條第1項：「應納印花稅之憑證，於書立後交付或使用時，應貼足印花稅票；其稅額巨大不使貼用印花稅票者，得請由當地縣市政府的地方稅務局或稅捐稽徵處開給繳款書繳納之」這適合單次且巨額之印花稅繳納方式。

③ 印花稅彙總繳納

依據「印花稅彙總繳納辦法」第2條第2項：「公私營業或事業組織，對各項支出所收受外來應貼用印花稅票之憑證，得依前項規定申請核准後，於付款時扣取印花稅款，彙總代為繳納。」加蓋「本憑證印花稅總繳」戳記代替印花稅稅票以繳納印花稅。印花稅彙總繳納須先向所在地主管稅捐稽徵處或地方稅務局申請核准。經核准總繳印花稅之憑證，應以每二月為一期，分別於每年一月、三月、五月、七月、九月、十一月之十五日前，自行核算應納或代扣印花稅款，填具繳款書，逐向公庫繳納。並應於同一期限內，填具印花稅總繳申報表，向所在地當地縣市政府的地方稅務局或稅捐稽徵處申報。

依印花稅法第9條規定，以計算至通用貨幣元為止。如按件實貼印花稅票者，如每件依稅率計算之印花稅額不足通用貨幣一元及每件稅額尾數不足通用貨幣一元之部分，均免予貼用。經核准彙總繳納印

花稅者，如彙總繳納稅額不足通用貨幣一元及應納稅額尾數不足通用貨幣一元之部分，均免予繳納。

如委任人交付支票作為報酬時，以該支票記載之發票日為實現日期，如經公會代收轉付者，得以公會轉付之日期為實現日期❸。如執行業務者非收到現金者依財政部台財稅字第781135887號函：「營業人、機關、團體或個人書立收到票據（包括匯票、本票及支票）所出具之收據，不論收到票據之原因如何，亦不論該收據上有無載明票面金額，均免貼用印花稅票。」

執行業務者收據的格式在稅法上並沒有一定的格式，收據的格式取得的方法有；到書局購買；但不可以買「免用統一發票收據」，因為這是給營業人用的（也就是說這是給小規模營業人使用的），而執行業務位一定要買只有「收據」二字的才好。再來執行業務單位可以自己設計；收據自己設計由於收據沒有一定的格式，所以可以自己設計以自己好用的收據為原則，但有以下幾個重要的項目一定要有；（1）客戶名稱、（2）日期、（3）品名、（4）金額、（5）編號，收據最好能有三聯：第一聯收執聯給委任人，第二聯存根聯交給記帳單位入帳，第三聯自己保存以利核對。在收據上加蓋收據章，收據章必備內容有：執行業務單位名稱、統一編號、負責人姓名、執業地址。

執行業務者為保持足以正確計算其執行業務所得額之帳簿憑證及會計紀錄者，得採用「權責發生制」計算所得，但須於年度開始三個月前（每年9月底前），向該管稅捐稽徵機關申請核准❹始可以使用權責發生制計算所得，如申請採用按權責發生制計算所得時，其執

行業務收入及費用均應採用權責發生制計算，不得部分採用現金收付制❺。執行業務者如依法不得組設公司辦理執行業務案件者，其仍以公司行號辦理執行業務案件，其酬金應併歸執行業務者之執行業務收入，核計執行業務所得來加以核課所得稅❻。

　　執行業務者除了依執行業務收據為收入之原始憑證外，如取得該收據者為公司、行號或其他執行業務者應於次年二月十日前必須開立扣繳憑單給予執行業務者❼，始可認列成本或費用，如未開立扣繳憑單，易被國稅局勾稽認為漏開扣繳憑單，而有行為罰，未依限填發免扣繳憑單者處一千五百元之罰鍰，並通知限期補報或填發；屆期不補報或填發者，應按所給付之金額，處該應扣繳單位負責人或執行業務者百分之五之罰鍰，最高不得超過九萬元，最低不得少於三千元❽。如果執行業務者取具所得稅扣（免）繳憑單，其憑單記載之所得額或給付年度，與帳載不符者（與其收據），應查明實際情形予以認定❾，**實務上稅捐稽徵機關常將「執行業務調查表❿」內收入總金額、扣繳憑單之總金額或收據之總金額，取金額較高者為其收入之認定標準**。如果執行業務者為合夥的方式經營而有扣繳稅額者入須於次年3月20日前轉開扣繳憑單⓫，給予合夥人。

　　現在實務上都是認為「薪資所得」是來自「僱傭契約」，「執行業務所得」是來自「委任契約」，都是以民事的契約類型來決定租稅法之法律效果，這是一種形式上的法學操作。其實就稅法來說，我們應該要從納稅義務人負擔能力的角度來認定。負擔能力就是從實質上的納稅義務人在經濟上擁有多少資源，透過這樣經濟活動，可以獲得

到多少的經濟資源分配，也就是所謂的「量能課稅」或稱「經濟觀察法」的觀點，所以重點不是在民法上用什麼樣的契約，而是在契約架構之下，納稅義務人分擔了多少的風險跟利益，再來決定比較接近哪一種類型的所得。

　　執行業務課稅客體是要能區分執行業務所得和薪資所得，其課稅之可扣除成本也不相同，先就薪資所得與執行業務所得之區別如下：

　　要區別薪資所得與執行業務所得，就得先區分如何為產生薪資所得和執行業務所得，專門人員其依身分和從事的工作可能會是僱傭也可能是承攬或委任關係，是薪資所得或執行業務所得均要依其關係來判定之，是薪資所得還是執行業務所得如下表所示：

*表10 僱傭契約、承攬契約與委任契約之區別

	僱傭契約	承攬契約	委任契約
定義	一方於一定或不定之期限內為他方服勞務，他方給付報酬之契約（民法第482條）	當事人約定，一方為他方完成一定之工作，他方俟工作完成，給付報酬之契約（民法第490條）	當事人約定，一方委託他方處理事務，他方允為處理之契約（民法第528條）
契約目的	以勞務提供為目的	勞務提供只是手段必須有結果	處理一定之事務
支配權之所有	支配權在於雇主，勞工必須接受監督提供職務上之勞務	在提供勞務的過程中並不受定作人之支配	受委任人之指示，但受委人對工作內容較獨力性，自己具支配權
報酬與工作成果之關係	不問工作是否完成及工作品質，雇主均給付報酬之義務	完全以完成工作成果來給付報酬	以處理事務為目的，故工作成果非報酬之條件
所得種類	薪資所得	其他所得或執行業務所得（註一） 薪資所得（註二）	執行業務所得

備註	一、實務上執業會計師見解（承攬人可能是自然人亦可能是法人，與案主所簽訂之工作契約，本質上應具有承攬契約的性質，因此若以自然人的身分承攬勞務工作，應歸類為執行業務所得較為合理。若承攬金額小，可以主張其他所得，但會有被國稅局要求所得者辦理營業登記及依收入全額認列所得的風險） 二、財政部北、中、南區及台北、高雄國稅局見解（稱承攬者，謂當事人約定，一方為他方完成一定之工作，他方俟工作完成，給付報酬之契約。約定由承攬人供給材料者，其材料之價額，推定為報酬之一部。是以，用人事業或單位與自然人所簽訂之「勞務承攬契約」，其契約內容如係約定提供勞務者須經常擔任其指定之工作，且非經單位同意不得就任他職，亦不得將勞務之一部或全部轉讓他人，該自然人按月、按日、按件或按銷售業績所領取之報酬，應屬所得稅法規定之薪資所得，並非執行業務所得。）

資料來源：自行整理

　　薪資所得與執行業務所得要依其身分和從事的工作可能會是僱傭、承攬或委任關係，來區別薪資所得或執行業務所得，所以我們必須先討論何謂僱傭承攬或委任，分述如下：

僱傭

　　僱傭，因一方當事人約定相對人從事勞動，相對人約定對之給予其報酬，而生其效力，勞動者非於完成作其約定之勞動後不得請求報酬，但期間確定之報酬，於其期間經過後，得請求。而從事勞動者，非經僱用人同意不得將其權利讓與第三人[12]。而我國民法對於僱傭契約之定義，在民法第482條規定「當事人約定，一方於一定或不定之期限內為他方服勞務，他方給付報酬之契約。」僱傭契約依據民法上契約自由原則所構成，當事人雙方皆為獨立、自由、平等之主體，在此前提下成立提供勞務與支付報酬之對價關係，其所支付之報酬就為「薪資所得」。

　　僱傭之特徵：勞動關係最基層的法律關係結構是僱傭契約，僱傭係以服勞務本身為其契約的直接目的，受僱人於一定或不定期限內為僱用人服勞務而僱用人負擔給付報酬，受僱人係居於從屬的地位受僱主指示而服勞務，當事人的一方遇有重大事由，縱定有期限，仍得於期限屆滿前終止之❸。其「僱傭之效力❹」有：

① 對受僱人的效力

1.服勞務的義務：

　　我國民法第482條明示，稱僱傭者，謂當事人約定，一方於一定或不期限內為他方服勞務，日本民法第623條也示明：僱傭，因一方當事人約定對相對人從事勞動。故可得知僱傭之受僱人應依約定為僱主服勞務。

2.勞務給付的專屬性：

　　我國民法第484條規定：僱用人非經受僱人同意，不得將勞務請求權讓與第三人，受僱人非經僱用人同意，不得使第三人代服勞務。當事人之一方違反前項規定時，他方得終止契約。日本民法第625條也明文規定：僱傭者，非得勞動者之承諾，不得將其權利讓與第三人。勞動者，非得僱用者之承諾，不得使第三人代自己從事勞動。勞動者違反前款規定而使第三人從事勞動時，僱用人得解除合同。係因僱傭基於當事人信賴關係，是為勞務給的專屬性。

3.特種技能之保證：

　　我國民第485條規定：受僱人明示或默示保證其有特種技能時，

如無此種技能時，僱用人得終止契約。

② 僱用人的義務

1.酬給付義務

（1）報酬之給付：為他人服勞務，其目的在於取報酬，雇主負有給付報酬之義務，僱傭契約恆具有償性。我國民法第486條明訂：報酬應依約定之期限給付之。約定者，依習慣。約定亦無習慣者，依下列之規定（1）報酬分期計算者，應於每期屆滿時給付之。（2）報酬非分期計算者，應於勞務完畢時給付。日本民法第624條規定；勞動者，非於完成其約定之勞動後，不得請求報酬。依期間確定之報酬，於其期間經過後，得請求。

（2）僱用人受領遲延與報酬之給付：僱用人受領勞務遲延者，受僱人無補服勞務之義務，仍得請求報酬。為我國民法第487條前段所明定，是為保護受僱人而設之特別規定，但僱用人可減受僱人因不服勞務所減省之費用或轉向他處服勞務所取得或故意怠於取得之利益（民法第487條但書）。

2.僱用人的照顧義務：

（1）危險預防義務：受僱人服勞務，其生命、身體、健康有受危害之虞者，僱用人應按其情形為必要之預防（民法第483之1條規定）。所謂服勞務，除勞務本身外，尚包括工作場所、設備、工具等，此為僱用人照顧義務之具體化，對此危險預防受僱人有請求權，雇用人違反此義務時負賠償責任（依不完全給付之規定[15]）

（2）無過失損害賠償責任：受僱人服勞務，因非可歸責於自己之事由，致受損害者，得向僱用人請求賠償。前項損害之發生，如別有應負責任之人時，僱用人對於該應負責者，有求償權（民法第487之1條規定）。從立法理由得知，此條係強調危害歸責的無過失責任。

 ### 承攬

承攬契約為一種雙務契約，我國民法第490條規定：當事人約定，一方為他方完成一定之工作，他方俟工作完成，給付報酬之契約。日本民法第632條亦規定：承攬，因一方當事人約定完成某工作，相對人約定對其工作成果支付其報酬，而生其效力。由上可知完成之工作不一定必須表現有實體標的物上。另從我國民法第498條第2項、第510條中觀之皆有關於無須交付工作的規定，當可認為我國民法，無實體之工作亦可做為承攬契約所要完作之工作客體。

承攬契約的特徵有以下二個：1.完成一定之工作2.給付約定之報酬[16]。該二個給付互相交換，構成對價關係。一定工作的完成的義務，為承攬契約其他契約互相間之特徵所在。其「承攬的效力[17]」如下：

① 承攬對承攬人的效力

1.完成一定工作及給付無瑕疵工作的義務：承攬人負完成一定工作的義務，承攬著重在工作的完成，承攬人原則不必親自為之，得使用他人履行此項義務，但就其使用人的行為應予負責（民法第224條）。民法第492條：承攬人完成工作，應使其具備約定之品質及無

減少或滅失價值或不適於通常或約定使用之瑕疵。由此可知完成工作須無瑕疵，乃承攬人給付義務的內容。

2.關於工作的瑕疵擔保責任：承攬係有償契約，應準用買賣關於物之瑕疵的規定，承攬另設有特別規定，基於特別法於普通法之規定，應優先適用：

（1）瑕疵擔保責任的成立及定作人瑕疵的預防請求權：承攬人負有完成無瑕疵工作的給付義務，為防止瑕疵的發生，減少事後救濟困難，民法第497條規定：工作進行中，因承攬人之過失，顯可預見工作有瑕疵或有其他違反契約之情事者，定作人得定相當期限，請求承攬人改善其工作或依約履行。承攬人不於前項期限內，依照改善或履行者，定作人得使第三人改善或繼續其工作，其危險及費用，均由承攬人負擔。

（2）瑕疵擔保的效力：

A.瑕疵修補義務：民法第493條：工作有瑕疵者，定作人得定相當期限，請求承攬人修補之。承攬人不於前項期限內修補者，定作人得自行修補，並得向承攬人請求償還修補必要之費用。如修補所需費用過鉅者，承攬人得拒絕修補，前項規定，不適用之。

B.解約或減少報酬：民法第494條：承攬人不於前條第一項所定期限內修補瑕疵，或依前條第三項之規定拒絕修補或其瑕疵不能修補者，定作人得解除契約或請求減少報酬。但瑕疵非重要，或所承攬之工作為建築物或其他土地上之工作物者，定作人不得解除契約。

C.損害賠償：民法第495條第1項：因可歸責於承攬人之事由，

致工作發生瑕疵者，定作人除依前二條之規定，請求修補或解除契約，或請求減少報酬外，並得請求損害賠償。

（3）瑕疵擔保責任的免除：

A. 法定免除：民法第496條規定：工作之瑕疵，因定作人所供給材料之性質或依定作人之指示而生者，定作人無前三條所規定之權利。但承攬人明知其材料之性質或指示不適當，而不告知定作人者，不在此限。

B. 約定免除：民法第501之1條：以特約免除或限制承攬人關於工作之瑕疵擔保義務者，如承攬人故意不告知其瑕疵，其特約為無效。

（4）瑕疵擔保責任期間與權利行使期間：

A. 瑕疵擔保責任期間：瑕疵發現期間攸關當事人的利益，故期間可分為下列三種：（1）一般發現期間：民法第498條：第493條至第495條所規定定作人之權利，如其瑕疵自工作交付後經過一年始發見者，不得主張。工作依其性質無須交付者，前項一年之期間，自工作完成時起算。（2）土地工作物之瑕發現期間：民法第499條：工作為建築物或其他土地上之工作物或為此等工作物之重大之修繕者，前條所定之期限，延為五年。（3）瑕疵發現期間之延長：民法第500條：承攬人故意不告知其工作之瑕疵者，第498條所定之期限，延為五年，第499條所定之期限，延為十年。

B. 權利行使期間：定作人之瑕疵修補請求權、修補費用償還請求權、減少報酬請求權、損害賠償請求權或契約解除權，均因瑕疵發現後一年間不行使而消滅。承攬人之損害賠償請求權或契約解除權，因

其原因發生後，一年間不行使而消滅。（民法第514條）

3.工作給付遲延：因可歸責於承攬人之事由，致工作逾約定期限始完成，或未定期限而逾相當時期始完成者，定作人得請求減少報酬或請求賠償因遲延而生之損害。前項情形，如以工作於特定期限完成或交付為契約之要素者，定作人得解除契約，並得請求賠償因不履行而生之損害（民法第502條）。因可歸責於承攬人之事由，遲延工作，顯可預見其不能於限期內完成而其遲延可為工作完成後解除契約之原因者，定作人得依前條第二項之規定解除契約，並請求損害賠償（民法第503條）。工作遲延後，定作人受領工作時不為保留者，承攬人對於遲延之結果，不負責任（民法第504條）。

4.工作給付不能：

（1）由承攬人承擔價金危險：工作毀損、滅失之危險，於定作人受領前，由承攬人負擔（民法第508條第1項前段），定作人所供給之材料，因不可抗力而毀損、滅失者，承攬人不負其責（民法第508條第2項）。

（2）由定作人承擔價金危險：如定作人受領遲延者，其危險由定作人負擔（民法第508條第1項後段）。於定作人受領工作前，因其所供給材料之瑕疵或其指示不適當，致工作毀損、滅失或不能完成者，承攬人如及時將材料之瑕疵或指示不適當之情事通知定作人時，得請求其已服勞務之報酬及墊款之償還，定作人有過失者，並得請求損害賠償（民法第509條）。

承攬的消滅：承攬的消滅可以分意定終止和法定終止，分述如下：

1.意定終止：工作未完成前，定作人得隨時終止契約。但應賠償承攬人因契約終止而生之損害（民法第511條）。

2.法定終止：承攬之工作，以承攬人個人之技能為契約之要素者，如承攬人死亡或非因其過失致不能完成其約定之工作時，其契約為終止。（民法第512條第1項）

 ## 委任

民法第五二八條規定：「稱委任者，為當事人約定，一方委託他方處理事務，他方允為處理之契約。」可知委任契約之當事人有二：一是委任人，即委託他方處理事務之人，其資格並無限制，不論自然人、法人均可，且其是否有行為能力，並非所問。另一為受任人，即受委託而處理事務之人，因處理之事務包含事實行為及法律行為，且委任契約係典型之勞務契約。

委任契約之標的，包含事實行為與法律行為。前者如會計師之查帳、報稅，醫生之診察、治療；後者如律師出庭所為之訴訟行為、保證人之保證行為、統包承攬中之監工事務等。此事務之內容，由當事人約定，為契約自由及私法自治之表現，惟其仍須受下列之限制：一、須不違反公共秩序或善良風俗（民法第七十二條參照）二、須得由他人為之，如須自己親自為之者，例如結婚、訂婚等純身分行為等，則不得為委任之標的。

委任之成立方式：委任之成立方式，民法並無特別規定，故依民法第一五三條之規定，只要當事人意思表示一致，即可成立，故委任

為不要式契約與諾成契約。民法就特殊之情形,訂定特別之規定,茲分述如下:

1. 擬制的承諾:要約與承諾依當事人意思自由為之,如不承諾,亦不需通知,此為一般之原則。但民法於委任一節中卻有擬制承諾之規定,民法第530條規定:「有承受處理一定事務之公然表示者,如對該事務之委託,不即為拒絕之通知時,視為允受委任。」所謂「有承受處理一定事務之公然表示者」如律師、會計師、醫師、建築師等之掛牌是,因為此等職業咸具有公益性、社會性,尤其皆為專門職業技術人員,通過國家考試,其業務之執行有濃厚之專業性,非一般事務之處理所能相比,故其若對該事務之委託,不即為拒絕之通知者,為保護委託人之便利,謀求交易之靈活,依上述規定,視為允受委任❸。因此,此等有公然表示之人,如不欲承諾時,則非為拒絕之通知不可。至於進口廠商為支付價金向外匯銀行申請開發信用狀,申請人與銀行間之法律關係,其性質應屬委任,蓋付款事務本為出賣人之義務,而出賣人依申請開發信用狀委由外匯銀行付款。外匯銀行掛牌「指定外匯銀行」,有如律師等專門職業者之公示表示承受處理事務,故為要約之引誘,而廠商向銀行為開發信用狀之申請,即屬委任性質,若銀行對其申請不即為拒絕申請之通知時,亦應視為允受開發信用狀之申請,應有民法第530條所定擬制承諾之適用。

2. 委任書之交付:委任契約為不要式契約,但於實務上,為避免

日後舉證之困難，以及便利受任人資格之證明，委任人多會交付委任書於受任人，此並不表示委任書之交付為委任契約之成立要件，但民法第531條卻有一特殊規定：「為委任事務之處理，須為法律行為，而該法律行為，應以文字為之者，其處理權之授與，亦應以文字為之。」

僱傭、承攬、委任契約之區別及法律效果

僱傭、承攬、委任這三項契約其共同的特性就是；均為勞務之債。就其勞務之債有共同特性可區分為：

1. 繼續性：為達到勞務之目的，其勞務之給付需要一段時間始克完成，此即勞務之債的繼續性。基於該繼續性的特徵，勞務之債有關於終止之規範需要。在終止之規範上，其約定或法定的終止事由、終止的法律效力皆極重要。

2. 無可回復性：勞務之債有解除事由者，依然得解除其據以發生之契約（關於承攬民法有得解除之規定：第494條、第495條、第502條、第503條、第506條、第507條）。該契約倘經解除，解除前因該契約之履行而受領之給付，當事人雙方互負回復原狀之義務。受領之給付為勞務者，因勞務的給付本身無返還的可能性，亦即具無可回復性，所以除法律另有規定或契約另有訂定外，受領人應照受領時之價額，以金錢償還之（民法第259條第三款）。

3. 無可儲藏性：鑑於勞務之給付需要一定之時間與空間為其發生

的場域，所以對於勞務債務人而言，勞務具無可儲藏性。是故，在像僱傭以一定之時段界定勞務債務人應給付之勞務範圍者，勞務債權人如有受領遲延，仍應照負報酬義務。但勞務債權人得舉證請求依損益相抵原則調整報酬（民法第487條：「僱用人受領勞務遲延者，受僱人無補服勞務之義務，仍得請求報酬。但受僱人因不服勞務所減省之費用，或轉向他處服勞務所取得，或故意怠於取得之利益，僱用人得由報酬額內扣除之。」）[19]

　　僱傭契約單純服勞務，承攬契約以完成一定工作為內容，委任契約以處理一定事務為目的，概念上涇渭分明，故無疑問。在現實交易上發生模糊，解釋上當事人意思以受僱人裁量權以為斷、二者尚不明確者，則以勞務提供是否須具該當技能或專業知識為斷，其答案為否定者，原則為僱傭。反之，則除當事人約明知為僱傭者外，宜解釋其為委任[20]。

 ## 案例討論

案例一：醫師報備支援至他醫療機構看診之醫師所得為薪資所得或執行業務所得

　　醫師除了在其申請執業之醫療機構看診外，仍可以向主管機關（當地衛生局）報備方式至其他醫療機構施行醫療行為，而至其他醫療機構所領取之報酬是薪資所得或執行業務所得，財政部於90年12月27日以台財稅字第0900457146號令：「西醫師在醫療機構從事醫療及關行政業務，所獲致之所得，究應歸屬薪資所得或駐診拆帳執行業務

所得，必須依西醫師與醫療機構之間的關係而定」但財政部曾去函至衛福部（當時為行政院衛生署，以下稱衛福部）請求認定醫師和醫療機構之間的關係，衛福部以100年2月1日衛署醫字第1000200812號函中引用醫療法、全民健康保險法、民法及醫院評鑑制度的相關規定回復財政部，認為應是「醫療機構與醫師間不具駐診拆帳或合夥法律關係，認屬僱傭關係」於是財政部在101年1月20日以台財稅字第10000461580號令：「醫療機構與醫師間不具駐診拆帳或合夥法律關係，應認屬僱傭關係。自101年度起，除私立醫療機構申請設立登記之負責醫師及聯合診所之別開業醫師，其執行業務收入減除成本及必要費用後之餘額，應依所得稅法第14條第1項第2類執行業務所得課稅外，公私立醫療機構、醫療法人及法人附設醫療機構所聘僱並辦理執業登記之醫師從事醫療及相關行政業務之勞務報酬，應依所得稅法第14條第1項第3類薪資所得課稅。」以衛福部的解釋認定：「醫療機構與醫師不具駐診拆帳或合夥關係，應認屬僱傭關係」廢止了財政部90年12月27日以台財稅字第0900457146號令之適用。

可能是醫師界的反對聲音四起，所以衛福部又以100年11月17日衛署醫字第1000210622號函及100年11月18日衛署醫字第1000210623函再次補充說明：「有關醫院醫師與醫院之法律關係，本署於100年2月1日以衛署字第1000200812號函明確予以認定，應該屬於僱傭關係。惟其認定係以醫療機構所聘僱並辦理職業登記之醫師作為對象，合先敘明」衛生主管機關改口稱：只有以醫療機構所聘僱並辦理職業登記之醫師屬於僱傭關係，衛福部在101年10月3日

衛署醫字第1010211594號函再次補充規定：「醫療法並未禁止醫師不得合夥經營私立醫院之規定，醫師法第8條之2報准前往他醫療機構從事醫療業務之醫師與該他醫療機構間，亦不以僱傭關係為限」故財政部於101年12月5日以台財稅字第10104639160號令：「報經主管機關核准前往他醫療機構從事醫療業務，其與該他醫療機構間不具僱傭關係，確實負擔部分執行業務所需之成本及必要費用者，其所獲取之所得，由稽徵機關查明事實，依所得稅法第14條1項第2類執行業務所得課稅」，實務上由於報備支援醫師如果以薪資所得發放，醫療機構就會多支出二代全民健康保險費，如果以執行業務所得發放，只要每次發放不超過新台幣20,000元，就不會二代全民健康保險費之支出，但以薪資發放者，原則上都會有二代全民健康保險費之支出。

結論：以報備支援方式至他醫療機構看診之醫師，為了能分清醫療責任和成本的問題，大都是和醫療機構採用拆帳分成的方式結算，並且醫師看診都是以自己的醫學學識自行判斷診療的方式和給藥，而醫療機構之負責醫師大部分都只有要不要聘任的問題，而沒有指揮監督的過程，實在是不符合僱傭的條件，反而比較符合委任的條件，故應以執行業務所得進行核課為宜，但在實務上由於現行所得稅法薪資扣除額有20萬元免稅額，故醫師都希望以薪資所得發放降低所得淨額，而醫療院所為免除二代全民健康保險費之支出，希望以執行業務所得發放。

如果要以薪資所得發放，那麼該醫療機構對報備支援看診之醫師應統一均以薪資所得發放，實不宜部分以執行業務所得發放，而部分

以薪資所得發放，除非該醫療機構可以舉證每一醫師的聘任條件不同。

案例二：演藝人員的所得歸屬是薪資還是執行業務所得

　　藝人收入課稅問題由來已久，僱傭與執行業務均是提供勞務獲取對價，而現行綜合所得稅有可扣除成本、費用之差別待遇，若屬執行業務所得，藝人演藝收入可減除45%之入要成本、費用，但若屬劃為薪資所得依標準扣除額可扣除新台幣200,000元，但若主張列舉扣除額依所得稅法第14條第1項第3類第2款規定：「（一）職業專用服裝費：職業所必須穿著之特殊服裝或表演專用服裝，其購置、租用、清潔及維護費用。每人全年減除金額以其從事該職業薪資收入總額之百分之三為限。（二）進修訓練費：參加符合規定之機構開設職務上、工作上或依法令要求所需特定技能或專業知識相關課程之訓練費用。每人全年減除金額以其薪資收入總額之百分之三為限。（三）職業上工具支出：購置專供職務上或工作上使用書籍、期刊及工具之支出。但其效能非二年內所能耗竭且支出超過一定金額者，應逐年攤提折舊或攤銷費用。每人全年減除金額以其從事該職業薪資收入總額之百分之三為限。」只有專用服裝、進修訓練和職業上之工具之支出的3%可以扣抵，與執行業務所得的45%可以扣抵相差甚多。

　　在實務上稅捐稽徵機關與法院，一貫是以民事契約解釋或以當事人未完全自負經營風險為由，採取偏向薪資所得的態度處理之，演藝人員大都簽有演藝經紀契約，應以民事契約為主判斷時是否應依民法第98條[21]：先行探求當事人之原意，而不是依稅捐稽徵機關的解釋為主，法院更應站在保護人民和維持法律公正性的立場獨立判斷才是。

如何適用所得稅法第14條所得種類，應先行判斷該民事契約之性質關係為何，如果當事人關係為行紀、委任或合夥關係時，則非為僱傭關係，則提供之勞務報酬收入之定性應為執行業務所得或其他所得或合夥營利所得，均非薪資所得。反之如果該契約為僱傭契約，則經紀公司就應依動基準法提供勞工應有之權利，這當然屬於所得稅法的薪資所得。

關於演藝人員之經紀契約之法律關係，試分述如下：

① 行紀契約

民法第576條規定：「稱行紀者，謂以自己之名義，為他人之計算，為動產之買賣或其他商業上之交易，而受報酬之營業。」行紀人，須以自己為交易主體，而非「代理」委託人為交易。行紀性質上同於未授予代理權之委任，故行紀亦稱「間接代理」[22]，行紀我國稱「牙行」，亦有稱經紀行或委託行者，在民國12年所得稅暫行條例中亦有「牙稅」之稅種。所謂以自己之名義，為他人之計算，應是指交易行為之法律效果雖屬於行紀人，但所生經濟上之利益或損失，最終完全歸於委託人承受或負擔而言。另依民法第577條規定：「行紀，除本節有規定者外，適用關於委任之規定」參照最高法院18年上字2110號判決：「又行紀契約為有償契約，故應適用有償委任之規定。」

小結[23]：**演藝經紀契約中，演藝經紀人與提供表演工作之第三人簽訂表演契約，並非單純以自己名義為他方之計算而為之交易，蓋第三者指定其所經紀之特定演藝人員從事其表演工作，或出席特定場合，**

此與行紀契約中，行紀人無須表明其委託人為誰者，有所不同。再者，演藝經紀人為演藝人員所簽訂之表演契約，其所發生之法律效果，應直接歸屬演藝人員。亦即，行紀人有直接履行之義務。然在演藝經紀契約內，因表演有其專屬性，此表演義務無法由演藝經紀人直接履行，由此觀之，演藝經紀契約之本質與行紀契約相差甚遠，演藝經紀契約不應適用行紀之規定。

② 委任契約

委任依民法第528條規定：「稱委任者，謂當事人約定，一方委託他方處理事務，他方允為處理之契約。」有關演藝經紀契約之法律性質，台灣台北地方法院101年度重訴字第992號民事判決：「按關於給付之契約，不屬於法律所定其他契約之種類，適用關於委任之規定，民法第529條定有明文。蓋民法債編第二章「各種之債」各節所規定之契約，固可謂為有名契約，但並不能因而涵蓋所有類型之契約，本於契約自由之原則，當事人因自由訂定而不能歸類之其他無名契約，自仍可類推適用民法相關之規定。……可知兩造所簽訂之系爭合約係定被告委託原告代其處理演藝經紀活動事務，由原告為被告提供演藝事業之經紀、媒介與管理，原告並收取報酬。足徵被告有委託原告理事務之真意，故系爭經紀合約所表彰之法律關係，核其性質應屬類似委任性質之勞務給付契約，應類推適用民法關於委任之規定。」此判決認為屬演藝經紀契約之法律性質，並非僱傭契約，而認為應屬於「類似委任之契約」，應類推適用民法關於委任之規定。

小結㉔：**從演藝經紀契約目的觀之，演藝人員委請演藝經紀人，處理其演藝事業等相關事務，在性質上似與委任以受任人處理委任人委託之事務接近，依委任之規定觀之，受任人在允為處理委任人所委託之事務時，委任人亦同時賦予受任人有處理事務之裁量權，此性質與經紀人在接受演藝人員之委託後，對於發展演藝人員之演藝事務的事宜有一定之裁量權（包括對於劇本、廣告、活動接與不接之考量）相似，故演藝經紀契約性質接近「委任契約」。**

③ 僱傭契約

僱傭，依民法第482條規定：「稱僱傭者，謂當事人約定，一方於一定或不定之期限內為他方服勞務，他方給付報酬之契約。」僱傭契約有以下判斷原則[25]：

（一）受僱人負有提供勞務的責任：在僱傭關係中，受僱人負有責任提供勞務，但受僱人並不負擔有關工作成果的責任。

（二）僱主具有指示拘束性：指示拘束性乃是所僱傭關係之特徵，僱主對於受僱人享有指揮權，原則上可決定工作內容、方式、時間、地點等。

（三）受僱人不負擔僱主的事業風險：受僱人是為其他人的計算及危險工作，自己不用承擔工作活動之財產上的風險。

僱傭之目的僅在受僱人單純提供勞務，而且對於所服之勞務並無裁量權，該項勞務之提供未必需要具備專業技能或專業知識，從上述得知僱傭契約是最單純的勞務契約。

　　小結[26]：**僱傭契約是最典型之勞務契約，只要受僱人於約定期限內提供勞務者，不問其勞務結果如何，僱用人均得支付受僱人報酬。服勞務係僱傭契約最主要的目的，但在演藝經紀契約內，演藝經紀就其授權之範圍，對演藝人員發展之演藝事業等相關事務具有裁量權，其並非是機械式之行動，其所提供之勞務僅為手段之一，而其目的在於發展演藝人員之演藝事業，於接洽成功案件後，是按件抽成獲得報酬，演藝經紀人重視幫演藝人員尋找到良好的表演工作機會之結果，此與僱傭之性質不同。**

④ 合夥契約

　　合夥，依民法第667條規定：「稱合夥者，謂二人以上互約出資以經營共同事業之契約。前項出資，得為金錢或其他財產權，或以勞務、信用或其他利益代之。金錢以外之出資，應估定價額為其出資額。未經估定者，以他合夥人之平均出資額視為其出資額。」如果演藝人員與經紀人簽訂之契約為解釋為合夥契約，由經紀人出資訓練、接洽商演機會，演藝人員以其技藝和演出勞務共同合夥，利潤依契約內容按比例分配。但依民法第671條規定：「（第1項）合夥之事務，除契約另有訂定或另有決議外，由合夥人全體共同執行之。（第2項）合夥之事務，如約定或決議由合夥人中數人執行者，由該數人共同執行之。（第3項）合夥之通常事務，得由有執行權之各合夥人單獨執行之。但其他有執行權之合夥人中任何一人，對於該合夥人之行為有異議時，應停止該事務之執行。」其經紀人所承接之工作應由合夥人

全體共同執行之（第1項），但有執行權之合夥人中任何一人（演藝人員），對於該合夥人之行為有異議時，應停止該事務之執行（第3項），可是表演具有專屬性，演藝人員不願執行時則無法執行完成該項工作，此時全體合夥人就有違約之虞，全體合夥人負有損害賠償責任，就會對經紀人產生不公平情況。

如為合夥契約則在所得稅課稅時應稅種類則為所得稅法第14條第1項第1類營利所得，當然就符合營利事業所得稅課稅模式得扣除成本、費用後依營利事業所得稅核課，其盈餘分配後再依綜合所得稅辦理結算申辦。

小結：由於合夥具有危險無限性，其不可掌握之因素雙方都具有相同的危險性，故目前演藝經紀契約不偏向為合夥方式處理。

結論：演藝人員之經紀契約其屬性為何，就目前實務上而言仍偏向以僱傭契約或委任契約二項為原則討論之，有關演藝經紀契約之法律性質最高法院96年度台上字第2630號民事判決提出四項判斷是否為僱傭契約或委任契約之基準：「按勞基法所規之勞動契約，係指當事人之一方，在從屬於他方之關係下，提供職業上之勞動力，而他方給付報酬之契約，就其內涵言，勞工與僱主間之從屬性，通常具有（一）人格從屬性，即受僱人在僱主企業組織內，服從僱主權威，並有接受懲戒或制裁之義務。（二）親自履行，不得使用代理人。（三）經濟上從屬性，即受僱人並不是為自己之營業勞動而是從屬於他人，為他人之目的而勞動。（四）組織上從屬性，即納入僱主生產組織體系，並與同僚間居於分工合作狀態等項特徵，初與委任契約之受任人，

以處理一定目的之事務，具有獨立之裁量權者迥然不同。」從這個判決我們可以判斷是僱傭契約或委任契約，再來判定是薪資所得是執行業務所得。

財政部98年11月24日台財稅字第09804571410函「模特兒從業人員之表演勞務報酬課徵所得規定」表示模特兒之勞報酬應符合下列要件可適用執行業務所得課稅：「（一）模特兒從業人員經紀公司不具僱傭關係，（二）經紀公司亦不提供教育訓練、勞工保險、全民健康保險及退休金等員工權益保障，（三）模特兒從業人員委任經紀公司以本人名義與業主簽訂表演合約，（四）模特兒自行負擔表演之成本及直接必要費用。」財政部**單單從嚴格區分薪資所得與執行業務所得之角度出發，驅使演藝人員必須放棄勞、健保等保障作為代價，一方面侵害人民之生存權、工作權並還構成了不當之連結，筆者認為有違憲之疑慮。**

案例三：保險業務人員所得屬於薪資所得還是執行業務所得

財政部88年4月1日台財稅第881905663號函：「保險業務員取自其所屬公司給付之報酬，雖係按招攬業績給付，惟因保險業務員依保險業務員管理規則之規定，應專為其所屬公司從事保險之招攬，接受公司之管理，仍屬所得稅法第14條第1項第3類規定，為工作上提供勞務之薪資所得。」財政部根據保險業務員管理規則之文義規定，保險業務員須專為其所屬公司從事保險之招攬，接受公司之管理，故即使保險業務員取自其所屬公司給付之報酬，係按招攬業績給付，但仍應歸類為薪資所得。之後財政部於97年7月18日台財稅字

09704531410號函：「只要保險業務員與保險公司不具僱傭關係，保險業務員獨立招攬業務並自負盈虧，保險公司未提供勞工保險、全民健康保險、退休金等員工權益保障時，其依招攬業績計算而自保險公司領取之佣金收入，可適用執行業務所得；保險業務員如未依法辦理結算申報，或未依法設帳記載及保存憑證，或未能提供證明所得額之帳簿文據者，可依本部核定一般經紀人之費用率計算其必要費用。」改變了保險業務人員所得之見解，然後財政部98年4月27日台財稅字第09800058810號函：「保險業務員獨立招攬業務並自負盈虧之要件包含自行負擔資金風險，且須自備工作所需工具及設備等，若保險公司無償提供通訊處處所等設備或劃定公共區域供保險業務員使用，已與要件不符。」財政部增加承攬所無之限制，限縮了執行業務所得之範圍。

在實務上，保險公司與保險業務員之計酬方式，大致有兩種，（一）給付固定底薪，並且尚有依實際招攬保險之業績給付報酬；（二）無固定底薪，僅有按實際招攬保險之業績給付報酬。如從有固定底薪者而言，如認為是薪資所得應無爭議，但從底薪者以實際招攬保險之業績給付報酬者而言，是否應推論為執行業務所得為宜。最高法院95年度台上字第1175號判決：「……由其工作範圍及『展業措施』觀之，上訴人於履行『招攬保險及其相關服務』、『展業單位之督導及管理』兩類主要契約義務時，有相當高的權限決定其所處理事務之方法，而非基於被上訴人之指示機械式的提供勞務，是此契約之內容，顯有委任契約之要件與特徵，而非屬僱傭契約。……財政部依據保險

法第177條所制訂之『保險業務員管理規則』，係基於行政管理之目的，自不能僅憑依上開保險業務員管理規則登錄，即遽以認定保險業務員與保險公司間之契約關係即屬勞動契約。……上訴人於擔任展業務經理期間，其主要之收入來源係招攬保險業務之所得，並無固定之薪資，……其縱已為勞務之提出，例如已進行招攬客戶所必要之作為，但如客戶未因此決定訂立保險契約，上訴人即未能取得報酬，此核與勞基法第二條第三款規定之工資係基於勞工勞務提出之本身所為之對價給付之性質不符，亦顯異於勞務之供給與工作成果常具一定比例之按件計酬勞僱關係，復與一般勞務報酬係相應於工作時間之長短而給付之情形相異，益徵兩造間係成立委任關係。」最高法院肯認無固定底薪之保險業務人員與保險公司間為委任關係，其所得應非為「薪資所得」。

結論：關於保險業務員與保險公司間之契約關係應依其實質內容定其契約型態，若具體個案中保險業務員可自由形成活動內容，並決定工作時間，則視為獨立活動之所得為執行業務所得，若否，則為薪資所得。

案例四：兼課的授課人員授課鐘點費是薪資所得還是執行業務所得？

現有許多機關團體、法人或學校會邀請專業人士或學者至單位進行專題演講，主辦單位困擾的是其支出之費用要開立扣繳憑單時，是要開立薪資所得還是執行業務所得，依所得稅法第4條第1項第23款規定：「個人稿費、版稅、樂譜、作曲、編劇、漫畫及講演之鐘點費之收入免稅。但全年合計數以不超過十八萬元為限。」而所得稅法施

行細則第8條之5第3項規定：「本法第4條第1項第23款規定之稿費、版稅、樂譜、作曲、編劇、漫畫及講演之鐘點費收入，均屬執行業務所得。」財政部74年4月23日台財稅字第14917號函：「（一）公私機關、團體、事業及各級學校，聘請學者、專家專題演講所給之鐘點費，屬所得稅法第4條第23款規定之講演鐘點費，可免納所得稅，但如與稿費、版稅、樂譜、作曲、編劇、漫畫等全年合計數，超過新台幣180,000元以上部分，不在此限。（二）公私機關、團體、事業及各級學校，開課或舉辦各項訓練班、講習會，及其他類似性質之活動，聘請授課人員講授課程，所發給之鐘點費，（屬所得稅法第89條第3項所稱之授課鐘點費），屬同法第14條第1項第3類所稱之薪資所得。該授課人員並不以具備教授（包括副教授、講師、助教等）或教員身分者為限。」

　　講演鐘點費屬執行業務所得，而且若其全年合計數額在新台幣18萬元以下者，還可享有免稅優惠；而授課鐘點費則屬薪資所得全部無扣除額。兩者間的差異導致了實務上許多案例發生，諸如「至研討會或研習班講授課程所獲得之鐘點費」、「至公司的訓練所演講所獲收入」、「至類似訓練班講課所獲收入」究應屬講演鐘點費抑或授課鐘點費，在實務上主辦單位為了避免和稅捐稽徵機關產生衝突，大部分的主辦單位都會以薪資所得開立扣繳憑單，只有少數主辦單位會區分「講演鐘點費」或「授課鐘點」分別開立執行業務所得或薪資所得扣繳憑單。

　　針對「講演鐘點費」與「授課鐘點費」屬不同概念，但從法院的

判決來看幾乎全部引用財政部74年4月23日台財稅字第14917號函的觀點㉗一面倒支持稅捐稽機關的見解，只有在95年12月14日臺北高等行政法院95年訴字第1874號判決中提出了新的見解、觀點摘錄如下：

稅法上所稱執行業務所得，著重在以技藝自力營生，而薪資所得，則著重在職工薪資及提供勞務者之所得，然其區分仍應考量下列因素：

（一）其實在私法上，無論是薪資所得還是執行業務所得，均是因為提供勞務而獲得之報償，而可稱為「勞務所得」。而私法上之各式各樣勞務契約，亦得依其「屬人性」之高低，而為下之排序：

1. 其「屬人性」最高者為僱傭契約，其約定特色在於勞務提供者必須完全依勞務受領者之指示提供勞務，本身亦不負擔工作成敗之責（由勞務受領者自行負擔），完全依所提供勞務之程度領得報償。一般之勞動契約均有此特質。

2. 而「獨立性」最高者則為承攬契約，其勞務提供者對提供勞務之方式享有自由，不必受勞務受領者之指示，但必須負擔工作成敗之責，其報償之領取及數額完全視其工作成果定之。

3. 介於前二者之中，而被視為勞務契約之典型，即民法之委任契約。

稅法上所稱之薪資所得，一般均是指因僱傭契約所獲致之金錢報償，由於金錢純粹是因為勞務之提供而獲致，勞務提供者本身不負工作成敗責任，因此原則上不須提供勞務以外之成本來完成工作，所得

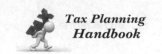
之金錢應全部列為所得。而稅法上之執行業務所得則比較近似於因承攬或委任契約所獲致之報酬，由於此等報酬之取得，以特定工作完成為必要，除了勞務的提供外，還有其他成本之支出，所以所得稅法第14條第1項第2類明定，在計算執行業務所得時，可以扣除「業務所房租或折舊、業務上使用器材設備之折舊及修理費，或收取代價提供顧客使用之藥品、材料等」成本，同時也可扣除「業務上僱用人員之薪資、執行業務之旅費及其他直接必要費用」，而以其餘額為所得額。這正是二者之區別。

　　但法院也特別說明，以上民法上勞務契約之分類，或許可以用來比擬說明薪資所得與執行業務所得之區別，但稅法畢竟不同於民法，有其自身之規範目標。而稅法上執行業務所得定性所最看重者，為「當事人在取得所得之過程中確實另有一定比例之自身勞務外之必要費用支出」（即法條所稱之自力營生），易言之，真正的標準還是要回到社會通念，依商業活動類型，判斷「勞務報酬之取得，除了勞務以外，通常是否還有「明顯可查知」、「具一定數量金額」的其他費用成本支出」。在具體之個案中，其事實特徵完全符合上開私法上極端類型內涵者，其情形極少。大部分案例，都要進行「類型化」之工作，逐一檢視事實特徵中之各項因素來進行比較，以決定個案事實最「近似」那一個類型。於茲必須承認有所謂「階梯現象」存在（例如薪資所得之受領人一樣也要開車上班，某些情形或許也會必須買點文具來使用，甚至自費搭車去拜訪客戶，但由於其金額甚少，仍然會因收入被定性為「薪資」而不得扣抵）。可是稅法卻只提供一個「一刀二斷」式的

選項，不是薪資所得，就是執行業務所得。」就此一判決筆者認為已是歷年來，少數行政法院貼近實務的判決，但仍然有可以議論之處；稅法雖然和民法不同，其目的和所賦予之任務亦不近相同，但不可逃脫人民的感受，尤其是稅法是一個高權行為的效果，它所侵人民的權益是大而深遠的，人民爭議薪資所得還是執行業務所得的根本原因，在於其所發生的「成本、費用是否可以扣除」，「僱主對演講者有無指揮權」、「僱主是否有給予演講者除了演講費以外之福利」，筆者以本身親身的經驗論之，我們在接到主單位的邀約時，必須進行備課由於不是一般正常的課程，所以大都無現成的大綱可以使用，從找資料到撰寫講義可能會是上課時間的數倍之多，這些所產成本、費用可能無法以量化得知，不是法院認為的「金額甚少」如果這中間為了課所購買的書籍等成本、費用是否可認為以後還可能再使用所以應以攤提方式認列呢？我們應重新檢視僱傭和委任或承攬之定義有何不同，再來分辨應是薪資所得還是執行業務所得；（一）僱傭：以勞務提供為目的，不問工作是否完成及工作品質，雇主均給付報酬之義務，支配權在於雇主，勞工必須接受監督提供職務上之勞務。（二）委任：處理一定之事務，以處理事務為目的，故工作成果非報酬之條件。受委任人之指示，但受委人對工作內容較獨立性，自己具支配權。（三）承攬：勞務提供只是手段必須有結果，完全以完成工作成果來給付報酬，在提供勞務的過程中並不受定作人之支配。為僱傭關係者其收入當然應認為是薪資所得，而委任關係和承攬關係應認是執行業務所得。

結論：筆者認為區分「講演鐘點費」與「授課鐘點費」要回歸薪

資所得和執行業務所之本質問題，主辦單位和講演者之間的法律關係為何，是否為僱傭關係、承攬關係或委任關係，而不應由如法院所主張授課者之支出金額甚少可以忽略之經濟面出發探討之，稅法重視是依法課稅原則，從法律本質討論才是根本。如果是一個長期一系列的課程（例如：學校的學分班或訓練班的長期課程）這應是為授課鐘點費，因為此時主辦單位有指揮監督的權利和職責，也較符合僱傭之性質，應認為是薪資所得。而短期的課程或只有一至三小時的演講課程應認是講演鐘點費，為執行業務所得，因其較符合委任關係或承攬關係。

---

❶ 執行業務所得查核準則辦法第3條：執行業務所得之計算，除本辦法另有規定外，以收付實現為原則

❷ 執行業務所得查核準則辦法第10條第1項前段：執行業務者應於執行業務收入實現時列帳記載。

❸ 執行業務所得查核準則辦法第10條第1項但書：但委任人交付支票作為報酬者，得以該支票記載之發票日為實現日期，其經由公會代收轉付者，得以公會轉付之日期為實現日期

❹ 執行業務所得查核準則辦法第10條第2項

❺ 財政部84/05/20台財稅第841624890號函：依執行業務所得查核辦法第10條第2項規定申請按權責發生制計算所得，其執行業務收入及費用均應採用權責發生制。

❻ 執行業務所得查核準則辦法第10條第3項，財政部82/11/03台財稅第821500672號函：代客記帳業者（編者註：記帳士暨記帳及報稅代理人）不得組織公司登記經營代客記帳業務，應依所得稅法第14條第1項第2類有關執行業務所得之規定，核課個人之綜合所得稅。

❼ 所得稅法第89條

❽ 所得稅法第111條

⑨ 執行業務所得查核辦法第11條

⑩ 須函訪查業別為：（1）醫療院所（含國術館、牙體技術所）（2）補習班（3）幼兒園、私立托嬰中心、兒童課後照顧服務中心（4）命理卜卦（5）私立養護、療養院所、護理機構

⑪ 執行業務所得查核辦法第11條第2項

⑫ 日本民法第623-625條

⑬ 王澤鑑，債法原理，增訂三版，作者出版，2012年3月，89頁

⑭ 王澤鑑，民法概要，增訂二刷，作者出版，2008年1月，390-392頁

⑮ 王澤鑑，民法概要，增訂二刷，作者出版，2008年1月，391頁

⑯ 黃茂榮，承攬（一），植根雜誌，25卷1期，2009年1月，35-40頁

⑰ 王澤鑑，民法概要，增訂二刷，作者出版，2008年1月，394-397頁

⑱ 鄭玉波 授於論述民法第530條規定之立法意旨時，認為上述專門職業技術人員之掛牌，屬於一種要約之引誘，既係公然表示，自屬廣泛招徠，而有「來者不拒」之意，因此如對於該事務之委託（要約），不即為拒絕之通知時，法律上即視為允受委託（承諾），於是契約成立。」愚不以為然，因其掛牌既為一要約之引誘，相對人如對之為要約之意思表示者，其仍有決定是否承諾之自由，不受相對人要約之限制，此為要約之引誘之意義。故民法第530條之「視為允受委託」之效果，其理由絕非因其掛牌為一要 之引誘而係因其職務具有公益性、社會性及專業性使然。《民法債 各論》（下），1995年4月，頁422

⑲ 黃茂榮，債法各論第一冊，增訂二版，植根法學，2006年9月，頁241至242

⑳ 黃茂榮，債法各論第一冊，增訂二版，植根法學，2006年9月，頁13-14

㉑ 陳清秀，演藝人員的所得歸屬，月旦法學教室第190期，2018年8月，頁60

㉒ 吳志正，債編各論－逐條釋義，元照出版有限公司，2019年9月，頁301

㉓ 張鈞甯，我國演藝人員經紀管理之法制問題，中央大學產業經濟研究所碩士論文，2011年，頁48

㉔ 張鈞甯，我國演藝人員經紀管理之法制問題，中央大學產業經濟研究所碩士論文，2011年，頁43

㉕ 陳清秀，稅法各論（上），元照出版有限公司，2016年3月，頁143-145

㉖ 張鈞甯，我國演藝人員經紀管理之法制問題，中央大學產業經濟研究所碩士論文，2011年，頁35

㉗ 90年12月27日最高行政法院90年判字第2521號判決，97年05月29日臺北高等行政法院96年簡字第985號判決，98年02月18日臺北高等行政法院97年簡字第757號判決，98年02月19日最高行政法院98年判字第154號判決，100年11月30日臺北高等行政法院100年簡字第357號判決，以上判決均引用財政部74年4月23日台財稅字第14917號函的觀點

SECTION 8-3　執行業務費用查核準則

　　執行業務者之成本與費用之查核依執行業務所得查核辦法第四章「執行業務費用之查核」。成本與費用依照會計原則是有所區別的，**成本，是指企業為生產產品、提供勞務而發生的各種耗費。費用，是指企業為銷售商品、提供勞務等日常活動所發生的經濟利益的流出。**而執行業務者依所得稅法第14條第1項之規定均為專業人士或技藝自力為生者，故均不認定有成本而均以費用認定，而現有認定之執行業務者可能都會有其成本項目，例如牙體技術所，它必需要有材料才可以製作牙冠或牙體，應可認定為直接成本，但依現行法規中均無此項認定，故稅捐稽徵機關之稅務人員，也無此一認識，執行業務之各項費用之查核分述如下：

一、一般性之規定

　　非屬執行業務之直接必要費用，不得列為執行業務費用❶。費用及損失，未經取得原始憑證，或經取得而記載事項不符者，不予認定❷。執行業務者為其委任人辦理事務所支付之費用，其應由委任人負擔者，不得作為費用列支。但委任契約內載明由執行業務者負擔，並經提出具體證明及載明支付者名稱之憑證，應准核實認定❸。執行

業務者租用房屋，其一部分非執行業務使用者，其非供執行業務使用之租金，應按面積比例計算，不予認列。水電瓦斯費，如無法明確劃分，以二分之一計算。執行業務者在其住所裝置之電話，或執行業務者之汽車，如係執行業務與家庭合用者，其相關費用，以二分之一認列❹，**如以執行業務單位之名義所購置車輛❺，列入固定資產者其所產生之費用可以全額認列費用❻。**

二、薪資支出

（一）薪資：包括薪金、俸給、工資、津貼、獎金、退休金、退職金、養老金、資遣費、按期定額給付之交通費及膳宿費，各種補助費及其他給與。

（二）經預先決定或約定，並不論業務盈虧必須支付者，始得列支。聯合執行業務者必須於合夥契約內訂定，且薪資不得超過同業通常水準外，始得核實認列外，其餘不得於其執行業務單位列報薪資費用。所有薪資均須依扣繳憑單為認列依據，如未依法扣繳所得稅款者，不得列報薪資，除在限期內補繳、補報扣繳憑單並依法處罰外，始得予以認列。

（三）因業務需要延時加班發給加班費，應有加班紀錄，以憑認定；其未提供加班紀錄或超出勞動基準法第32條所訂定之標準部分，仍應按薪資支出列帳，並應依規定合併各該員工之薪資所得扣繳稅款。

（四）關於執行業務單位職工退休金費用認列規定如下：

1. 適用勞動基準法之執行業務者，依勞動基準法提撥之勞工退休準備金，或依勞工退休金條例提繳之勞工退休金或年金保險費，每年度得在不超過當年度已付薪資總額百分之十五限度內，以費用列支。

2. 非適用勞動基準法之執行業務者訂有職工退休辦法者，每年度得在不超過當年度已付薪資總額百分之四限度內，提列職工退休金準備，並以費用列支。但執行業務者設置職工退休基金，與該執行業務者完全分離，其保管、運用及分配等符合財政部之規定者，每年度得在不超過當年度已付薪資總額百分之八限度內，提撥職工退休基金，並以費用列支。

（五）薪資支出之原始憑證，以載明受僱員工、職稱、擔任職務之收據、簽收之名冊、轉帳、匯款憑證或以金融機構證明存入之清單予以認定。

（六）獨資之執行業務者，不得列報薪資，如有列報者均會遭到稅捐稽徵機關剔除。合夥之執行業務者已於合夥契約中明訂得發放薪資者，可列報薪資支出，惟不得超過同業通常之水準，以核實認列。

（七）執行業務者之收支採現金收付制故薪資的認列時點應在執行業務者實際發放薪資認列，年終獎金均於次年二或三月發放均應列為次年薪資。

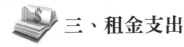 **三、租金支出**

（一）租金之認列應以執行業務者和房東簽訂之租約內約訂之租金為原則，如以實物折算者，應查明當地之市價予以核算。但租賃契約另有約定者，從其約定。

（二）承租人代出租人履行其他債務及支付任何損費或稅捐，經約定由承租人負擔者，視同租金支出。但承租人以融資租賃方式取得資產者，其約定負擔之租賃物修繕、維護、保險、稅捐等費用，得按其支出科目列支，並免視為出租人之租金收入。

（三）執行業務者以本人所有之房屋供其本人為執行業務使用者，得不列支租金支出。但二人以上聯合執業之聯合事務所，租用其中一執行業務者之自有房屋者，可列租金支出。

（四）租金支出之合法憑證，為統一發票、收據或簽收之簿摺。如經由金融機構撥款直接匯入出租人之金融機構存款帳戶者，應取得金融機構證明存入之清單予以認定。

（五）租金支出除取得營業人之統一發票或小規模營業人之合法收據外，均應辦理扣繳憑單。如未辦理扣繳者不得列支租金，如未經稅捐徵機關發主動補報繳者按應扣未扣或短扣之稅額處一倍以下之罰鍰；如經稅捐機關發現未報者且未於稅捐稽徵機關要求限期內補繳應扣未扣或短扣之稅款，或不按實補報扣繳憑單者，應按應扣未扣或短扣之稅額處三倍以下之罰鍰 [7]，最低罰鍰新台幣 1,500 元 [8]，但主動且未經稅捐

稽徵機關發理者得減半處罰[9]。

（六）租金支出每月超過新台幣20,000元者，必須依所得稅法第88條第1項第2款辦理扣繳，並於次年開立扣繳憑單。另外還有二代健保費（目前費率為2.11%），如出租人為法人者除外。

（七）**依執行業務所得查核辦法規定：預付租金其有效期間未經過部分，應列為遞延費用，但執行業務所得之計算以收付實現為原則這是執行業務所得查核辦法第3條所明示，所有的會計帳冊原則均以此「現金制」為原則非「權責制」，在現金制中除了設備之折舊攤提外應無遞延之概念，理由如下：**

（1）權責制是已發生無論有無支付或收款均應列帳，現金制則是無論發生否，皆已付收款為列帳基礎，（2）如租金須為遞延費用那執行業務者採用權責制，就無須向稅捐稽徵機關申請同意始可用，（3）如租金須為遞延費用容易使該項支出多出操作空間。

 四、權利金支出

（一）權利金之支出，應依契約或其他相關證明文件訂定之金額核實認定。

（二）權利金之支出合法憑證如下：

　　1.國內廠商者，應有統一發票及契約證明；支付我國境內居住之個人或執行業務者，應有收據及契約證明，並應辦理

　　　　扣繳憑單。

2.國外廠商及非我國境內居住之個人者，應有契約證明並取
　得對方發票或收據；已辦理結匯者，應有結匯證明文件，
　未辦理結匯者，應有銀行匯付或轉付之證明文件，並應辦
　理就源扣繳。

（三）權利金支出應和購買設備同採折舊攤提，於契約有效期間內
　　　按期攤折。

五、旅費

（一）旅費支出，應提示詳載逐日前往地點、訪洽對象及內容等之
　　　出差報告單及相關文件，證明與執業有關者，憑以認定；其
　　　未能提出者應不予認定。

（二）執行業務者或其受僱人員經政府機關或學校團體指派、外國
　　　專業團體邀請或業務需要，出國參加專業會議或考察者，經
　　　提示證明文件，其出國費用，准予核實列支，如有補助者，
　　　應予減除。

（三）旅費支出之認定標準及合法憑證如下：

1.膳宿雜費：除國內宿費部分，應取得旅館業書有抬頭之
　統一發票、普通收據或旅行業開立代收轉付收據及消費明
　細，予以核實認定外，國內出差膳雜費及國外出差膳宿雜
　費日支金額，不超過最高標準者[10]，無須提供外來憑證，
　准予認定。

2.交通費：

乘坐國內航線飛機之旅費，應以飛機票票根（或電子機票）及登機證為原始憑證；其遺失上開證明者，應取具航空公司之搭機證旅客聯或其所出具載有旅客姓名、搭乘日期、起訖地點及票價之證明代之。乘坐國際航線飛機之旅費，應以飛機票票根（或電子機票）及登機證與機票購票證明單（或旅行業開立代收轉付收據）為原始憑證；其遺失機票票根（或電子機票）及登機證者，應取具航空公司之搭機證旅客聯或其所出具載有旅客姓名、搭乘日期、起訖點之證明代之；其遺失登機證者，得提示足資證明出國事實之護照影本代之。

乘坐輪船旅費，應以船票或輪船公司出具之證明為原始憑證。火車、汽車及大眾捷運系統之車資，准以經手人（即出差人）之證明為準；乘坐高速鐵路應以車票票根或購票證明為原始憑證。乘坐計程車車資，准以經手人（即出差人）之證明為憑。但包租計程車應取具車行證明及經手人或出差人證明。租賃之包車費應取得車公司（行）之統一發票或收據為憑。駕駛自用汽車行經高速公路電子收費車道所支付之通行費，准以經手人（即出差人）之證明為憑。

（四）依財政部79年1月12日台財稅字第791182808號函釋，必須提示與業務相之證明，其證明文件有：（1）出國開會或受訓者，被邀請之證明文件（2）出國考察或業務接洽業

務，來往函件、計畫書及詳細具體之考察報告等文件。

六、伙食費

（一）執行業務者因業務需要，實際供給膳食者，應提供員工簽名
或蓋章之就食名單；按月定額發給員工伙食代金者，應提供
員工簽名或蓋章之印領清冊。每人每月伙食費（包括加班誤
餐費），最高以新臺幣二千四百元為限。並得核實認定免視
為員工薪資所得。超過部分，其屬按月定額發給員工伙食代
金者，應轉列員工之薪資所得；屬實際供給膳食者，除已自
行轉列員工薪資所得者外，不予認定。

（二）實際供給膳食之原始憑證如下：

　　1.主食及燃料為統一發票，其為核准免用統一發票之小規模
　　　營利事業者，應取得普通收據。

　　2.蔬果、魚類、肉類或其他食材，應由經手人出具證明。

　　3.委請營利事業包伙者為統一發票或小規模營利人之普通收
　　　據。

七、進修訓練費

執行業務者或其僱用人員，辦理或參加在職訓練或職前訓練，其
有關費用准予核實列支。惟執行業務者僱用人員列支出國進修訓練費
用，應符合下列條件：

（一）進修項目（科目）要與業務有關。

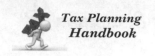
（二）訂有員工出國進修辦法，期滿並應返回原事務所繼續服務至少一年以上者。

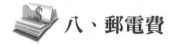

八、郵電費

郵費應取得郵政事業之回單或證明單。電報費、電傳打字機費、傳真機使用費及其他電傳視訊系統之使用費，應取具電信事業書有抬頭之收據。電話費應取得電信事業書有抬頭之收據，其以郵政劃撥方式繳費者，應取得郵局書有抬頭及電話號碼之劃撥收據，如因電話過戶手續尚未辦竣，致收據抬頭與實際使用人不符者，應提出具體證明後，由實際使用人給付列支。執行業務者或業務有關人員，因國際時差關係，於下班後利用其私用電話與國外客戶接洽業務，經取得電信事業出具之收據及附有註明受話人電話號碼之國際長途電話費清單，其電話費准予認列。

九、修繕費

（一）修繕費支出凡足以增加原有資產之價值或其效能非2年內所能耗竭者，應作為資本支出，加入原資產實際成本餘額內計算，但其效能所及年限可確知者，得以其有效期間平均分攤。

（二）執行業務者修繕或購置固定資產，其耐用年限不及2年，或其耐用年限超過2年，而支出金額不超過新臺幣80,000元者，得以其成本列為當年度費用。但整批購置大量器具，每

件金額雖未超過新臺幣80,000元，其耐用年限超過2年者，仍應列作資本支出。

（三）租賃物之修繕費，租賃契約約定由承租者負擔者，得以費用列支。其有遞延性質者，得按效用所及於租賃期限內平均分攤。其租賃物之修繕費應視其金額而定之如已超過新臺幣80,000元，則視為資本支出，而非遞延費用。

十、廣告費

（一）所稱廣告費包括下列各項：

1. 報章雜誌之廣告。

2. 廣告、傳單、海報或印有執行業務者名稱之廣告品。

3. 廣播、電視、戲院幻燈廣告。

4. 以車輛巡迴宣傳之各項費用。

5. 彩牌及電動廣告其係租用場地裝置廣告者，依其約定期間分年攤提。

6. 利用廣播、電視之醫療廣告，應先經所在地直轄市或縣（市）衛生主管機關核准。

（二）廣告費之原始憑證如下：

1. 報章雜誌之廣告費應取得收據，並檢附廣告樣張，其因檢附有困難時，得剪下報紙或雜誌刊登廣告部分，註記刊登報社或雜誌之名稱、日期或期別及版（頁）次等。

2. 廣告、傳單、海報、日曆、月曆、紙扇、霓虹、電動廣告

牌、電影及幻燈之廣告費，應取得統一發票。其為核准免用統一發票之小規模營利事業者，應取得普通收據。

3. 廣播、電視或網際網路之廣告費應取得統一發票或其他合法憑證。

4. 租用車輛、巡迴宣傳之各項費用，應取得統一發票或其他合法憑證。

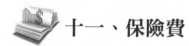

十一、保險費

（一）執行業務者為員工投保之團體人壽保險、團體健康保險及團體傷害保險，其由執行業務者負擔之保險費，以執行業務者或被保險員工及其家屬為受益人者，准予認定。每人每月保險費在新臺幣2,000元以內部分，免視為被保險員工之薪資所得，超過部分視為對員工之補助費，應轉列各該被保險員工之薪資所得，並應依所得稅法第89條第3項規定辦理扣繳憑單，或由執行業務者選擇自行調減費用至新臺幣2,000元以內，免視為員工之薪資所得。勞工保險及全民健康保險，其應由執行業務者負擔之保險費，應予核實認定，並不視為被保險員工之薪資。

（二）保險費之原始憑證為保險法之主管機關許可之保險業者收據及保險單。團體人壽保險、團體健康保險及團體傷害保險之保險費收據，除應書有保險費金額外，並應檢附列有每一被保險員工保險費之明細表。

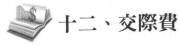 **十二、交際費**

（一）執行業務者列支之交際費，經取得合法憑證並查明與業務有
關者，准予核實認定。但全年支付總額，不得超過核定執行
業務收入之下列標準：

1. 建築師、保險業經紀人：7%。

2. 律師、會計師、記帳士、記帳及報稅代理業務人、技師、
地政士：5%。

3. 其他：3%。

（二）交際費之原始憑證如下：

1. 在外宴客及招待費用，應以統一發票為憑，其為核准免用
統一發票之小規模營利事業者，應取得普通收據。

2. 自備飯食宴客者，應有經手人註明購買菜餚名目及價格之
清單為憑。

3. 購入物品作為交際性質之餽贈者，應以統一發票或收據為
憑。

（三）**交際費中之其他者應指著作人、經紀人、代書人、工匠、表
演人及其他以技藝自力營生者，其中有些執行業務者不適合
有交際費者，例如：醫師、藥師、助產士，因為這些業別之
執行業務者不會因為交際可以增加其業務來源，故不適合認
列交際費，惟醫師、藥師、助產士可認列交際費者，只有參
加國際社團法人，如國際獅子會、扶輪社等之會員費可認列
為交際費，執行業務者參加社團所生之費用依財政部69年**

5月1日台財稅字第33492號函釋可認列為交際費[11]。

十三、職工福利

執行業務者之職工福利費用，應取具支付憑證，其全年支付總額不得超過核定執行業務收入之百分之二。執行業務者舉辦員工文康、旅遊活動及聚餐等費用，應先以職工福利科目列支，超過前款規定限度部分，再以其他費用列支。但員工醫藥費應准核實認定。

十四、水電瓦斯費

（一）水表、電表、瓦斯表未過戶而實際係由執行業務者業務上使用者，於提出具體證明後，其水、電、瓦斯費，准予認列，與家庭共同使用之水、電、瓦斯，其費用以二分之一認列。

（二）水、電、瓦斯費之原始憑證如下：

　　1.電費為電力公司之收據。

　　2.水費為自來水公司之收據。

　　3.瓦斯費為瓦斯公司、煤氣行號之統一發票或收據。

十五、稅捐

（一）執行業務所開立之收據，其貼用之印花稅票，應以經售印花稅票之收據或證明為憑，且應於收據或購買證明上載有執行業務扣繳單位統一編號。執行業務使用之房屋，如登記為執行業務者本人、配偶及直系親屬所有，得以執行業務使用部

分為限，如無法分配以二分之一列支房屋稅及地價稅。

（二）供執行業務使用之汽車、機車，如屬執行業務者所有，經載於財產目錄並取得合法憑證者，其使用牌照稅及燃料使用費，應准核實認定。

（三）進口供執行業務使用之器具或設備，於進口時完納之稅捐，應計入該器具或設備之成本。購買房地產供執行業務使用，因取得房地產所繳納之契稅及印花稅，應併入房地產之成本。

（四）罰鍰、滯納金及未依法扣繳而補繳之稅款，暨依所得稅法規定因滯納而加計之利息，不予認定。

（五）執行業務者自有之房屋供執行業務使用所納之稅捐（地價稅、房屋稅）依財政部75年10月22日台財稅字第7528632號函得認列為稅捐。

 ## 十六、書報雜誌

購入與執行業務有關之書籍，得列為費用。書報雜誌之原始憑證，為統一發票、國外發票憑證或報社雜誌社之收據。

 ## 十七、燃料費

汽車、機車之燃料費，以其汽車或機車係供業務使用，經取得合法憑證者准予認定。向各地加油站購用油料，應取得載有執行業務扣繳單位統一編號之收銀機統一發票，始予認定。

　　有部分執行業務者因業務性質關係無法申報燃料費，例如：醫師中的牙醫師因該無法外診故無法申報認列燃料費，可在實務上在台灣中部某著名牙醫診所位於郊區，故而購買豪華休旅車，從市區接送病患往返，且接送之病患均有簽名認同，實為例外，應可實質查核認列。其他科別之醫師如可實行外診者應可申報認列燃料費，在實務上筆者認為雖牙醫不會實施外診但仍會有助理協助醫師處理行政事務，例如至郵局寄送健保費請領單等事項，應可合理認列燃料費。

　　執行業務者為非營業人，依統一發票使用辦法第7條第1項第2款規定應取得二聯式統一發票，但這條是執行業務所得查核辦法中唯一一條須取得執行業務扣繳單位統一編號者，經多方查詢無法查知其立法意旨，筆者推論可能是從營業事業所得查核準則轉換過來時忘記刪除。

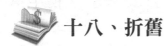 **十八、折舊**

（一）固定資產之折舊方法，應採用平均法[12]。

（二）供執行業務使用之固定資產，為執行業務者本人或執行業務單位所有，取得時有確實之原始憑證者，得依規定提列折舊。上述固定資產為房屋時，其有非供執行業務使用之折舊，應按面積比例計算，不予認列；如無法明確劃分，以二分之一計算。

（三）固定資產之折舊，應按不短於固定資產耐用年數表規定之耐用年數，逐年依率提列。至按短於規定耐用年數提列者，其超提折舊部分，不予認定[13]。

（四）固定資產經查明有殘值可以預計者，應依法先自其成本中減
除殘值後，以其餘額為計算基礎。

（五）取得已使用之固定資產，以其未使用年數作為耐用年數，按
照規定折舊者，准予認定。

（六）固定資產提列折舊應按每一固定資產分別計算，並以一年為
計算單位，其使用期間未滿一年者，按實際使用之月數相當
於全年之比例計算之，不滿一月者，以月計。

（七）固定資產如按長於耐用年數表規定之年限提列折舊，致已達
規定耐用年限，而折舊累計尚未足額者，得以原折舊率繼續
折舊，至保留殘價額度為止。

（八）修繕費及裝修費屬於資本支出者，應併入該項資產之實際成
本餘額內計算，以其未使用年數作為耐用年數，按照規定折
舊率計算折舊。

（九）固定資產因特定事故未達固定資產耐用年數表規定耐用年
數而毀滅或廢棄者，以其未折減餘額列為該年度之損失。但
有廢料售價之收入者，應將售價作為收益。

（十）執行業務者新購置之乘人小客車，依規定耐用年數計提折舊
時，其實際成本以不超過新臺幣二百五十萬元為限；超提之
折舊額，不予認定。小客車如於使用後出售、或毀滅、廢棄
時，其收益或損失之計算，仍應以依所得稅法規定正常折舊
方法計算之未折減餘額為基礎。

（十一）折舊性固定資產，於耐用年限屆滿仍繼續使用者，得自

行預估可使用年數並重新估計殘值後，按平均法計提折
舊。其續提折舊之公式為：（原留殘值－重行估列殘值）
÷估計尚可使用年數＝折舊

（十二）折舊的方式依所得稅法第51條規定：「固定資產之折舊
方法，以採用平均法、定率遞減法、年數合計法、生產
數量法、工作時間法或其他經主管機關核定之折舊方法
為準」母法中規定方法甚多而執行業務者限縮其適用方
法，似有違公平性原則。

（十三）固定資產要按長於耐用年數表規定之年限提列折舊，但
由於現在設備日新月益發展快速常在年限前就不合時機，
造成損失，故應依實務容許適當縮短年限[14]。

十九、損害賠償

執行業務者及其僱用人員在業務上因過失致人受傷或死亡而支付
之醫藥費、喪葬費、撫卹金或賠償金，除受有保險賠償部分外，應取
得警察機關、公會或調解機關團體之調解、仲裁之證明，或經法院判
決或裁定確定之證明，並檢附支出憑證，予以認定。因業務過失致建
築物毀壞、倒塌、或發生其他災害，使他人之生命或財產蒙受損失支
付之賠償費，除受有保險賠償部分外，應取得警察機關、公會、調解
機關團體之調解、鑑定之證明，或經法院判決或裁定確定之證明，並
檢附支出憑證，予以認定。

二十、災害損失

（一）災害損失：凡遭受地震、風災、水災、火災、旱災、蟲災及戰禍等不可抗力之損失。

（二）受有保險賠償部分，不得列為費用或損失。

（三）災害損失，應於事實發生後之次日起三十日內，檢具清單及證明文件報請該管稽徵機關派員勘查；並依下列規定核實認定：

　　1.建築物、設備、乘人小客車之一部分遭受災害損壞，應按該損壞部分所占該項資產之比例，依帳面未折減餘額計算，列為當年度損失，全部滅失者，按該項資產帳面未折減餘額計算，列為當年度損失。

　　2.供執行業務使用之藥品、材料等因災害而變質、損壞、毀滅、廢棄，有確實證明文據者，應依據有關帳據核實認定。

　　3.因受災害損壞之資產，其於出售時有售價收入者，該項售價收入，應併計於收入總額。

　　4.員工及有關人員因遭受災害傷亡，其由執行業務者支付之醫藥費、喪葬費及救濟金等費用，應取得有關機關或醫院出具之證明書據，予以核實認定。

（四）災害損失，未依前款規定報經該管稽徵機關派員勘查，其能提出確實證據證明其損失屬實者，仍應核實認定。

（五）執行業務者業務上使用之材料及設備遭受不可抗力之災害損失，依財政部83年11月23日台財稅字第831622921號

函釋，經依規定報請該管稽機關勘查認定，准列報執行業務之災害損失，但得扣除保險之賠償或救濟金。在本函釋中最得注意的是，如執行業務者是採用部頒費用率結算申報者其災害損失之金額可自其執行業務所得中減除。

二一、複委託費

（一）複委託：執行業務者以受委託業務之全部或一部，委託其他執行業務者經辦，或委託專營提供勞務之營利事業辦理者。

（二）支付複委託費應依法辦理扣繳，准予認定。未辦理扣繳者，除依所得稅法第114條規定處理外，仍應予以認定。支付複委託費超出原取得報酬者，超出部分不予認定。

（三）**複委託應立有合約或書立委託書並提供查核，經查獲複委託係屬虛構或無複委託業務之事實者，除剔除其費用外，並應依所得稅法第110條規定辦理。惟如訂定合約書者應依印花稅法第7條第1項第3款貼用印花稅千分之一，執行業務者須複委託者，大都是緊急且必須者，均無法訂定合約書或委託書，其查核時應視其有無複委託事實為認定標準為佳。**

複委託費依執行業務所得查核辦法複委託應訂立合約或書立委託書，但在實務上卻有實難訂定合約或委託書之情事。執行業務者複委託在業務中為常見之事項，律師庭期衝突複委託委請其他律師代為出庭執行庭訊，這時大部分會陳複委託書給法院。但醫師看診可能因事無法執行時，代診醫師是否有複委託，這時不無疑問，牙體技術師接

受牙醫師指示單製作牙體（假牙），牙體製作可分為固定假牙、活動假牙、矯正器製作等不同項目，而每一項假牙又可再分收種品項，例如固定假牙中又可分為貴金屬、半貴金屬、賤金屬、全瓷冠等，並非每一牙體技術所所專精，故再分給專門之牙體技術所複委託製作實屬正確之過程，但其因時效只有幾小時，價格也從數佰元至仟元間不等，很難等到複委託合約或複委託書簽訂完成。**但又因執行業務所得查核辦法第32條第4項規定：複委託立有合約或書立委託書並提供查核，實屬執行時之困難。**

筆者認為複委託之查核應以是否複委託事實為查核重點，一方為執行業務之費用，而另一方為執行業務之收入，可謂具有關聯性，因該為複委託者之成本費用，應由複委託者負舉證責任，此時應還負有營業上之秘密，稅捐稽徵機關在查核時應有保密之責。如無複委託之事實則可依所得稅法第110條規定處罰，並剔除該項費用。**複委託因其業務之不同，應其業務性質訂定合理之查核原則，並非每一項業務都適合訂定合約或委託書，應以是否有複委託之事實為原則查核，其舉證責由複委託者負擔。**

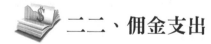

二二、佣金支出

支付佣金應依法辦理扣繳。其未辦理扣繳者，除依所得稅法第114條規定處理外，仍應予以認定。

 二三、捐贈

（一）捐贈應以執行業務單位名義為之，並應取得收據或證明。

（二）對於教育、文化、公益、慈善機構或團體之捐贈、以捐贈總額不超過執行業務所得總額百分之十為限。但有關國防、勞軍之捐贈及對政府之捐獻，不受金額之限制。

（三）對於教育、文化、公益、慈善機構或團體捐贈總額之計算公式為：〔核定收入總額－核定各項損費（包括國防、勞軍及對政府之捐贈，但不包括其他捐贈）〕÷（1+10/100）×10%

 二四、利息支出

（一）非執行業務所必需之借款利息，不予認定。

（二）執行業務者向金融機構借款購置或興建房屋供執行業務使用，符合下列規定者，其利息支出得認列為執行業務費用：

　　1.依法設帳、記載並辦理結算申報之執行業務者，以本人或執行業務單位名義向金融機構借款。

　　2.借款資金確供購置或興建執行業務場所使用，且借款利息確由執行業務者本人或執行業務單位負擔，取得金融機構出具之借款用途證明，並有明確帳載及資金流程之佐證資料，但以主執行業務單位所在地之房屋為限。

　　3.購置或興建房屋，須經辦妥房屋過戶手續或建築完成，其借款利息並於執行業務者在該址登記執業後所支付者為

限。所稱建築完成，指取得使用執照之日或實際完工受領之日。

4. 得核認之利息支出包含房屋及土地之貸款利息。

5. 房屋同時做住家與執行業務使用，利息支出按執行業務場所實際使用面積比例計算。

二五、其他費用或損失

（一）不屬以上各條之項目而與執行業務有關之其他必要費用，准予列為其他費用或損失。

（二）其他費用或損失之性質，如屬所得稅法第88條所定之扣繳所得，應依法辦理扣繳，其未辦理扣繳者，除依所得稅法第114條規定辦理外，其費用或損失，應准予認定。

執行業務者依所得稅法第14條第1項第2類第2段及執行業務者帳簿憑證設置保管辦法第2條規定：「（第1項）執行業務者至少應設置日記帳一種，詳細記載其業務收支項目。同時執行兩個以上不同性質之業務，得使用同一套帳簿，惟應分別記載有關執行業務收支等事項。（第2項）執行業務者使用總分類帳科目日計表者，視為已依前項規定辦理。」執行業務者至少應設置日記帳一種，詳細記載其業務收支項目，該帳簿及憑證依所得稅法第14條第1項第2類第2段後段及執行業務者帳簿憑證設置保管辦法第12條第1項前段規定：「執行業務者之各項會計憑證，除應永久保存或有關未結會計事項者外，應於年度結算終了後，至少保存5年。」會計憑證於年度結算終了後至

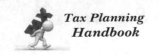
少要保存五年。至於執行業務者設置之帳簿，除應永久保存或有關未結會計事項者外，應於年度結算終了後，至少保存10年 **⓯**。

執行業務者收入應給與他人憑證，並自留存根或副本。憑證內容上應有：（一）交易對象姓名或名稱編號（二）收費項目及金額記載（三）收費總金額，憑證的事項上應包括（一）日期（二）執業者名稱（三）執業者地址（四）執業者之統一編號。給與他人之憑證，如有誤寫或收回作廢者，應黏貼於原號存根或副本之上 **⓰**。

執行業務者之支出應自他人取得憑證，費用及損失之原始憑證，除統一發票應依統一發票使用辦法第9條規定記載外，其餘收據或證明，應載有費用及損失之性質、品名、數量、單價、金額、日期、受據人或受證明人之姓名或名稱及統一編號，出據人或出證明人姓名或名稱、地址及統一編號。其為經手人之證明者，亦須載明費用及損失性質、品名、單價、金額、日期，由經手人簽名或蓋章 **⓱**，在統一發票使用辦法第9條中規定買受人為非營業人所開立之統一發票，應以定價開立，並得免填買受人名稱及地址。但經買受人要求者，不在此限，故執行業務者應取得二聯式統一發票為證明為執行業務者所取得要求於買受人名稱加註執行業務者之名稱，惟向各地加油站購買油料，應取得載有執行業務者扣繳單位統一編號之統一發票。

執行業務者之帳簿憑證，除為緊急避免不可抗力災害損失、或有關機關因公調閱或送交合格之會計師、記帳士、記帳及報稅代理人處理帳務外，應留置於執業場所，以備稅捐主管稽徵機關隨時查核 **⓲**。

執行業務者之會計帳務是以現金收付制為原則，其優點是簡單便

宜、不適用商用會計法原則，但缺點是無法真實顯現出經營損益，執行業務者為保持足以正確計算其執行業務所得額之帳簿憑證及會計紀錄者，得採用權責發生制計算所得，惟須於年度開始三個月前，向主管之稅捐稽徵機關核准，變更者亦同❶。帳簿之記載，除記帳數字適用阿拉伯字外，應以中文為主。且記帳本位，應以新臺幣為主，但需要時，得加註或併用外國文字，以外國貨幣記帳，仍應在其結算收支報告表中將外國貨幣折合新臺幣。

執行業務者依所得稅法第14條第1項第2類第2段及執行業務者帳簿憑證設置保管辦法第2條規定，至少應設置日記帳一種，如未設置者可依稅捐稽徵法第45條第1項：「依規定應設置帳簿而不設置，或不依規定記載者，處新臺幣三千元以上七千五百元以下罰鍰，並應通知限於一個月內依規定設置或記載；期滿仍未依照規定設置或記載者，處新臺幣七千五百元以上一萬五千元以下罰鍰，並再通知於一個月內依規定設置或記載；期滿仍未依照規定設置或記載者，應予停業處分，至依規定設置或記載帳簿時，始予復業。」給處罰甚至可處以停業處分。但在實務上由於帳簿多用於報稅使用，且稅捐稽徵機關多希望執行業務者利用費用率申報減少調帳之麻煩，形成了依法行事者多調帳之現象。**筆者認為稅捐稽徵機關應多鼓勵執行業務者建立帳冊，對於利用費用率申報之執行業務者，應依比例調帳查核，至少在數年內應調帳一次，避免有僥倖之心態，對於無設置帳冊者第一次輔導第二次開始依稅捐稽徵法第45條第1項裁罰。**

❶ 執行業務所得查核辦法第14條

❷ 執行業務所得查核辦法第17條

❸ 執行業務所得查核辦法第16條

❹ 執行業務所得查核辦法第15條

❺ 執行業務者非法人故無法購置資產，但車輛經洽詢監理所仍可以執行業務單位名義購置

❻ 車輛之牌照稅、燃料稅均可全數認列

❼ 所得稅法第114條第1項第1款

❽ 所得稅法第111條

❾ 稅務違章案件減免處罰準第5條第1項第2款

❿ 國內出差膳雜費：(1)執行業務者本人及經理以上人員，每人每日新臺幣七百元。(2)其他職員，每人每日新臺幣六百元。國外出差膳宿雜費：比照國外出差旅費報支要點所定，依中央政府各機關派赴國外各地區出差人員生活費日支數額表之日支數額認定之。

⓫ 財政部，69年5月1日，台財稅第33429號函：執行業務者參加社團活動所發生各項費用，應查明費用之實際性質，依下列原則辦理：（一）參加與維持業務或推廣業務有關之社會團體，例如會計參加國際商業合作協會、美僑商會等所繳之會費，得認係執行業務之必要費用。（三）參加社團之目的係交際性質者，例如參加聯誼會、高爾夫俱樂部等所繳之會費，得依交際費有關規定辦理。（四）參加社團非為維持或推廣業務捐贈或交際性質者，其所發生之費用應不予認定

⓬ 執行業務所得查核辦30條第2項

⓭ 在企業界為了合理攤提成本可能採用加速折舊法提前攤提折舊

⓮ 依照使用年限表醫療器材年限均為7年，但現行醫療器材可以使用5年已是長壽機器

⓯ 執行業務者帳簿憑證設置保管辦法第11條第1項

⓰ 執行業務者帳簿憑證設置保管辦法第8條第1項

⓱ 執行業務者帳簿憑證設置保管辦法第8條第2項

⓲ 執行業務者帳簿憑證設置保管辦法第10條

⓳ 執行業務所得查核辦法第10條第2項

SECTION 8-4 申報方式與程序

　　執行業務申報方式，依所得稅法第14條第1項第二類的規定有依帳載數核實申報，另依所得稅法施行細則第13條第1項、執行業務所得查核準則第8條則有依財政部頒定標準申報，按前三年平均純益率申報則規定在執行業務查核準則第8條之1可以勉強適用之，按書審純益率標準申報則查無任何法規依據，如要勉強的法源就是各區國稅局所制訂之「執行業務所得及補習班等其他所得簡化查核項目表」而已了。執行業務所得申報方式如下：

 ## 按書審純益率標準申報

　　本申報方式簡稱書審申報，依財政部台北國稅局109年執行業務所得及補習班等其他所得簡化查核項目表❶適用條件如下：

1. 依法設帳記載並依法辦理結算申報者。
2. 申報或調整之純益率達左列各該業書審標準以上者。
3. 醫師業已加入健保或有訪（函）查收入者為限。

　　但如有查明有漏報收入（非檢舉資料），若其漏報金額超過25萬元，且加計漏報收入後，依書面審核純益率核算之費用，超過原申報之費用者，不得適用本項規定，如申報所得已達書面審核標準，惟費

用超過法定限額部分，仍應調整剔除。

適用書面審核純益率核定之聯合執業者，得以加計合夥人薪資後之所得純益率。適用書審純益率之標準如下：

（1）律師35%，（2）會計師25%，（3）建築師20%，（4）技師20%，（5）地政士35%，（6）保險經紀人35%，（7）記帳士、記帳及報稅代理人25%，（8）中、西醫20%，（9）牙醫25%，（10）商標專利代理人20%，（11）引水人65%，（12）私立托嬰中心、幼兒園15%，（13）補習班、駕訓班18%，（14）兒童課後照顧服務中心20%，（15）養護療養院所15%，（16）依「護理機構設置標準」、「老人福利機構設立標準」、「精神復健機構設置及管理辦法」及「長期照顧服務機構設立許可及管理辦法」設立之機構12%。

而書審申報從所得稅法相關法規中均無法找到其可依循之法源依據。

 ## 按前三年平均純益率申報

依財政部台北國稅局109年執行業務所得及補習班等其他所得簡化查核項目表適用條件如下：

1. 依法設帳記載並依法辦理結算申報者。

2. 申報或調整之純益率達前3年度核定平均純益率以上，但純益率未達6%者，不併計平均值。

3. 醫療機構收入達1億元，或執業事務所收入達2億元，其前3年度經查帳核定之純益率與申報之純益率相差不及1%者，雖前3

年度核定平均純益率低於6%；仍得適用本項簡化之規定。

4. 合於適用前3年平均純益率核定者，以連續適用5年為限，第6年應查帳，但其申報或經輔導調整後純益率已達15%以上者，不在此限。

但有以下情況者不適用之：

1. 經查明有漏報收入（非檢舉資料），若其漏報金額超過25萬元，且加計漏報收入後，依前3年平均純益率核算之費用，超過原申報之費用者，不得適用本項規定。

2. 全年收入總額較上期增加50%以上者，且增加金額達1千萬元者，不予適用。

3. 申報所得已達標準，惟費用超過法定限額部分，仍應調整剔除。

4. 聯合執業案件，得相對以加計合夥人薪資後之所得額純益率，適用前3年度平均純益率核定。

5. 醫師業若未加入健保又無訪（函）查收入資料可供勾核，如其申報或經輔導後之收入低於上一年度核定數者不得適用。

本項申報方式其法源依據為執行業務所得查核辦法第8條之1第2項：「執行業務者當年度關係所得額之全部或一部之原始憑證，因遭受不可抗力災害或有關機關因公調閱，以致滅失者，該滅失憑證所屬期間之所得額，稽徵機關得依該執行業務者前三個年度經稽徵機關核定純益率之平均數核定之。」本項的法源是依據「執行業務所得查核辦法」該辦法為財政部所頒佈的行政命令，行政命令是否可以成為租稅的法源，另外討論之，但該辦法原先的構成要件為：**執行業務者當**

年度關係所得額之全部或一部之原始憑證，因遭受不可抗力災害或有關機關因公調閱，以致滅失者，是為一項帳冊滅失的補救措施，並非正常的申報方式之一，現卻被稅務行政機關作為簡便稽徵措施。

 ## 依財政部頒定標準申報

簡稱費用率申報，該申報方式的法源為所得稅法施行細則第13條第1項：「執行業務者未依法辦理結算申報，或未依法設設帳記載及保存憑證，或未能提供證明所得額之帳簿文據者，稽徵機關得照同業一般收費標準核定其所得額。」且每年財政部都會邀集各項專門職業公會的代表製訂費用率標準❷及執行業務者收入標準，其中收入標準因公平交易法的通過各公會無法訂定收費標準，該項收入標準已成為各公會的最低的收入標準。

費用率申報方式就是各執行業務者之全年收入扣除其全年費用為其所得額即執行業務者全年申報所得淨額。例如：牙醫師的所得額計算方式：健保收入×（1－0.78）＋自費收入×（1－0.4）＝所得淨額

費用率申報方式創設的的出發點是為了簡化稽徵作業與推行便利服務，在以往電子計算機不發達或會計服務業人數不多的情況尚可為一簡便的稽徵方式，但現電子計算機的發達各種會計記帳軟體的普遍，各類會計服務業的人數已漸達到飽合的狀態，實已無法成為便利的理由。

依帳載數核實申報

簡稱查帳申報，依所得稅法第14條規定業務者所得額計算方式如下：

業務收入或演技收入－業務所房租或折舊－業務上使用器材設備之折舊修理費－收取代價提供顧客使用之藥品、材料等成本－業務上雇用人員之薪資－執行業務之旅費－其他直接必要費用＝所得額

由於執行業務所得核定稽徵機關為各區國稅局，故筆者曾於民國110年4月13日去函財政部台北國稅局、財政部北區國稅局、財政部中區國稅局、財政部南區國稅局及財政部高雄國稅局五區國稅局詢問二個問題：（一）貴局是否仍適用「執行業務及其他所得申報案件書面審核要點」。（二）關於「前3年平均純益率」、「書面審核純益率」核定法源依據為何。關於這二個問題財政部中區國稅局於民國110年4月21日中區國稅二字第1101006131號函知：「依行政程序法第159條第1項：『本法所稱行政規則，係指上級機關對下級機關，或長官對屬官，依其權限或職權為規範機關內部秩序及運作，所為非直接對外發生法規範效力之一般、抽象之規定。』及第2項第1款：『關於機關內部之組織、事務之分配、業務處理方式、人事管理等一般性規定。』依職權訂定之行政規則」，而財政部台北國稅局於民國110年4月20日以財北國稅審二字第1101042891號函知：「依行政程序法第159條第2項第1款訂定之行政規則」，財政部南區國稅局以民國110年4月20日南區國二字第1101002839號函亦同財政部台北國稅局之說明，財政部高雄國稅局民國110年4月20日財高國稅審二字第

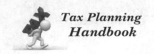

1101006629號函知亦同財政部台北國稅局之說明，其目的均為「有效節省稽徵人力，避免納稅義務人逐年提示帳簿憑證等供核，落實簡化稅政之目的」。只有財政部北區國稅局於民國110年5月4日以北區國審二字第1100005395函知：「現行審核執行業務及其他所得者之純益率，依執行業務查核辦法第8條之1規定，執行業務者當年度關係所得額之全部或一部之原始憑證，因遭受不可抗力災害或有關機關因公調閱，以致滅失者，該滅失憑證所屬期間之所得額，稽徵機關得依執行業務者前三個年度經稽徵機關核定純益率之平均收核定之。」對於「前3年平均純益率」、「書面審核純益率」核定方式財政部所屬之稽徵機關（台北國稅局、中區國稅局、南區國稅局、高雄國稅局）均以行政程序法表示為其內部行政規則，為了是簡化稅政，已經嚴重違反了租稅法律原則，行政程序法第159條第1項之行政規則依本條第2項規定：「行政規則包括下列各款之規定：一、關於機關內部之組織、事務之分配、業務處理方式、人事管理等一般性規定。二、為協助下級機關或屬官統一解釋法令、認定事實、及行使裁量權，而訂頒之解釋性規定及裁量基準。」應不包括稅則申報方式及其核定方式，且依大法官解釋釋字第640號解釋已承認「稅捐稽徵程序」亦屬法律保留事項，有租稅法律主義原則之適用。且現各區國稅局已有多年未公告發佈「綜合所得稅執行業務及其他所得申報案件書面審核要點」，惟只有台北國稅局每年仍在其網站公告「台北國稅局執行業務所得及補習班等其他所得簡化查核項目表」[3]，另財政部中區國稅局曾於民國96年7月23日以中區國稅二字第0960036928號明令廢止該要點之適用[4]

，且「前3年平均純益率」，在執行業務所得查核辦法第8條之1第2項：「執行業務者當年度關係所得額之全部或一部之原始憑證，因遭受不可抗力災害或有關機關因公調閱，以致滅失者，該滅失憑證所屬期間之所得額，稽徵機關得依該執行業務者前三個年度經稽徵機關核定純益率之平均數核定之。」就明定為因遭受不可抗力災害或有關機關因公調閱，以致滅失者才可適用「前3年平均純益率」核定之，另「書面審核純益率」找不到任何法源依據，初步結論：「前3年平均純益率」、「書面審核純益率」是個違反稅原理原則之規定，疑有違憲之虞，在後再詳述之。執行業務所得這個申報審核方式的問題其實可另以專論討論之。

現行國稅局之書面審查申報、費用率申報、三年平均純益率申報均無法源依據應是有違租稅法律主義。依歷年各區國稅局「書面審查要點」第1條：「為簡化稽徵作業，推行便民服務，鼓勵執行業務及其他所得者誠實記帳、申報，特訂定本要點」。書面審查要點並未依照行政程序法第150條第2項前段規定：「法規命令容應明列法律授權之依據」，另「執行業務所得及補習班等其他所得簡化查核項目表」所提及之三年純利益申報亦同。均未具體標明其授權的法律基礎，其內容又是規範稅捐稽徵機關處理執行業務所得和其他所得申報案件書面查業務，應屬於行政程序法第159條規定之規範稅捐行政機關內部業務處理方式的行政規則，並不直接對外發生法規範效力。從租稅法律主義的觀點「主管機關本於法定職權就相關法律所為之闡釋，自應秉持憲法原則及相關之立法意旨，遵守一般法律解釋方法而為之；如

逾越法律解釋之範圍，而增加法筆所無之租稅義務或縮減法律所賦予之租稅優惠，則非憲法第19條規定之租法律主義所允許。」❺。

監察院曾於民國102年08月07日提出102財正0044號糾正案，由李委員復甸、尹委員祉芊、馬委員秀如提案：稅捐機關核課醫師之應納稅負時，對非屬健保給付範圍之醫療勞務收入部分，失所準據；基層醫療院所未依法設立帳簿情形浮濫，惟財政部所屬稅捐稽徵機關僅依查得之資料或以同業利潤標準，調整（核定）執行業務所得，未落實所得稅法第14條之規定均有違失，提案糾正。財政部曾於監察院調查期間稱：「依所得稅法第83條規定，納稅義務人確有提示各種證明所得之帳簿文據義務，惟於稽徵機關進行調查時，倘未提示該項帳簿文據或雖提示而有不完全者，稽徵機關得依查得之資料或同業利潤標準核定其所得。惟僅依查得之資料或以同業利潤標準調整或核定執行業務所得，易令業者滋生逃漏租稅之射倖行為，**屬短期權宜作法，允宜設法改善。**」❻

筆者認為執行業務所得申報從所得稅法第14條知執行業務所得，應以其業務收入減除其費用後之餘額為所得額申報綜合所得稅，此一申報途徑是在所得稅法中唯一明文訂定之申報方式，但為了稽徵經濟之考量以財政部訂定之執行業務者收入標準計算收入額並依執行業務者費用標準計算其必要費用，再加以計算所得額併入綜合所得稅一同申報所得稅應納稅額，此是財政部以行政規則所訂定之申報方式，此二種申報方式可以說於法有據，筆者尚表認同，**惟就租稅公平原則均應依所得稅法第14條設帳查核申報為佳。**

書面審查和三年純益率申報方式實查無法或行政規則依據，只是稅捐稽徵機關便宜措施，惟三年純益率申報得依執行業務所得查核辦法第8條之1第2項：「執行業務者當年度關係所得額之全部或一部之原始憑證，因遭受不可抗力災害或有關機關因公調閱，以致滅失者，該滅失憑證所屬期間之所得額，稽徵機關得依該執行業務者前三個年度經稽徵機關核定純益率之平均數核定之。」在遭受不可抗力災害或有關機關因公調閱，以致滅失者使用，為一種救濟的措施，尚稱於法有據，近年來有諸多文獻在討論營利事業的書面審查是一種不公平的制度，而用在執行業務所得上同樣也是一種不公平的制度。且財政部在監察院的糾正案中也曾明白表示「**屬短期權宜作法，允宜設法改善**」。

---

❶ 如附件：財政部台北國稅局公告執行業務所得及補習班等其他所得簡化查核項目表

❷ 附件：執行業務者費用標準

❸ 參見附件：北市綜所稅各業類標準 – 執行業務及其他所得者簡化查核項目表

❺ 參見行政院公報資訊網 https://gazette.nat.gov.tw/EG_FileManager/eguploadpub/eg013138/ch04/type2/gov30/num4/Eg.htm

❺ 司法院釋字第798號解釋理由書

❻ 監察院102財正0044號糾正案

SECTION 8-5 執行業務者之原始憑證

執行業務者之成本、費用所取得之原始憑證（統一發票）是否應有統一編號，在實務上倍受爭議，其買受人為執行業務者依加值型及非加值型營業稅法第3條第2項：「提供勞務予他人，或提供貨物與他人使用、收益，以取得代價者，為銷售勞務。但執行業務者提供其專業性勞務及個人受僱提供勞務，不包括在內。」及加值型及非加值型營業稅法施行細則第6條：「本法第三條第二項所稱執行業務者，指律師、會計師、建築師、技師、醫師、藥師、助產師（士）、醫事檢驗師（生）、程式設計師、精算師、不動產估價師、物理治療師、職能治療師、營養師、心理師、地政士、記帳士、著作人、經紀人、代書人、表演人、引水人、節目製作人、商標代理人、專利代理人、仲裁人、記帳及報稅代理人、書畫家、版畫家、命理卜卦、工匠、公共安全檢查人員、民間公證人及其他以技藝自力營生者。」可知執行業務者非稅法所稱之營業人，另依統一發票使用辦法第7條第2項前段：「二聯式統一發票：專供營業人銷售貨物或勞務與非營業人，並依本法第四章第一節規定計算稅額時使用。」得知非營業人取得之統一發票為二聯式統一發票，財政部78年3月16日台財稅字第781142042號函：「營業人銷售貨物或勞務與營業人，未依規定開立三聯式統一

發票,而開立二聯式統一發票,應依營業稅法第48條規定論處」另85年6月8日財政部台財稅第851908196號函稱:「未依稅捐稽徵法第44條規定處罰,則其相對之進貨人取得二聯式統一發票如載有應行記載事項,自不宜按未依法取得憑證論處。」可知統一發票之開立應視其身分不同而開立不同之統一發票,如不依法開立會依加值型及非加值型營業業稅法第48條:「營業人開立統一發票,應行記載事項未依規定記載或所載不實者,除通知限期改正或補辦外,並按統一發票所載銷售額,處百分之一罰鍰,其金額不得少於新臺幣一千五百元,不得超過新臺幣一萬五千元。屆期仍未改正或補辦,或改正或補辦後仍不實者,按次處罰。前項未依規定記載或所載不實事項為買受人名稱、地址或統一編號者,其第二次以後處罰罰鍰為統一發票所載銷售額之百分之二,其金額不得少於新臺幣三千元,不得超過新臺幣三萬元。」統一發票記載不實處罰重可達新台幣30,000元。

惟依執行業務所得查核辦法第29條燃料費第2項:「向各地加油站購用油料,應取得載有執行業務扣繳單位統一編號之收銀機統一發票,始予認定。」為執行業務費用應有單位統一編號之收銀機統一發票之特別規定。

筆者認為從稅捐稽徵機關就調查人員的立場觀之,執行業務者所取得成本、費用之統一發票註有統一編號有利於調查人員之勾稽,但從加值型及非加值型營業稅法的觀點而言,執行業務者非營業人本就應取得二聯式統一發票,筆者認為應鼓勵執行業務者多取得統一發票,以免其他營業人漏報營業稅影響稅收。但從法之觀點仍以加值型及非加值型營業稅法為中心,來取得發票為宜。

SECTION
8-6　執行業務所得申報程序

　　依所得稅法第71條第1項規定：「納稅義務人應於每年五月一日起至五月三十一日止，填具結算申報書，向該管稽徵機關，申報其上一年度內構成綜合所得總額或營利事業收入總額之項目及數額，以及有關減免、扣除之事實，並應依其全年應納稅額減除暫繳稅額、尚未抵繳之扣繳稅額及依第十五條第四項規定計算之可抵減稅額，計算其應納之結算稅額，於申報前自行繳納。但依法不併計課稅之所得之扣繳稅款，不得減除。」應於每年5月1日至5月31日理結算申報，而獨資或合夥之營業事業同條第2規定：「獨資、合夥組織之營利事業應依前項規定辦理結算申報，無須計算及繳納其應納之結算稅額；其營利事業所得額，應由獨資資本主或合夥組織合夥人依第十四條第一項第一類規定列為營利所得，依本法規定課徵綜合所得稅。」亦應辦理結算申報其應納之結算稅額列為營利所得併同綜合所得稅申報，小規模營業人也在同條同項但書中：「但其為小規模營利事業者，無須辦理結算申報，由稽徵機關核定其營利事業所得額，直接歸併獨資資本主或合夥組織合夥人之營利所得，依本法規定課徵綜合所得稅。」明訂無須辦理結算申報，其小規模營利事業者，無須辦理結算申報，其原因為小規模營業人稅捐稽徵機關已有先入為主的觀念，小規模營

業人無法提出合法原始憑證以供查核，故其營業額均由稅捐稽徵機關營業稅單位以核定方式核定小規模營業人之月營業額再依加值型及非值型營業稅法第13條第1項規定：「小規模營業人、依法取得從事按摩資格之視覺功能障礙者經營，且全部由視覺功能障礙者提供按摩勞務之按摩業，及其他經財政部規定免予申報銷售額之營業人，其營業稅稅率為百分之一。」並每3個月以營業額1%核定營業稅直接開營業稅稅單，請小規模營業人繳納。此時稅捐稽徵單位已確定小規模營業人之月營業額，故每年五月申報所得稅時均已推計核定小規營業人的年營業額和其所得額已在財政部稅務系統中總歸戶，故無需申報，申報所得稅會自行帶出所得額。

　　惟執行業務所得在所得稅法中並沒有明示申報流程，只在執行業務者帳簿憑證設置取得保管辦法第1條規定：「為使執行業務者保持足以正確計算其執行業務收入及所得額之帳簿憑證及會計紀錄，依所得稅法第十四條第一項第二類規定，訂定本辦法。」執行業務者必須保持足以正確計算其執行業務收入及所得額之帳簿憑證及會計紀錄，並且依所得稅法第14條第1項第2類第3段後段：「執行業務費用之列支，準用本法有關營利事業所得稅之規定」。另從每年財政部公佈的「執行業務者收入標準」和「執行業務者費用標準」的第一段：「執行業務者未依法辦理結算申報，或未依法設帳記載並保存憑證，或未能提供證明所得額之帳簿文據者，稽徵機關得………」可得而知執行業務所必須依法辦理結算，但查遍所有相關租稅法規均無提及執行業務所得結算申報程序，僅在所得稅法第14條第1項第2類第3段後段

有「準用營利事業所得稅」之規定，**故應可類推適用營利事業之結算申報程序**，且在各區國稅局之網站「服務園地」網頁中之「下載專區」有「執行業務暨其他所得電子申報系統」❶，執行業務者必須先行辦理結算申報，申報完成會產生「執行業務所得收支報告」❷執行業務者再依此所得收支報告辦理綜合所得稅結算申報，此一結算申報適用按書審純益率標準申報、按前三年平均純益率申報、依財政部頒定標準申報、依帳載數核實申報方式，在實務上如未依本結算申報程序者，可於結算申報綜合所得稅時，自行以費用率填入執行業務所得欄中申報執行業務所得。

我國之執行業務所得一般均為所得較高者（如律師、會計師、建築師、技師、醫師、藥師、助產士、著作人、經紀人、代書人、工匠、表演人及其他以技藝自力營生者），卻無明確結算申報程序，與我國地緣相近的日本在執行業務所得是和小規模營業人歸為同類所得，其結算申報流程與營利事業方式相同，反觀我國執行業務所得之結算申報一直處於混沌未明的狀態，而一般執行業務者已經執業超過20年以上仍不知該如何申報執行業務所得，依所得稅法第14第1項第2類第2款前段：「執行業務者至少應設置日記帳一種，詳細記載其業務收支項目；業務支出，應取得確實憑證。」可知執行業務者應要記帳核課，偏偏稅捐機關訂定了書面審查、費用率申報等制度，這其中因為執行業務者認為不要記帳核課，所以在發生成本、費用時就不會取得原始憑證，造成其他行業的營業稅和營利事業所得稅的減少，更造成人民不用誠實核課的習慣，從稅捐稽徵法第45條第1項規定：「依

規定應設置帳簿而不設置，或不依規定記載者，處新臺幣三千元以上七千五百元以下罰鍰，並應通知限於一個月內依規定設置或記載；期滿仍未依照規定設置或記載者，處新臺幣七千五百元以上一萬五千元以下罰鍰，並再通知於一個月內依規定設置或記載；期滿仍未依照規定設置或記載者，應予停業處分，至依規定設置或記載帳簿時，始予復業。」又依稅捐稽徵法第2條規定：「本法所稱稅捐，指一切法定之國、直轄市、縣（市）及鄉（鎮、市）稅捐。但不包括關稅。」可知其稅捐包括了國稅和地方稅，只是不包括關稅而已，這其中當然包含了所得稅的執行業務所得在內，**故稅捐稽徵機關應鼓勵執行業務者們以記帳查核為主，在不得以的情形下才是以費用率申報，而不在法律規定內的書審核定應廢棄不用，遇有特殊的情況如遭受不可抗力災害或有關機關因公調閱，以致滅失者才可適用前三年平均純益率申報核定。**

單就費用率申報而言，因稅捐稽徵機關訂定之費用率可能高過該行業的費用、成本率，故從節稅的立場而言執行業務者，當然會選擇採用部頒費用率申報。當然也有些行業的執行業務者其收入無法勾稽，雖然其成本費用率超過部頒費用率標準，從降低稅額的角度，當然採用費用率申報，以節省記帳和其他稅務成本。另外有些行業的執行業務者為了要配合其他行業收入其所申報之收入無法依實申報，如依記帳核定將造成成本、費用高過收入的情況，也只能用採用部頒費用率申報。

❶ 參閱網頁：https://www.ntbt.gov.tw/multiplehtml/fe9b09605fe54a72941a94cce1adba29
❷ 如附件：執行業務所得收支報告表

Chapter

9

租稅規避

TAX
PLANNING
HANDBOOK

9-1 逃（漏）稅與避稅

　　租稅規避為一般脫法行為的特殊案例，其形成的原因是行為人的經濟過程或經濟事實與構成要件不合致，法律論述不完整且抵觸立法者意旨所致❶。依據稅捐稽徵法第12條之1第3項規定：「納稅義務人基於獲得租稅利益，違背稅法之立法目的，濫用法律形式，規避租稅構成要件之該當，以達成與交易常規相當之經濟效果，為租稅規避」及納稅者權利保護法第7條第3項前段規定：「納稅者基於獲得租稅利益，違背稅法之立法目的，濫用法律形式，以非常規交易規避租稅構成要件之該當，以達成與交易常規相當之經濟效果，為租稅規避。」

　　納稅義務人之租稅規避不外乎以下三種：一、逃（漏）稅，二、避稅，三、節稅等方法，來減低甚至免除繳納稅捐，而逃（漏）稅、避稅與節稅之區別實非易事，就從現行租稅法為原則作以下解釋區分：

逃（漏）稅

　　逃（漏）稅是指納稅義務人明知從事的法律行為已經具備了稅法上應該要課稅的要件，卻故意地隱瞞法律事實或是虛偽地陳述事實，藉此達到不用繳稅或是少繳稅的目的。筆者將其區分「逃稅」和「漏稅」二類，前者是以積極手段，使稅捐稽徵機關無法稽徵，故有強烈

的逃避手法，謂之「逃稅」。如無積極手段，而是消極的未申報或對法令之誤解未申報者，以達到減輕納稅之行為可稱之「漏稅」。納稅之漏繳（報）稅捐，稅捐稽徵機關可依法要求補繳，甚可處行政罰，但如有逃稅行為，依現行稅捐稽徵法第41條：「納稅義務人以詐術或其他不正當方法逃漏稅捐者，處五年以下有期徒刑、拘役或科或併科新臺幣六萬元以下罰金。」和洗錢防制法第3條可能犯有刑事責任。

避稅

避稅乃脫法行為，係鑽稅法漏洞，以達減輕稅賦或不予納稅之目的，本質上為「稅法上的脫法行為」。從外觀形式而言不必繳納，但從經濟實質面而言，其原本有所得亦須繳納稅捐。

租稅規避是刻意透過法律事實的安排，濫用法律手段在許多的法律交易模式中（例如：買賣、贈與、信託、借名登記等），為達成某種經濟目的所為之行為，故意不採用一般營業常規，而選擇一個在繳納稅捐上最有利的法律方式，這樣的法律方式在報稅時也充分地揭露並無刻意隱瞞。而採用不合常規之手段，其目的在安排收益、成本、費用與損益之攤計，以規避減少納稅義務，在租稅規避最著名案件為台北高等行政法院90年訴字第5668號判決[2]。

由於租稅規避行為，從法外觀言仍符合租稅法律主義，必須依大法官解釋釋字第420號規定。從實質面予以課稅以禁止租稅規避，以達租稅公平原則，但由於此種租稅規避之法外觀仍符合法律規定，故稅捐稽徵機關不會有漏稅罰只有補繳稅款之處分。

　　乍看之下會有點分不清「逃稅」跟「避稅」的差別,簡單來說,逃稅就是故意地隱瞞或是說假話達到少繳或是免繳稅捐之結果;避稅是在眾多的法律行為中選擇一個可以繳比較少稅的方式去進行交易,在稅捐申報上也都充分地陳報資料,並無刻意隱瞞或是列假資料的情形。

---

❶ 黃榮茂、葛克昌、陳清秀主編,稅捐稽徵法,元照出版公司,2020年3月,頁201

❷ 臺北高等行政法院90年訴字第5668號判決:股東藉以規避稅捐之情事,遂報經財政部核准調查該等公司於金融機構往來情形,該公司以原應分配予股東之營利所得轉換為證券交易所得及安帝公司之投資損失以規避稅負,國稅局乃依實質課稅原則增列八十四及八十五年度營利所得並處罰鍰,……按「實質課稅原則」向被稱為稅法基本原則之一,乃經濟實質的租稅法解釋原則的體現。我國稅法雖無明文規定;惟依憲法平等原則及稅捐正義之法理,稅捐機關把握「量能課稅」精神,在解釋及適用稅法規定時,考察經濟上的事實關係,及其所產生的實際經濟利益,亦得為此一原則之運用,而非依照事實外觀形式的判斷,首揭司法院大法官會議釋字第四二〇號解釋及最高行政法院判決意旨,即係此一原則之援引。易言之,納稅義務人在經濟上已具備課稅構成要件,有時為規避租稅,違反租稅法之立法意旨,不當利用各種法律或非法律方式,製造外觀或形式上存在之法律關係或狀態,使其不具備課稅構成要件,以減輕或免除應納之租稅。亦即,課稅之認定發生形式上存在之事實與事實上存在之事實不同時,租稅之課徵基礎與其依據,應著重在事實上存在之事實,俾防止納稅義務人濫用私法上的法律形成自由,以規避租稅,形成租稅不公平。次按租稅規避與合法的節稅不同,節稅乃是依據稅捐法規所預定之方式,意圖減少稅捐負擔之行為;反之,租稅規避則是利用稅捐法規所未預定之異常的或不相當的法形式,意圖減少稅捐負擔之行為。

SECTION

9-2 節稅

　　節稅是指依據稅法的規定，當有多種途徑可以選擇時，納稅義務人選擇可以繳納較少稅額的途徑，達到免繳稅或是少繳稅的結果。例如在個人綜合所得稅申報過程中，有標準扣除額跟列舉扣除額兩種方式，以列舉扣除額取代標準扣除額，達到應繳納的所得稅額較少的結果，是節稅的方式之一。

　　節稅既然是稅法本來就規定的選擇途徑，基本上照著稅法規定去做安排不太會有問題，通常會發生問題是在避稅跟逃稅的情形。逃稅的行為本質上就是租稅刑罰制裁的對象，因此在相關法律當中會有行政罰甚至刑罰的處罰，所以除了補稅外還有處罰，這似乎是合理的。但是避稅行為上面有提到它跟逃稅是不同的，它在交易行為上是合法有效的，只是規避了稅捐的繳納。

　　如何來區分「避稅」與「節稅」，簡單的區分方法為節稅只是選擇稅法所規定申報方式和扣除方式來達到降低稅賦的目的，而避稅除了充分利用稅法所規定的申報方式和扣除方式外，更利用了不合常規的交易方式或不合正常之流程申報來達到規避稅賦的目的，這時候要依照常規交易行為要求補稅是合理的，但不可以加以刑罰或行政罰制裁，否則就過度地稅法獨立性，侵害到民法的核心價值，也侵害到了

契約自由原則。除此之外,也違反了罪刑法定主義、明確性原則與類推禁止原則。

由於租稅規避認定問題非常難以認定,納稅義務人為了要事先解決租稅規避認定的問題,納稅義務人得在從事特定交易行為前,先提供相關的文件,向稅捐稽徵機關以書面申請諮詢,依納稅者權利保護法第7條第9項規定:「納稅者得在從事特定交易行為前,提供相關證明文件,向稅捐稽徵機關申請諮詢,稅捐稽徵機關應於六個月內答覆。」稅捐稽徵機關應於6個月內答覆,若稅捐稽徵機關未於6個月內答覆,或尚在審理期限內者,應不能認定該行為構成租稅規避行為。

租稅法上之協力義務

TAX
PLANNING
HANDBOOK

SECTION

10-1 協力義務之定義與目的

　　在私法之債務關係中，債務人亦有協力義務，惟私法之協力義務大多係由債務關係所產生之「附帶義務」，租稅法之協力義務，雖與私法債務關係之附帶義務有相似之處，但其性質上又非全部相同[1]。

 ## 協力義務之定義

　　租稅之課徵乃依據租稅法上之規定，大量而且重複性高之行為，具有特別的特殊性，稽徵機關並未直接參與納稅人間的私經濟活動，其所能掌握的資料多來自納稅義務人處，自不若當事人，稽徵機關欲完全調查、取得和掌握實有其困難性，為稽徵的便利的考量，且為貫撤公平實現稅捐債權及合法課的目的，租稅法上多課予納稅義務人於稽徵程序中應主動提供課稅資料之義務，稱之「協力義務」[2]。司法院大法官釋字第537號理由書亦闡明「協力義務」：因稅捐稽徵機關依稅捐稽徵法第30條之規定，為調查課稅資料，得向有關機關、團體或個人進行調查，且受調查者不得拒絕。於稽徵程序中，本得依職權調查原則進行，應運用一切闡明事實所必要以及可獲致之資料，以認定真正之事實課徵租稅。惟稅捐稽徵機關所需處理之案件多而繁雜，且有關課稅要件事實，類皆發生於納稅義務人所得支配之範圍，其中

得減免事項，納稅義務人知之最詳，若有租稅減免或其他優惠情形，仍需由稅捐稽徵機關不待申請依職權為之查核，將倍增稽徵成本。因此，依憲法第十九條「人民有依法律納稅之義務」規定意旨，納稅義務人依個別稅捐法規之規定，負有稽徵程序之申報協力義務，實係貫徹公平及合法課稅所必要。德國法制對協力義務的規定，從德國租稅通則第90條：「當事人對於事實之調查有協力之義務。當事人為履行該種協力義務，應對有關課稅之重要事實，為完全且合乎真實之公開，並指明其所知悉之證據方法。此等義務之範圍依個案之情形定之。」❸透過此規定避免財經行政機關舉證困難之狀態，並且創造了對於行政判斷的事實上基礎。

 ## 協力義務之目的

　　租稅稽徵協力義務之目的，是在實踐稅捐債務法之權利義務規範，發現課稅構成要件之前提事實是否存在，或者應為如何真實的存在而設置❹。租稅稽徵協力義務第一層次之規範目的，應在幫助稅捐稽徵機關能正確認識納稅義務人之課稅構成要件的各種事實，包含課稅與減免稅捐之各種法定要件的事實，而稽徵協力義務中之申報義務，則是指納稅義務人應將該等課稅構成要件有關事實與證據資料，向稅捐稽徵機關作完全且為合於真實的呈現，也就是協助稅捐稽徵機關發現納稅義務人之真實的所得額。第二層次的目的在實踐稅法規範適用上的平等，最後則是達成稅捐規範立法上的平等，亦即實踐稅捐債務法中有關公平分配或負擔稅捐的規範目的。從所得稅法第21條第1項條

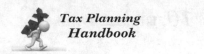

文規定：「營利事業應保持足以正確計算其營利事業所得額之帳簿憑證」的立法理由中指出「帳簿憑證與會計記錄，關係查帳核稅至深且鉅，並須適應各業之實際情況，故作原則性規定，其細則授權財政部以命令定之，藉符實際」❺可得推知。

❶ 陳敏，稅法總論，自版，2019 年 2 月，頁 531
❷ 最高行政法院 100 年判字第 1353 號判決，2011 年 8 月 4 日
❸ 陳敏，德國租稅通則，司法院，2004 年 8 月，頁 158
❹ 柯格鐘，稅捐稽徵協力義務、推計課稅與協力義務違反的制裁——以納稅者權利保護法第 14 條規定討論與條文修正建議為中心，台北大學法學論叢 110 期，2009 年 2 月，頁 16
❺ 財政部法制處，106 年版所得稅法令彙編，財政部，頁 374

SECTION 10-2 協力義務之類型與要求

稅法上協力義務之類型

對於租稅法上稅義務人主要的協力義務有二大類：

① 資料的提供義務

稽徵機關為進行調查瞭解實際情形，納稅義務人有提示各帳簿憑證的義務，並得通知其到辦公處所備詢，為稅捐稽徵法第30條第1項：「稅捐稽徵機關或財政部賦稅署指定之調查人員，為調查課稅資料，得向有關機關、團體或個人進行調查，要求提示帳簿、文據或其他有關文件，或通知納稅義務人，到達其辦公處所備詢，被調查者不得拒絕。」及所得稅法第84條第1項：「稽徵機關於調查或復查時，得通知納稅義務人本人或其代理人到達辦公處所備詢。」亦所明示。

② 容忍之負擔義務

為掌握納稅義務人之營業情形，稽徵機關派人實地稽查或調查及搜索營業處所，人民有容忍之負擔義務為稅捐稽徵法第31條第1項前段規定：「稅捐稽徵機關對逃漏所得稅及營業稅涉有犯罪嫌疑之案件，得敘明事由，聲請當地司法機關簽發搜索票後，會同當地警察或自治

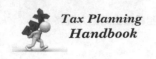
人員，進入藏置帳簿、文件或證物之處所，實施搜查。」本條肯定納稅義務人有接受並容忍稅捐稽徵機關搜查之義務。

 要求協力義務之基本要求

租稅之徵納上本於「協同合作原則」（Kooperrationmaxime）❶，其納稅義務人對於其所支配管理範圍之事項應和稽徵機關共同查明事實發出「協力義務」，其協力義務的成立是基於法律保留原則，應有特別法律之規定始能成立，例如：稅捐之申報義務或帳簿記載及原始憑證保留義務等，但也有部分依稅法規定之協力要求，此應為稽徵機關之裁量行政處分，這項協力必須對課稅事實關係之查明，為必要、適當且符合比例原則始可為之。但如果納稅義務人違反協力義務而稽徵機關也窮盡調查之手段仍無法查明事實時，稽徵機關就可進行推計課稅。惟現行稅局人員都以方便之門，無理要求納稅義務人提供稅局應行舉證調查之事項，如納稅義務人無法提供，則逕以「推計課稅」，這應為違法之「行政處分」。

協力義務之要求有其界限，不能無限上綱，最重要的是要能符合「比例原則」始可行之。稽徵機關本於程序裁量，要求納稅義務人進行協力義務之事項時，必須具備以下之要求❷：

一、具有適當性：協力事項必須至少可能涉及本次課稅事實，而非與本次課稅無關之事實，不可牽扯非本次課稅之事實。

二、具有可能性：其協力之要求須為本次課稅案件上之事實，必須為「客觀上與主觀上」具有履行之可能性。

三、有必要性：其協力須為本次課稅事件上適當的查明手段之一，且為對當事人損害最少之協力方式。

　　四、具有相當性：當事人所受之不利益不得超過本次可期待的稅捐利益，即採取之協力務要求手段與達成週查課稅事實目的間應符合比例原則。

　　五、期待可能性：要求協力義務之履行，必須在客觀上及主觀上可期待義務人能夠履行，而非不尋常的困難，例如：要求納稅義務人鉅細靡遺的條列出數年前發生之相關支出細目、用途，已經超出當事人主觀上能力範圍，就屬欠缺期待可能性。

　　納稅義務人之協力義務並不因此取代稅捐稽徵機關職權調查的權責，納稅義務人無論有無履行申報、備詢、提示證明資料之協力義務，不會免除稅捐機關依職權調查之義務，當然也不會限縮其事證調查之範圍。在實務上最高行政法院101年判字895號判決中曾明示：「稽徵程序中，稅捐事實之調查本是稅捐機關自行應負擔之義務，稅捐債務人只有配合調查之義務，協力義務應在此觀點下理解。因稅捐機關調查退稅請求權成立及金額大小之過程中，其要求營業人履行協力義務之前提，必須是對請求權成立及營業人主張範圍之真實性已有合理懷疑基礎存在，而需對應之文件來澄清。而不可毫無節制地任憑己意，要求當事人提出『難以提供、又與待證事實認定無關』之相關資料。不然人民之『協力義務』即失其『協力』之意涵，而變成稅捐機關刁難人民，拒絕退稅之藉口。」課稅事實之闡明，係稅捐稽徵機關調查之職責所在，應由稅捐稽徵機關先行調查稅捐之課稅事實是否成立及

金額大小，如有不明請求納稅義務人配合提供資料以供稅捐稽徵機關調查，但納稅義務人之協力義務並不能取代稅捐稽徵機關調查義務。

在現行的稅法中對納稅務人於稅捐稽徵期間之協力義務並未有明確規範界限，導致稅捐稽徵機關於個案調查期間，「依法」向納稅義務人要求協力義務之內容有著「無限廣大空間」，對納稅義務人之自由權、隱私權甚至營業秘密等權利侵害相當的廣大。

❶ 葛克昌，納稅者權利保護法析論，元照出版有限公司，2018 年 1 月，頁 275
❷ 陳清秀，稅法總論，元照出版有限公司，2018 年 4 月，頁 502

SECTION

10-3 違反或未盡協力義務

 違反協力義務之效果

　　基於法律保留原則，應先判斷法律是否有賦予納稅義務人協力義務之規定，若法規上確實有賦予納稅義務人或關係人有協力義務時，再進一步確認其所要求納稅義務人或關係人執行之協力義務是否有符合比例原則，如以上之原則皆符合再來討論，納稅義務人或關係人是否違反協力義務。

　　納稅義務人違反應盡之協力義務其產生之法律效果有以下四種：

① 失權

　　個別稅捐法律規定，具備一定資格之納稅義務人，可以享受有別於一般納稅義務人較優惠之稅捐減免待遇，例如房屋稅條例第15條第1、2項規定私有房屋得免徵、減半課徵房屋稅之情形，同條第3款規定若有減免原因，應自事實發生之日起30日內，申報稽徵機關調查核定之，逾期申報，自申報當月份起減免，司法院大法官釋字第537號認為此係基於納稅義務人掌握課稅事實，為貫徹合法課稅之目的，乃課予申報之協力義務。而此一申報義務是使納稅義務人享受稅捐優惠之必要程序，至於申報與否取決於納稅人之自由意志，機關自無強制

其履行之必要。故未盡稅捐優惠之協力義務,其法律效果僅是無法享受稅捐優惠,而不生其他法律上之不利益❶。

② 懲罰

稅捐稽徵法第30條第1項:「稅捐稽徵機關或財政部賦稅署指定之調查人員,為調查課稅資料,得向有關機關、團體或個人進行調查,要求提示帳簿、文據或其他有關文件,或通知納稅義務人,到達其辦公處所備詢,被調查者不得拒絕。」及第46條:「拒絕稅捐稽徵機關或財政部賦稅署指定之調查人員調查,或拒不提示有關課稅資料、文件者,處新臺幣三千元以上三萬元以下罰鍰。納稅義務人經稅捐稽徵機關或財政部賦稅署指定之調查人員通知到達備詢,納稅義務人本人或受委任之合法代理人,如無正當理由而拒不到達備詢者,處新臺幣三千元以下罰鍰。」其中「拒不提示有關課稅資料、文件者」及「無正當理由而拒不到達備詢者」皆為違反協力義務之「資料的提供義務」而於稅法中明定處罰之規定。

③ 稅捐稽徵機關得推計課稅

依所得稅法第83條第1項:「稽徵機關進行調查或復查時,納稅義務人應提示有關各種證明所得額之帳簿、文據;其未提示者,稽徵機關得依查得之資料或同業利潤標準,核定其所得額。」若納稅義務人違反協力義務,致使核實課稅之目標無從實現,自然必須退而求其次,容許以推計課稅方式來課徵稅捐,計算稅額以達租稅公平之目的。

納稅義務人違反協力義務，如調查仍為可能，稽徵機關仍應職權調查，認定課稅原因事實。如調查不可能或花費過鉅時，始得依查得資料或同業利潤標準等間接證據推估核計所得額。行政法院認為如有調查可能，不得逕行推估課稅。惟納稅者權利保護法第14條第1項規定：「稅捐稽徵機關對於課稅基礎，經調查仍不能確定或調查費用過鉅時，為維護課稅公平原則，得推計課稅，並應以書面敘明推計依據及計算資料。」

④ 降低稅捐稽徵機關對待證事實或反證事實之證明強度

納稅義務人未履行協力義務或履行瑕疵，應僅發生程序法上效力，僅稅捐稽徵機關足以參酌之課稅資料受限制，而非其調查義務之結束，僅為降低稅捐稽徵機關對待證事實或反證事實之證明強度，以達實質課稅之目的。最高行政法院108年判字第282號判決理由中指出：「至於納稅義務人雖有協力義務，但其履行必須在客觀上及主觀上具有期待可能性，且僅屬輔助稽徵機關調查的性質，並非舉證責任，故協力義務之違反，無法轉換（倒置）課稅要件事實的客觀舉證責任，法院僅能於調查困難時，容許將稽徵機關原本應負擔的證明程度，予以合理減輕而已，惟最低程度仍不得低於優勢蓋然性（超過50%之蓋然率，或稱較強的蓋然性）。」

未盡協力義務之效果

稅捐稽徵法第12條之1第5項與納稅者權利保護法第7條第5項

之規定：「納稅者依本法及稅法規定所負之協力義務，不因前項規定而免除。」縱使稅捐稽徵機關在課稅要件事實之認定上具有舉證之責任，但納稅義務人依據法律之規定依然須盡協力義務。而納稅義務人之協力義務的履行，乃稅捐稽徵機關職權調查過程中之一環，未履行協力義務或履行具有瑕疵，應僅發生程序法上效力，僅發生稅捐稽徵機關可以參酌之課稅資料受限制，而非其調查義務之結束，更非稅捐稽徵機關可逕以推計方式核定稅額。納稅人協力義務之違反，如有調查之可能，稽徵機關仍應職權調查，認定課稅原因事實。如調查不可能或花費過鉅時，始得依查得資料或同業利潤標準等間接證據推估核計所得額，在最高行政法院108年判字第282號行政判決中亦採此見解，學者採此見解亦多。納稅者權利保護法第14條第1項即規定：「稅捐稽徵機關對於課稅基礎，經調查仍不能確定或調查費用過鉅時，為維護課稅公平原則，得推計課稅，並應以書面敘明推計依據及計算資料。」即為前述法理之明文規定。

　　稅捐稽徵機關若於核定過程，對於納稅人所提出之申報資料為調查時，若納稅人未提示相關資料或所提示者有所不足，即是納稅義務人違反協力義務，且稅捐稽徵機關就納稅義務人未盡協力義務之事項又產生調查困難時，稅捐稽徵機關就此則得以推計課稅之，也就是稅捐稽徵機關就課稅要件事實之證明程度得降低，得以間接證據代替直接證據，稅捐稽徵機關得以「推計課稅」方式核定其所得額來核定稅額。即便稅捐稽徵機關取得使用推計課稅之發動權，但也不代表無須對於推計課稅之實質內容為妥適之設計。推計課稅之推計方式與多種

推計方式間選擇之規範上，納稅者權利保護法第14條第2項與第3項規定：「（第2項）稅捐稽徵機關推計課稅，應斟酌與推計具有關聯性之一切重要事項，依合理客觀之程序及適切之方法為之。（第3項）推計，有二種以上之方法時，應依最能貼近實額之方法為之。」誠如該條立法理由所明示：「推計課稅既係以間接證據推估稅額，其自有多種推估之可能，惟推計課稅之目的仍在核定最接近實額之真實稅額，稽徵機關應選擇最能貼近實額之方法為之。」如何避免推計課稅變成是對於納稅義務人之變相處罰，甚至是當納稅義務人違反協力義務時，稅捐稽徵機關可能因此而忽視現實中所存在對於納稅義務人有利之事實，對於納稅義務人做成完全不利益之處分者，也是在討論協力義務與違反協力義務時所需注意之問題。

---

❶ 最高行政法院97年判字第439號判決

租稅法上之
舉證責任

TAX
PLANNING
HANDBOOK

SECTION

11-1 什麼是舉證責任？

　　在訴訟時法律人都知「舉證責任之所在，敗訴之所在」故舉證責任的分配攸關課稅之有無及稅務行政訴訟之結果。稅捐之成立或提高其有關的構成要件事實，原則上應由稅捐稽徵機關負舉證責任，與稅捐之免除或減輕有關的構成要件事實，原則上應由納稅義務人負責舉證責任[1]。舉證責任之分配規則，有助於釐清稅收案件之情事，解決稅收爭議降低稅務執行之風險。人民近來對課稅的抗爭越來越多，其原因大多收來於在課稅過程中存在證據不足、舉證不清，而稅捐稽徵機關多以違反協力義務採推計課稅或不採納稅義務人之證據以稅捐稽機關自行判定之資料課稅，造成人民對稅捐稽徵機關產生不滿情緒。

　　羅馬法時代即有舉證責任之概念，採原告負舉證責任之原則，即法諺有謂：「證明義務存在於主張之人，而不存在於否認之人」。當時，法官在訴訟上乃命令當事人提出證據以證明其主張之事實，倘不能證明，其所主張之事實即被認為不存在，從而負擔不利益結果[2]。首次認為舉證責任應具備雙重意義者，為德國學者Julius Glaser於1883年在其著作「刑事訴訟法手冊」（Handbuch des Sträfprozesses）中，將之區分為實質與形式二種意涵；而奧地利學者Wehli於1896年在其著作「新民事訴訟法之舉證責任」是直接以主觀與客觀舉證責任之用

語加以區分❸。舉證責任本具有多種多義性格，又由於其論述面向、功能面向之不同，故學說多認為客觀舉證責任位居主要地位，逕行決定主觀舉證責任之地位❹。

 客觀舉證責任

又稱為「實質的舉證責任」（materielle Beweislast）或「確認責任」（Feststellungslast），係指系爭案件之待證事實雖經當事人舉證，並窮盡所有證據方法後，法院心證仍無法確定其是否存在（或真實），而發生事實真偽不明（non liquet）之場合時，此種待證事實未能證明之不利益結果，由該負擔客觀舉證責任之當事人承擔❺。客觀舉證「責任」，但所謂「責任」應係來自於對若干義務之違反，客觀舉證責任之功能，主要在解決窮盡所有證據方法後，待證事實真偽不明時，對負客觀舉證責任之當事人下敗訴判決，說是客觀舉證責任之唯一且有限之功能，客觀舉證責任也等於是規範在待證事實真偽不明時之裁判準則（Entscheidungsnorm）❻。

 主觀舉證責任

又稱為「形式舉證責任」（formelle Beweislast）或「證據提出責任」（Beweisführungslast），係指當事人若不願因待證事實未能及時證明而敗訴者，即應提出證據以證明之❼。主觀舉證責任由自己之行為活動提出對待證事實之證明，以避免敗訴之後果，因此，主觀舉證責任是屬於當事人責任之「真正責任」（echte Last）。德國學者強

調,「舉證責任」之概念首先是涉及探究無當事人聲請調查證據時,法院是否仍應就待證事實為證據調查之問題,即主觀舉證責任之存否與分配;另一種概念則是涉及當事實的認定過程無法重建時,應如何為裁判之問題,即為客觀舉證責任之分配[8],事實關係之解明,係當事人之權能與責任,當事人為避免敗訴,將可預期其在訴訟過程中,致力於對自己有利之各種舉證活動,故主觀舉證責任亦可稱為「行為責任」[9]。通說認為,主觀舉證責任僅存在於採行辯論主義之訴訟程序(Diese Last git es nur inVerfahren mit Verhandlungsmaxime)。特別是若敗訴係負主觀舉證責任者不作為時之必然結果者,則主觀舉證責任之概念即與辯論主義密而不可分[10]。

主觀舉證責任係強調何造當事人有提出證據之責任,而客觀舉證責任則係重於何造當事人須承擔事實真偽不明時的不利益後果,因此,二者所指涉對象顯有不同。嚴格言之,亦非一具有相對性之法律概念[11]。

---

[1] 黃茂榮,稅法總論,2005 年 10 月,頁 259-260

[2] 朱敏賢,行政爭訟舉證責任分配之研究,輔仁大學法律學研究所碩士論文,2000 年 7 月,頁 36

[3] 江彥佐,論稅務訴訟舉證責任及其在遺產稅債務關係之適用,東吳大學法律學研究所碩士論文,2006 年 1 月,頁 14

[4] 姜世明,新民事證據法論,新學林出版公司,2004 年 1 月,頁 183。

❺ 姜世明，舉證責任法，月旦法學教室第30期，2005年5月，頁77

❻ 楊淑文，從特定類型之實務見解觀察舉證責任分配之判斷標準（上），台灣法學雜誌第60期，2004年7月，頁53

❼ 洪家殷、江彥佐，漏稅處罰訴訟案件舉證責任之研究－以漏稅之故意或過失為中心，月旦財經法雜誌第11期，2007年12月，頁20

❽ 江彥佐，論稅務訴訟舉證責任及其在遺產稅債務關係之適用，東吳大學法律學研究所碩士論文，2006年1月，頁19，吳東都，行政法院關於舉證責任判決之回顧與展望，台灣法學雜誌第34期，2002年5月，頁3。

❾ 姜世明，民事訴訟法總論：第三講辯論主義，月旦法學教室第23期，2004年9月，頁74–75

❿ 江彥佐，論稅務訴訟舉證責任及其在遺產稅債務關係之適用，東吳大學法律學研究所碩士論文，2006年1月，頁21

⓫ 沈冠伶，舉證責任與證據契約之基本問題－以作業系統裝置契約之給付不完全為例，台灣法學雜誌第36期，2002年7月，頁191

SECTION 11-2 一般舉證責任之分配

　　舉證責任的分配，依稅捐稽徵法第12條之1第3項規定，惟該規定仍過於簡略，需回歸行政訴訟法第136條為探討。稅捐構成要件要素中，主要可區分為積極的構成要件要素（如創設、增加或提高稅捐債務之要件），以及消極的構成要件要素（如免除、減輕或降低稅捐債務之要件），而分別成立「權利發生規範」與「對立規範」。因此，主張稅捐債權存在者，需就權利發生規範之要件事實存在下負舉證責任；反之，主張相關抗辯、優惠事項者，即需就對立規範之要件事實負舉證責任；稅捐債務人主張退稅或稅捐債權消滅（如因抵銷、罹於徵收時效），應由其負舉證責任❶。

　　最高行政法院98年度判字第539號判決：「按行政法院於撤銷訴訟，職權調查證據有其限度，事實要件不免有不明之時，當事人仍有客觀之舉證責任。就負擔處分之要件事實，基於依法行政原則，為原則事實者，如所得稅有關所得計算基礎之進項收入，雖應由行政機關負舉證責任，惟限制、減免稅捐內容，如所得稅之寬減及免稅之要件事實，乃例外事實，則應由人民負舉證責任。」同院100年度判字第1838號判決亦認為：「另依行政訴訟法第136條準用民事訴訟法第277條之規定，當事人主張有利於己之事實者，就其事實有舉證之責

任,而有關租稅撤銷訴訟之客觀舉證責任,原則上應採法律要件說,即就課稅要件事實之存否及課稅標準,稅捐機關固應負舉證責任;至租稅之免除、減輕等權利障礙要件事實及權利消滅要件事實,既為有利於人民之事實,且其相關資料均由人民所控制掌握,自應由納稅義務人負舉證責任。」

在課稅的過程中稅捐稽徵機關負有收集、提供證據資料來證明案件,並核定或計算稅額。在課稅的過程中大致可以區分為收入與成本、費用二大類,稅捐稽徵法第12條之1第3項規定:「課徵租稅構成要件事實之認定,稅捐稽徵機關就其事實有舉證之責任。」並在納稅者權利保護法第7條「前項租稅規避及第二項課徵租稅構成要件事實之認定,稅捐稽徵機關就其事實有舉證之責任。」即表示在課稅之收入層面稅捐稽徵機關負有舉證之責任,與稅捐債務之成立或提高有關構成要件事實,原則上應由稅捐稽徵機關負舉證責任[2],反之與稅捐債務之免除或減輕有關的構成要作事實,原則上應由納稅義務人負舉證責任[3],違反對於課稅事實真相探求之協力義務時,舉證責任原則上並不因此即為轉換。

---

[1] 朱政勳,稅法上舉證責任之研究―以稅捐核課處分致溢繳之退稅請求權為例,私立東海大學法律學研究所碩士論文,2011年7月,頁159

[2] 黃茂榮,稅法總論,植根法學,2007年11月,頁259

[3] 黃茂榮,稅法總論,植根法學,2007年11月,頁260

SECTION 11-3 租稅訴訟上舉證責任分配

　　課徵租稅構成要件事實之認定，基於依法行政及規範有利原則，應由稅捐稽徵機關負擔客觀舉證責任❶，租稅裁罰案件，係國家行使處罰高權的結果，與刑事罰類似，當事人並無協力義務或責任以自證己罪或自證無違規事實，且有「無罪推定」及「疑則無罪」原則之適用，故稽徵機關就處罰之要件事實應負擔證明責任❷。另在納稅者權利保法第11條第2項規定：「稅捐稽徵機關就課稅或處罰之要件事實，除法律別有明文規定者外，負證明責任。」亦規定稅捐稽徵機關就課稅之要件事實應負舉證責任課徵租稅構成要件事實之認定，基於依法行政及規範有利原則，本應由捐稽徵機關負客觀舉證責任，如納稅義務人協力義務之違反，僅能減輕稽徵機關原本應負擔的證明程度，並不能轉換課稅要件事實的客觀舉證責任❸。

　　行政法院於撤銷訴訟，固應依職權調查證據，以期發現真實，當事人並有主觀舉證責任，然職權調查證據有其限度，仍不免有要件事實不明之情形，而必須決定其不利益結果責任之歸屬，故當事人仍有客觀舉證責任❹。法院依職權調查之證據，其證明程度至少應達到「高度蓋然性」（蓋然性75%以上），始能認為真實，若僅使事實關係陷於真偽不明之狀態，仍應認定該課稅要件事實為不存在，而將其不利

益歸於稽徵機關。至於納稅義務人協力義務之違反，尚不足以轉換課稅要件事實的客觀舉證責任，僅能容許稽徵機關原本應負擔的證明程度，予以合理減輕而已，惟最低程度仍不得低於「優勢蓋然性」（超過50%之蓋然率，或稱較強的蓋然性），始可謂其已盡舉證之責，否則法院仍應認定該課稅要件事實為不存在，而將其不利益歸於稽徵機關。

---

❶ 稅捐稽徵法第12條之1第4項、納稅者權利保護法第7條第4項、第11條第2項
❷ 納稅者權利保護法第11條第2項
❸ 最高行政法院107年度字第369號判決要旨
❹ 行政訴訟法第136條

SECTION 11-4 不自證己罪原則

　　不自證己罪原則最主要之目的在於，「防止國家機關強迫被告揭露其所知、所思、所信，再藉該所知、所思、所信而定被告於罪。」實務判決最高法院91年台上字第4721號判決提到：「又刑事訴訟法規定被告有緘默權，被告基於『不自證己罪原則』，既無供述之義務，亦無真實陳述之義務，同時亦不負自證清白之責任，不能因被告未能提出證據資料證明其無罪，即認定其有罪。」稅務調查原則上採取職權調查主義，行政程序法第36條就此即有規定：「行政機關應依職權調查證據，不受當事人主張之拘束，對當事人有利及不利事項一律注意。」稅務調查之目的在於落實課稅合法性原則，合法公平的課稅要求稅捐稽徵機關有義務依職權調查事實、證據，確定稅捐債務是否發生、課稅事實客觀上是否存在，不受當事人事實陳述與申請調查證據之拘束。

　　除非法律有明文規定，在處罰調查程序上，當事人自有拒絕協力之權利（不自證己罪之原則以及推定無辜原則），此時若行政機關無法自行調查而確認當事人有違法事實存在時，即不得加以處罰。稅務調查限於為確定稅捐債務、課稅事實是否發生、存在，所進行之調查活動。在實務上稅捐稽徵機關都會要求納稅義務人提出營業收入之明

細，可能會更進一步要求除了要求收入明細外更會要求納稅義務人提供其客戶之基本資料及其交易之流程及交易細項以利查核。其舉證責任在稅捐稽機關，不會因為納稅義務人未盡協力義務而發生舉證責任倒置的情形，此時不自證己罪原則應為當事人協力義務之界限。這如同在刑事犯罪中檢調單位要求犯罪嫌疑人提出無犯罪事證一般。

在稅捐處罰非大量行政，故亦無協力義務之問題，更不因行使緘默權而受處罰，其「不證己罪原則」較其他行政罰應更為嚴格**❶**，如最高行政法院102年度判字第257號判決所示：「蓋稅捐徵收處分既屬國家行使課稅高權的結果，直接影響人民財產權，其證明程度自應以『高度蓋然性』為原則，亦即適用『幾近於確實的蓋然性』作為訴訟上證明程度的要求，另基於稅務案件所具有的大量性與課稅資料為納稅義務人所掌握的事物本質，法院固得視個案情形，適當調整證明程度，以實現公平課稅之要求。惟關於租稅裁罰處分，則係國家行使處罰高權的結果，與課稅平等或稽徵便利無關，且與刑事罰類似，基於行政訴訟法保障人民權益，確保國家行政權合法行使的宗旨，其證明程度自應達到使法院完全的確信，始能予以維持。」租稅法上量能平等原則、租稅法律主義原則和納稅義務人的經濟自由原則，乃至家庭的保障，均是憲法所障的價值，而稽徵成本、稽徵經濟都是手段價值的問題，非憲法所保障，萬不可因手段價值而放棄憲法之保障價值。

亦有學者提出認為「不證己罪原則」是「刑法」之概念，應不可適用在行政法，但筆者認為「不證己罪原則」，應為憲法所保障人民不受行政機關或司法機關脅迫之權益，也算是人民保持緘默權之一種，

應可適用於行政法和民法上，以維憲法保障人民之權益。

---

❶ 葛克昌，納稅者權保護法析論，元照出版有限公司，2018年1月，頁293

11-5 舉證責任與推計課稅

　　納稅義務人如果違反稅法上協力義務或訴訟法上之協力義務，除法律明定發生失權效果外，原則上應僅發生減輕證明程度之效果，並不宜據此認為舉證責任發生轉換效果，協力義務有無違反，仍應考量其義務違反之程度、比例原則（包括訴訟經濟）、期待可能性原則、先行行為之共同責任、證據距離之思想等。其違反協力義務之法律效果，通常乃是其課稅基礎得進行推計。

　　最高行政法院98年度判字第494號判決亦謂：「違法事實應依證據認定之，無證據則不得以擬制推測之方法，推定其違法事實，此為司法訴訟及行政程序適用之共通法則。故行政機關本應依職權調查證據以證明違法事實之存在，始能據以對人民作成負擔處分，亦即行政機關對於人民違法事實之存在負有舉證責任，人民本無須證明自己無違法事實。如調查所得證據不足以證明人民有違法事實，即應為有利於人民之認定，更不必有何有利之證據。又認定違法事實之證據，係指足以證明行為人確有違法事實之積極證據而言，該項證據必須與待證事實相契合，始得採為認定違法事實之資料，若行政處分所認定之事實，與所採之證據不相適合，或其採認的事證互相抵觸，即屬證據上理由矛盾。」

　　推計課稅，如所得稅法第83條第1項、第27條規定及加值型營業稅法第17條規定。按司法院大法官釋字第218號解釋文肯認推計課稅之合憲性，以及納稅義務人違反協力作為推計前提，並要求推計方法應貼近實際所得，作為推計課稅之實質合法要件。違反協力義務，而進行推計課稅，我國與德國理論實務，均肯認此係將課稅事實的證明程度降低之事由，即容許稽徵機關關於最大可能的蓋然性基礎之上，決定稅捐的核課基礎❶。雖推計課稅合乎司法院大法官釋字第218號解釋，不違反憲法第19條規定，但進行推計時，應力求客觀及合理，使與納稅義務人之實際所得相當，以維護租稅公平原則。

---

❶ 葛克昌，租金管制與所得調整，收入所得稅與憲法，翰蘆圖書，2009年2月，頁418

Chapter

12

稅務調查與救濟

TAX
PLANNING
HANDBOOK

　　1665年法國路易十四的財政大臣Jean-Baptiste Colbert曾說過：「課稅的藝術，是盡力拔最多的鵝毛，但讓牠們發出最小的聲音。」美國大法官馬歇爾也說過：「課稅的權力包含著摧毀的力量」所以稅捐稽徵機關從事稅務調查和稽徵時不可不慎。所謂「稅務調查」係指依照稅法之規定，就納稅義務人是否合法履行，加以詢問調查，調查結果如有逃漏或違法時，即予以更正或核定，構成第二次決定納稅義務之行政行為。稅務調查主要的目的，在於力求稅負公正平等，至於稅收之增加應為次要之目的。稅務調查也是為了增加租稅稽徵強度，降低納稅義務人逃漏稅之可能性。執行業務所得調查工作在台北國稅局是都由總局審查二科執行業務股進行，負責調查全台北市所屬之執行業務單位和補習班、幼稚園、托兒所等，而在其他區國稅局都交由各分局或各地稽徵所綜合所得稅股實施。

稅務調查法源依據

　　稅務調查法源依據，總則性的規定在稅捐稽徵法第30條第1項：「稅捐稽徵機關或財政部賦稅署指定之調查人員，為調查課稅資料，得向有關機關、團體或個人進行調查，要求提示帳簿、文據或其他有

關文件，或通知納稅義務人，到達其辦公處所備詢，被調查者不得拒絕。」各稅目的稅務調查散見於各個稅法中，所得稅法第80條第1項、第2項：「稽徵機關接到結算申報書後，應派員調查，核定其所得額及應納稅額。前項調查，稽徵機關得視當地納稅義務人之多寡採分業抽樣調查方法，核定各該業所得額之標準。」在執行業務所得方面其法源為執行業務所得查核辦法第2條第1項：「執行業務所得之調查、審核，依本辦法之規定辦理，本辦法未規定者，依相關法令之規定辦理。」當然在行政程序法第六節調查事實及證據第36條至43條也為其調查之法源依據，但因為稅捐稽徵法和所得稅法為行政法之特別法，故先行適用稅捐稽徵法和所得稅法。

在此因稅捐稽徵法第30條第1項中規定有「被調查者不得拒絕」之語句，故常會使稅務人員調查時產生誤解，造成舉證責任倒置的問題發生，尤其在執行業務所得的調查中，稅務人員常要求執行業務者提供其詳細的收入資料，包括客戶的詳細資料及詳細交易情況，如不提供就告知其違反「協力義務」進而使用推計課稅核定其收入和稅額，但稅務人員們忘記了稅捐構成要件要素中，可區分為積極的構成要件要素，以及消極的構成要件要素，稅捐稽徵機關應是主張稅捐債權存在者，故需就權利發生規範之要件事實存在下負有舉證責任。進而退一步言，就算執行業務者未盡協力義務也只是使稅捐稽徵機關的舉證責任降低而已，並非可以直接適用「推計課稅」。

 稅務調查之權限與罰則

　　為促使納稅義務人合法且具體履行法律所定之納稅義務，稅捐稽徵機關認為有必要時，得依法定程序，逐向納稅義務人調查其所得或其他課稅要件。為了進行調查法律賦予稅務人員之權限，即為「稅務調查權」。稅務調查權之行使，應以實現合法且公正平等之負稅為其目的。經由稅務調查權之行使，使稅捐稽徵機關得決定第二次納稅義務，可使納稅義務人正確繳納應繳納之稅額，以維護申報納稅之制度。

　　稅務調查以行使調查權所根據之法令可以區分為「任意調查」與「強制調查」二類❶，分述如下：

（一）**任意調查：**以納稅義務人之承諾為前提，亦得到納稅義務人承諾後始得行使稅務調查權，又稱詢問檢查權。一般所從事稅務調查，係以合法實現公正平等之稅負為其目的，故顯屬行政上之任意調查權。稅捐稽徵機關行使詢問檢查權時，納稅義務人若無故拒絕，會科以法定之罰則，如稅捐稽法第46條：「拒絕稅捐稽徵機關或財政部賦稅署指定之調查人員調查，或拒不提示有關課稅資料、文件者，處新臺幣三千元以上三萬元以下罰鍰。納稅義務人經稅捐稽徵機關或財政部賦稅署指定之調查人員通知到達備詢，納稅義務人本人或受委任之合法代理人，如無正當理由而拒不到達備詢者，處新臺幣三千元以下罰鍰。」任意調查係假借罰則以行使詢問檢查權，從而間接強制納稅義務人履行忍受義務，期能達到調查目的。

（二）**強制調查：**係指不管有無取得納稅義務人之承諾，依據稅法運用公權力強制執行稅務調查之，因此強制調查又稱之「稽查」。對於有計畫之惡性逃稅者，僅憑任意調查殊難達成公平之稅負，尚需發動強制調查權，始能達成成效。如稅捐稽法第31條第1項：「稅捐稽徵機關對逃漏所得稅及營業稅涉有犯罪嫌疑之案件，得敘明事由，聲請當地司法機關簽發搜索票後，會同當地警察或自治人員，進入藏置帳簿、文件或證物之處所，實施搜查；搜查時非上述機關人員不得參與。經搜索獲得有關帳簿、文件或證物，統由參加搜查人員，會同攜回該管稽徵機關，依法處理。」

稅納稅義務人拒絕調查時，依捐稽徵法第46條：「拒絕稅捐稽徵機關或財政部賦稅署指定之調查人員調查，或拒不提示有關課稅資料、文件者，處新臺幣三千元以上三萬元以下罰鍰。納稅義務人經稅捐稽徵機關或財政部賦稅署指定之調查人員通知到達備詢，納稅義務人本人或受委任之合法代理人，如無正當理由而拒不到達備詢者，處新臺幣三千元以下罰鍰。」

---

❶ 山林良夫，山本清次著，徐啟貞譯，稅務調查之要點與對策，財政部財稅人員訓練所，1985年，頁83

12-2 SECTION 稅務調查必要範圍之限制

　　依稅捐稽法第30條第2項：「前項調查，不得逾課稅目的之必要範圍。」所謂課稅目的之必要範圍依法務部101年5月7日律字第101000400190號函：「公務機關蒐集或處理個人資料應於法令職掌『必要範圍內』為之，且不得逾越特定目的之『必要範圍』。而行政行為為採取之方法應有助於目的之達成（適當性），並應選擇對人民權益損害最少（必要性或侵害性最小性），且造成之損害不得與欲達成目的之利益顯失均衡（衡量性或狹義比例原則），此為比例原則之要求。準此，本稅務機關依稅捐稽徵法第30條第1項規定，向醫療機構請求提供病患資料，仍應受上開比例原則之拘束，而應於調查具體課稅案件之『必要範圍』內為限。」具此可認為稅務調查相當於行政程序法第7條「比例原則」即適當性原則、必要性原則（最小侵害原則）及衡量性原則（狹義比例原則）之要求，故稅捐稽徵機關蒐集或處理個人資料應法令職掌「必要範圍內」為之，且不得逾越特定目的之「必要範圍」。

　　稅務調查可以分申報前調查和申報後調查二種：

申報前調查

　　稽徵機關每年對執行業務者收入之調查分春、秋二季進行，春季訪查時間會落在5～6月，秋季訪查時間則在11～12月，大都是以書面訪查為主，執行業務者稅捐稽徵機關都以「執行業務狀況調查記錄表」進行訪查，要求各執業務單位於訪查期間內寄回，甚少實地訪查。

　　該「執行業務狀況調查記錄表」其調查應是申報前之調查，只是一個參考之依據，實際上應以執行業務者申報為主，不可以訪查資料為本，且該訪查時間點均在執行業務者尚結算前，並非實際之正確之收入金額，故現在實務上各執行業務者都以該訪查表上之收入金額為亂填，且越低越好，甚有稅捐稽單位因執行業務者的金額太低而通知重填，另有執行業務單位於申報時申報收入金額較高，而稅捐稽徵機關要求執行業務單位重填訪查之金額。

　　稅務申報前之調查實應為稅捐稽機關了解執業務之業務情況為主，大約知道執行業務者是如何執行該業務，其收費標準如何，有一論文中提到應請稅務人員平時加強蒐集各業別之情報，刊登工商廣告之資料，使收入確實能有效掌握❶，**但執行業務者大都是專業執業人員，均在其專業人員法規中規定不可刊登廣告（例律師、會計師、記帳士等）。申報前之調查應是調查該業之業務專長和收費行情為主，均應是以實地訪查為宜。**另租稅法規內均無稅務申報前調查之法源依據，只是依職權為了解實際情況為之調查。

 申報後調查

　　依所得稅法第80條第1項前段規定：「稽徵機關接到結算申報書後，應派員調查，核定其所得額及應納稅額。」此條所說結算申報乃依據所得稅法第四章稽徵程序第二節結算申報之各條規定提出結算申報書而言，該條明文賦予稅捐稽徵機關調查義務，促使納稅義務人誠實申報繳納稅捐。但本條第2項：「前項調查，稽徵機關得視當地納稅義務人之多寡採分業抽樣調查方法，核定各該業所得額之標準。」也就是稅捐稽徵機關於執行業務者申報完畢後執行業務者所提出之結算申報採取「採分業抽樣調查方法」來核定各該業之所得額標準。可是本條第3項：「納稅義務人申報之所得額如在前項規定標準以上，即以其原申報額為準。但如經稽徵機關發現申報異常或涉有匿報、短報或漏報所得額之情事，或申報之所得額不及前項規定標準者，得再個別調查核定之。」如發現「申報異常或涉有匿報、短報或漏報所得額」者應個別查核，這本就稅捐稽徵機關職權所在，如發現有「申報異常或涉有匿報、短報或漏報所得額」而不加以查核這實在是稅捐機關之行政怠惰也有損稅捐機關成立的目的，但「申報之所得額不及前項規定標準者」就進行個別查核這有商榷的地方，因為所得額標準為稅捐機關依所得稅法第80條第2項規定「視當地納稅義務人之多寡採分業抽樣調查方法，核定各該業所得額之標準」而訂定出來的所得額標準，準確度無從考據。例如：牙體技術師業，國稅局曾訂定該業別之材料成本僅佔17.7%，但經與該局長官當面計算後其材料成本最低20%，最高還高達45%，實不知其17.7%的標準從何而來，國稅局則

回答電腦計算出來，並未回答是抽樣調查而得。

得稅法第 83 條第 1 項：「稽徵機關進行調查或復查時，納稅義務人應提示有關各種證明所得額之帳簿、文據；其未提示者，稽徵機關得依查得之資料或同業利潤標準，核定其所得額。」要求執行業務者提示相關之「帳簿文據」執行業務者不得拒絕，此處稱「帳簿文據」依最高行政法院 96 年度判字第 92 號判決：「所稱『帳簿文據』，係指有證明納稅義務人所得額之帳簿表冊暨一切足以證明所得額發生之各種文件單據而言。………原判決已詳予論明，一般工程圖說及單價分析表等均附於合約書內，為核定所得額之依據，自屬所得稅法第 83 條所稱『帳簿文據』，被上訴人請其提示並未逾越所得稅法之相關規定。」如執行業務者不提示相關「帳簿文據」時就依本條第 3 項後段：「稽徵機關得依查得之資料或同業利潤標準核定其所得額」依所查得之資料或同業利潤標準核定所得額，這裡所謂「查得資料」或「同業利潤標準」稅捐機關就必須負完全的舉證責任。

稅捐稽徵機關進行調查時，如發現納稅義務人有重大逃漏稅嫌疑時依所得稅法第 83-1 條第 1 項：「稽徵機關或財政部指定之調查人員進行調查時，如發現納稅義務人有重大逃漏稅嫌疑，得視案情需要，報經財政部核准，就納稅義務人資產淨值、資金流程及不合營業常規之營業資料進行調查。」此時納稅義務人本人和配偶及其二等親（無論直系、旁系血親或姻親）都有可能在調查範圍內，稅捐稽徵機關可以透過財政總歸戶資料或銀行、地政、戶政及監理單位之資料綜合判斷調查。

　　另依稅捐稽徵法第31條：「稅捐稽徵機關對逃漏所得稅及營業稅涉有犯罪嫌疑之案件，得敘明事由，聲請當地司法機關簽發搜索票後，會同當地警察或自治人員，進入藏置帳簿、文件或證物之處所，實施搜查；搜查時非上述機關人員不得參與。經搜索獲得有關帳簿、文件或證物，統由參加搜查人員，會同攜回該管稽徵機關，依法處理。司法機關接到稽徵機關前項聲請時，如認有理由，應儘速簽發搜索票；稽徵機關應於搜索票簽發後十日內執行完畢，並將搜索票繳回司法機關。其他有關搜索及扣押事項，準用刑事訴訟法之規定。」得向司法機關聲請簽發搜索票，惟執行時應會同當地警察或自治人員，且應於搜索票簽發後十日內執行完畢，該項準用刑事訴訟法之規定，依刑事訴訟法第128條規定：「搜索，應用搜索票。搜索票，應記載下列事項：一、案由。二、應搜索之被告、犯罪嫌疑人或應扣押之物。但被告或犯罪嫌疑人不明時，得不予記載。三、應加搜索之處所、身體、物件或電磁紀錄。四、有效期間，逾期不得執行搜索及搜索後應將搜索票交還之意旨。搜索票，由法官簽名。法官並得於搜索票上，對執行人員為適當之指示。核發搜索票之程序，不公開之。」其搜索採令狀主義，無搜索票不得進行搜索，並應告知搜索範圍及有效期間，最重要的是搜索票上應要有「法官之簽名」。被搜索者依刑事訴訟法第132條規定：「抗拒搜索者，得用強制力搜索之。但不得逾必要之程度。」及138條規定：「應扣押物之所有人、持有人或保管人無正當理由拒絕提出或交付或抗拒扣押者，得用強制力扣押之。」得合理使用強制力。搜索時依刑事訴訟法第124條規定：「搜索應保守秘密，並應注

意受搜索人之名譽。」原則上應秘密進行。

　　在進行稅務調查搜索時，前來搜索的人員應只有該管稅務機關人員和當地警察或自治人員，不應包含其他檢察官、調查局或其他司法警察在內，如果有其他人員應該要警覺到可能已經不是單純的稅務調查，此時應請檢察官、調查局或其他司法警察人員出示搜索票，如果沒有，就可以拒絕他們在場或進行任何調查行為。

---

❶ 謝世峻，綜合所得執行業務所得查核研究，長榮大學經營理研究所碩士論文，2006 年 7 月，頁 147

SECTION 12-3 稅捐稽徵機關必查之重點

現在稅捐稽徵機關都是用電腦查緝逃漏稅捐，不是用人工監看側查，都是由自動程式在跑，只要符合條件會跳出異常立即列單出來，再交由專門的稅務人員來處理。在AI電腦化的今天，雖然非十全十美，但是還滿管用的，若是應稅所得而圖謀避稅，都不是聰明的作法，所以千萬不要小看現在稅捐稽徵機關稅務人員們的查稅方法和手段。依據執業多年和報導整理出現行稅捐稽徵機關必定進行稅務調查的重點條件如下：

一、全年財富增、減達10%以上，與年度申報所得明顯不相當者。

當納稅義務人全年的財富有10%以上之增加時，且其所得稅之申報並無明顯的增加時當然會使國稅局有理由相信其所得有漏報之情形，而其財富有10%減少時也會使國稅局有理由相信有財產轉移之情形，故必會進行調查。

二、房、地移轉於25歲以下子女或二等親等內之財產。

當納稅義務人將其所有之房、地移轉於子女或二等親等之親屬時同時會有贈與稅之問題，由其是25歲以下子女應無收入，如又無申報贈與稅必會讓稅捐稽徵機關關注其所有財產，進而加強所得查核作業。

三、同一筆土地一年內二次移轉，第二次移轉之買受人與前次出

售人姓氏、住址雷同，移轉金額超過新台幣300萬元以上者（三角移轉）。

同一筆土地一年內二次移轉，第二次移轉之買受人與前次出售人相同在稅捐稽徵機關的角度來看，當然會認為在規避了土地增值稅，會使稅捐稽徵機關認為是不合常規交易之避稅行為，也會使稅捐稽徵機關加強查核所得作業。

四、稅捐主管機關蒐集房貸資料，了解借款資金之用途及流向。

由於房地產買賣價格較高，大部分都會向金融機關借款支付房地產價金，其交易金額大，稅捐稽徵機關自然會比較重視，會主動了解其借款之資金流向，也有些是父母借款而房地產登記在子女的名義上，是否有贈與稅也是稅捐稽徵機關著重的問題。

五、因繼承或受贈農地，連續五年從未從事農業耕作。

繼承或受贈農地依農發條例之規定可以免稅，但須實際從事農業耕作，如未從事農業耕作其未徵之稅賦當然會補徵。

六、收取大額的土地徵收補償金，追查資金流向。

土地買賣的價金一般都比較大，但由於私人給付的方式不易追蹤，但如有收取大額的土地徵收補償費，是由政府撥付這個金流是可以掌控的，故稅捐稽徵機關必定嚴正關切該大額資金之金流，一旦有贈與給子孫或購買其他房地會視是否有其他稅賦之產生。

七、當年薪資所得成長幅度不高，但財產較以往急遽增加。

一旦薪資所得無大幅的成長，但其財產有大量增加，會使稅捐稽徵機關認為其來源有問題。會要求納稅義務人說明其財產來源，如納

稅義務人說明不明確時，可能會移送洗錢防制單位調查，是否涉及洗錢。

八、無薪資所得資料，但擁有數十萬元以上利息所得。

以現在銀行利息定期利息也只有不到1%的利率，每年擁有十萬元以上利息其存款必須超過千萬元以上，但其又無薪資所得資料，稅捐稽徵機關有理由懷疑必有其他所得未誠實申報，必會列詳查之對象。

九、無固定收入，但擁有三棟以上房屋者。

無固定收入者表示其收入來源屬於偏低，但擁有大量的房屋，其來源會使稅捐稽徵機關認為有重大疑問，當然會要求納稅義務人解釋其財產來源，如是繼承之房屋會再進一步清查有無繳納遺產稅。

十、年齡未滿25歲但有新台幣500萬元以上存款，年齡在25~30歲但有超新台幣1,000萬元以上存款者。

十一、特定人士或知名的演藝人員。

十二、假交易真贈與之情形。

十三、個人帳戶短期內以連續用現金方式提領或存款者。

因應洗錢防制法規範，金融業針對約定帳戶50萬元以上大額轉帳都會註記，稅捐稽徵機關可依照查稅目的追查資金去向，而50萬元以下的頻繁轉帳也會受系統備註，明顯在規避資金查核程序，這反而會引起稅捐稽徵機關的注意。

十四、購買外幣轉匯到子女在國外的銀行帳戶。

12-4 不當稅務調查之救濟

　　人民有依法納稅之義務，但對稅捐稽徵機關作成稅務之行政處分，認為有違法或不當，致納稅義務人有損害其權利或利益者，有申請救濟之權利。透過行政救濟之程序請求稅捐稽徵機關重新審酌，給予公平之核課或處分。惟在調查期間稅捐稽徵機關之調查人員侵害納稅義務人之權益鮮少有學者提及，其所產生之違害程度可能不小於作成稅務之行政處分之違害。

　　稅務調查稅務人員依稅捐稽徵法第30條和所得稅法第80條及83條進行調查，但其調查依稅捐稽徵法第30條第2項規定：「前項調查，不得逾課稅目的之必要範圍。」其稅務調查人員不得逾課稅目的，以調查所得稅為名進行其他稅種之調查，如有逾越課稅目的時納稅義務人得依稅捐稽徵法第30條第3項：「被調查者以調查人員之調查為不當者，得要求調查人員之服務機關或其上級主管機關為適當之處理。」得請求調查人員之服務機關或其上級主管機關為適當之處理，且依稅捐稽徵法第30條第4項之規定納稅義務人提供帳簿、文據時，應於帳簿、文據提送完全之日起，三十日內發還之；其有特殊情形，經該管稽徵機關或賦稅署首長核准者，得延長發還時間三十日，如超過上述期間稅務人員拒絕發還時，納稅義務人也可依本條第3項請求調查人

員之服務機關或其上級主管機關為適當之處理發還之。

　　調查人員依稅捐稽徵法第32條規定：「稅捐稽徵機關或財政部指定之調查人員依法執行公務時，應出示有關執行職務之證明文件，如該執行人員未出示職務之證明文件時，納稅義務人仍得引用該條拒絕其調查。」

　　在稅務調查期間納稅義務人對稅務人員所引用之法源有所疑惑，常會聽到稅捐稽徵機關之稅務人員告知為其稅捐機關之內部規則要求，使納稅義務人不知如何應對，此時納稅義務人應引用納稅者權利保護法第9條第2項：「解釋函令未依行政程序法第一百六十條第二項、政府資訊公開法第八條或其他適當方式公開者，稅捐稽徵機關不得作為他案援用。」，告知稅務人員其內規是不可用來對抗一般納稅義務人。

　　在稅務調查期間捐稽機關常要求納稅義務人提供完整的相關資料以盡協力義務，但依納稅者權利保護法第11條第2項：「稅捐稽徵機關就課稅或處罰之要件事實，除法律別有明文規定者外，負證明責任。」其舉證責任在稅捐稽徵機關者，就應由稅捐稽徵機關負舉證責任，不是一句納稅義務人應盡協力義務，就可使舉證責任倒置，但應由納稅義務人舉證者，納稅義務人千萬不可忽略。如經判斷應是稅捐稽徵機關的舉證責任時，納稅義務人可引用納稅者權利保護法第11條第2項拒絕。

　　依據納稅者權利保護法第11條第4項前段規定：「稅捐稽徵機關為稅捐核課或處罰前，應給予納稅者事先說明之機會。」但在實務上

稅捐稽徵機關常自行進行核課，顯少給納稅義務人說明之機會，甚至有些稅捐稽徵機關自行調整剔除納稅義務人之成本、費用，而無影響稅額時亦不通知納稅義務人，這對納稅義務人權益侵害非常大。

稅捐稽徵機關於稅務調查時，僅對當事人不利之證據調查，而未對當事人有利證據一併進行調查時，按行政程序法第36條規定：「行政機關應依職權調查證據，不受當事人主張之拘束，對當事人有利及不利事項一律注意。」及納稅者權利保護法第11條第1項規定：「稅捐稽徵機關或財政部賦稅署指定之人員應依職權調查證據，對當事人有利及不利事項一律注意，其調查方法須合法、必要並以對納稅者基本權利侵害最小之方法為之。」故稅捐稽徵機關於調查證據時自應就有利及不利納稅義務人之事證，一律注意，不得僅採不利事證而捨有利事證於不顧，依最高行政法院61判字第70號判決、62年判字第402號判決、75年判字第309判決意旨：就受裁處人是否有逃漏稅捐之事實，稅捐稽徵機關仍應調查其他足以認定有構成行政罰要件之事實存在，始得據以裁罰。

SECTION
12-5 面對調查時之保護措施

　　為避免調查人員對納稅義務人為恣意或漫無目的的調查，特別在納稅者權利保護法第12條第1項前段規定：「稅捐稽徵機關或財政部賦稅署於進行調查前，除通知調查將無法達成稽徵或調查目的者外，應以書面通知被調查者調查或備詢之事由及範圍。」稅捐稽徵機關如欲調查納稅義務人必須以書面通知納稅義務人，如調查人員未依規定通知納稅義務人或逾調查或備詢之事由及範圍時納稅義務人應可拒絕，不構成協力義務之違反❶。但法規中並無規定其書面為何類文書，在實務上筆者曾接國稅局以國稅局制式表格但以承辦人個人名義發文，在表格中只有承辦人職章無其他主管或其國稅局代表人職章或名義之文書，此種文書在稅捐機關調查時經常發生。一個行政機關的文書應是代表該行政機關之意思表示，應得到該行政機關代表人或授權之代理人同意方可對外表示，**筆者認為這種非為稅捐稽徵機關之正確意思表示之文書，應視為非書面通知，納稅義務人得拒絕之。**

　　另接受調查時可能納稅義務人不諳法令或不善維護自身應有之權益，依納者權利保護法第12條第2項前段規定：「被調查者有選任代理人或偕同輔佐人❷到場之權利，並得於其到場前，拒絕陳述或接受調查。」一般來說行政訴願和行政訴訟之代理人為律師或會計師，但

在行政調查期間之選任代理人不僅限於會計師和律師，只要是對稅法熟捻且具稅務會計學識，並對該納稅義務人稅務帳務了解者宜，**筆者認為在實務上納稅義務人如遇稅務調查時，最好偕同對稅法熟捻之專業人員一同前往為佳。**

在接受調查期間如對稅捐稽徵機關調查人員是否遵循法律相關規定，而有所疑慮時得依納稅者權利保護法第12條第3項、第4項規定：「被調查者得於告知稅捐稽徵機關後，自行或要求稅捐稽徵機關就到場調查之過程進行錄影、錄音，稅捐稽徵機關不得拒絕。但有應維持稅捐調查秘密性之正當理由，且經記明筆錄者，不在此限。稅捐稽徵機關有錄影、錄音之需要，亦應告知被調查者後為之。」要求錄音或錄影，如稅捐稽徵機關有錄影、錄音之需要，也應於告知納稅義務人後始得為之。

所得稅法第86條規定：「納稅義務人及其他關係人提供帳簿文據時，該管稽徵機關應掣給收據，並於帳簿文據提送完全之日起七日內發還之，其有特殊情形經該管稽徵機關首長核准者，得延長發還時間七日。」但稅捐稽徵法第30條第4項規定：「納稅義務人及其他關係人提供帳簿、文據時，該管稽徵機關或財政部賦稅署應掣給收據，除涉嫌違章漏稅者外，應於帳簿、文據提送完全之日起，30日內發還之；其有特殊情形，經該管稽徵機關或賦稅署首長核准者，得延長發還時間30日。」在所得稅法和稅捐稽徵法中對帳冊發還期限不同，但所得稅法是租稅法的特別法，所以只要是所得稅案件調帳冊時，國稅局的期限只有7日，但經該管稽徵機關首長核准者，得延長7日共14日。

經該管稽徵機關調閱帳簿文據如已超過14日，納稅義務人得求稅捐稽徵機關發還時，但在實務上確實是一難題，稅捐稽徵機關之稽徵能量一直不足，要求調查人員要在14日內看完帳簿文據並分析完畢，實有困難，但調查人員也不可以一種衙門的心態告訴納稅義務人：我沒看完，如遇此種情形納稅義務人可依稅捐稽徵法第30條第3項規定：「被調查者以調查人員之調查為不當者，得要求調查人員之服務機關或其上級主管機關為適當之處理。」請該調查人員之上級主管為適當之處理。可是如國稅局調閱帳冊是所得稅以外案件時則要回歸到稅捐稽徵法的三十日，經該管稽徵機關或賦稅署首長核准者，得延長發還時間三十日共計六十日的規定。關於國稅局調閱帳冊的時限問題，稅捐稽徵法第30條是在民國110年12月17日才修改為30日，而所得稅法調閱期限尚未修法，相信在不久的將來會統一修改為30日，經該管稽徵機關或賦稅署首長核准者，得延長30日，但在尚未修法前我們納稅義務人是有主張的權利，只是沒有必要因期間的問題和國稅局產生不必要的衝突。

　　另在稅務調查期間常會聽到調查人員告知納稅義務人為國稅局之內部規定，進一步要求納稅義務人配合執行，此時納稅義務人可依納稅者權利保護法第9條：「（第1項）主管機關就稅捐事項所作成之解釋函令及其他行政規則，除涉及公務機密、營業秘密，或個人隱私外，均應公開。（第2項）解釋函令未依行政程序法第一百六十條第二項、政府資訊公開法第八條或其他適當方式公開者，稅捐稽徵機關不得作為他案援用。」告知稅務人員國稅局之內規不可以用來對抗納稅義務

人。

　　當然納稅義務人也可依納稅者權利保護法之規定請求各地稅捐稽徵機關內之「納保官」協助，但納保官以任務編組方式指定納保官，組織上不獨立亦缺少民主監督，且由稽徵機關指定內部人員為納保官，運作上有球員兼裁判之弊病❸，僅對納稅義務人有諮詢之作用。

　　筆者認為稅捐稽徵機關如欲對納稅義務人進行調查，應以正確之文書書面通知納稅義務人，如非正確之文書納稅義務人得拒絕調查。在納稅義務人如遇稅務調查時，最好偕同對稅法熟稔之專業人員一同前往為佳，如需錄音、錄影，需依正常程序告知雙方，以維行政程序之完整性。為了保障納稅義務人之權利，稅捐稽徵機關之調查人員應依法於期限內發還帳簿文據於納稅義務人，如在執行時確有困難，應修法延長發還期限以維租稅法定主義原則。在落實對納稅義務人之保護應參照國外之立法例，選派外部人員擔任並獨立於稽徵機關之外（美國規定國家級的納保官任職之前的2年不得擔任稅務官，且自納保官去職後5年內，也不得擔任稅務官）。❹

---

❶ 陳敏，稅法總論，自版，2019年2月，頁666
❷ 輔佐人係指當事人或代理人經行政機關許可，偕同到場，輔助當事人或代理人為程序行為之人。輔佐人應是當事人或代理人足以信賴之人實務上較常出現的輔佐人則為親屬、具有緊密關係之人或專家。
❸ 莊弘仔，納稅者權利保護官現行法制評析，立法院議題研析R00662，2019年3月
❹ 莊弘仔，納稅者權利保護官現行法制評析，立法院議題研析R00662，2019年3月

SECTION 12-6 業務狀況調查紀錄表函查

　　執行業務狀況調查記錄表其調查應是申報前之調查，其調查資料只可是一個參考之依據，另在我國租稅法規內均無稅務申報前調查之法源依據，申報前之調查只是稅捐稽徵機關依職權，為了解執行業務者實際執業情況為之調查，故不可以將訪查資料作為執行業務者實際上之收入依據，況且該調查資料距年終或申報期尚有段時間差。執行業務狀況調查記錄表處罰依據為稅捐稽徵法第46條第1項規定：「拒絕稅捐稽徵機關或財政部賦稅署指定之調查人員調查，或拒不提示有關課稅資料、文件者，處新臺幣三千元以上三萬元以下罰鍰。」該法中「拒絕稅捐稽徵機關或財政部賦稅署指定之調查人員調查」應是指個案調查，而非通案調查時適用，故執行業狀況調查表應是以輔導為主。更何況執行業務者為了避免處罰填寫時均為「亂填或選擇較低收額」填寫，已喪失調查之意義，且執行業務業務調記錄表應適用於收入來源為最終使用者（人民）時始得適用，如牙體技術所之收入來源為牙醫診所，而牙醫診所均須開立扣繳憑單為牙體技術所收入，就不須記錄表函查，最主要是了解其業務特性為主即可。

　　筆者認為執行業務與其他所得者業務狀況調查紀錄表之調查，查無法源依據，故應以輔導為主要手段，不應直接以稅捐稽徵法第46條第1項加以處罰，不然會造成該調查失真情形發生。

12-7　舉證責任與舉證責任倒置

　　稅捐稽徵法第30至34條為稅捐調查之專節，而納稅者權利保護法第11條至16條亦有關調查之規定，但納者權利保護法為特別法應優先適用於稅捐稽徵法，在納稅者權利保法第11條第2項規定：「稅捐稽徵機關就課稅或處罰之要件事實，除法律別有明文規定者外，負證明責任。」故稅捐稽徵機關就課稅之要件事實應負舉證責任，且依據本條第1項規定：「稅捐稽徵機關或財政部賦稅署指定之人員應依職權調查證據，對當事人有利及不利事項一律注意，其調查方法需合法、必要並以對納稅者基本權利侵害最小之方法為之。」對納稅務人有利及不利事項應一律注意，其調查之方式應合法且為必要。

　　而協力義務係基於協同合作理念而生，欲達到能達到平等負擔之理想，協力義務之要求有其界限，不能無限上綱，最重要的是要能符合「比例原則」始可行之，稅捐稽徵機關不何將協力義務當成調查方式之尚方寶劍，動不動就以違反協力義務來強壓納稅義務人要求提供納稅資料。

　　筆者認為在租稅法上課稅要件之要件其舉證責任在於稅捐稽徵機關，而非為納稅義務人，如稅捐稽徵機關要求納稅義務人自負舉證責任時，實稅捐稽徵機關違反了「不自證己罪原則」，有時稅捐稽徵機

關會以未盡協力義務之理由要求舉證責任倒置，就像警政機關在無直接證據時已認定行為人殺人，而要求行為人自己證明未殺人般。

納稅義務人面對稅捐稽徵進行調查時應嚴守舉證責任，應由納稅義務人負擔之舉證責任切不可遲疑。但如為稅捐稽徵機關應負之舉證責任千萬不可被該調查人員之口語之脅迫而屈服。納稅義務人如真未盡協力義務，而稅捐稽徵機關最多可得逕行推計課稅，且如仍有調查之可能時也不應推計課稅，也只是降低其舉證之強度而已，不可以未盡協力義務而要求納稅義務人負舉證責任。

12-8 提示義務與協力義務

　　執行業務者之收入除非直接面對消費大眾，其收入都會有扣繳憑單來提供稅捐稽徵機關進行追踪查核，每每到查稅時期稅捐稽徵機關都會要求執行業務者提供收入明細或收據存根來進行查核，其收入明細或收據存根為課稅之依據，依最高行政法院98年度判字第539號判決：「……如所得稅有關所得計算基礎之進項收入，應由行政機關負舉證責任，……」可知該舉證責任在稅捐稽徵機關，此為捐稽徵機關之責任卻要求納稅義務人提示，這已經違反「不證己罪原則」，而稅捐稽徵機關要求納稅義務人提示其最主要的目的是為方便追查其執行業務者客戶們之課稅資料，而稅捐稽徵機關掌握政府各項資源和資訊，應有查核之能力，要納稅義務人提供實為行政怠惰。

　　筆者認為在最高行政法院之見解中所得計算基礎之進項收入，應由行政機關負舉責任，且依不證己罪原則，執行業務者無直接提示收入明細或收據存根之義務，但仍應負協力義務，以避免稅捐稽徵機關因未盡協力義務來進行推計課稅。

Chapter 13

醫療執行業務者
節稅手冊

TAX
PLANNING
HANDBOOK

SECTION

13-1 執行業務單位特性

執行業務經營四大重點，最重要的是專業技術，其次是經營管理，再來是業務行銷也就是拓展能力，最後就是法律層面，法律層面包括了專業的法律面以及稅務法規在內。專業技術部分大部分是經過國家考試及格取得專業證照才可以執業，應該都沒有問題，但接下來的經營管理、業務拓展能力和法律、稅務法規的能力，就得識執行業務者們的自我進修和社會化程度而來論之了。本書只就稅務法規方面提出建議和實例提供各位參考改進，在執行業務者涉及的行業較多，筆者以比較複雜的牙醫診所和其相關的牙體技術所為例，供其他執行業務者舉一反三加以參考利用。

執行業務者大都直接面對消費者，當然也會有機會是和企業（營業人）交易，但以醫療診所而言，應是直接和消費者接觸，和企業交易可以說微乎其微，這產生了一個執行業務者的特性，也就是收入大部分是現金交易，除了建築師會是由公會轉交、律師由法扶基金會轉帳，其他執行業務者們的收入大部分都是由消費者直接交付，所以造成收入面國稅局的稽核確有難度。所以在各國稅局都會有專門的執行業務股（課）來對執行業務來進行查核。

執行業務在本質上有著營利事業的本質但在法律上卻無營利事業

之人格權，但又可獨立行使業務，在稅務申報上又不適用營利事業的權責制，而適用個人所得稅法的現金制，在會計上執行業務也不適用商業會計準則，在稅務查核上也具有獨立的執行業務所得查核辦法，執行業務者向其專業主管機關申請設立完成後，因執行業務單位會以非營利事業單位開立銀行帳戶及辦理所得稅扣繳申報等，故執行業務單位須向國稅局申請扣繳單位編號，此編號和我們一般公司行號營利人的統一編號是不一樣的，一般營業人的統一編號可以在國稅局或經濟部的網站上都可查詢，但執行業務單位的編號在這些網站上都無法查詢，因為營業人的統一編號配發單位是經濟部或地方政府，而執行業務單位的統一編號是扣繳單位編號是由國稅局配發的，在實務上因為都是八碼，故都會統稱「統一編號」。只是此「統一編號」與營業人的「統一編號」非同一概念，正確應稱之「扣繳單位編號」。

　　所以我們總結一下執行業務單位的特性，最重要的是執行業務單位並非是營利事業，其次執行業務單位大部分是出售勞務或專業，第三是執行業務單位非具有法人格，故不可以有固定資產，第四點是執行業務單位所能出具的原始憑證只有收據，但此收據也並非小規模營業的收據，也就是不適用坊間免用統一發票收據，應使用執行業務專用收據，最後一點執行業務單位出售專業之勞務或專業產品者不必繳納營業稅和營利事業所得稅，唯一所須繳納的稅捐只有千分之四的銀錢收據之印花稅，而且如收受到的是非類現金❶者可不必繳納。但如果出售非執行業務之勞務或銷售貨物時，例如在牙醫診所出售牙刷或牙膏則就屬銷售貨物，應繳納營業稅❷，除了繳納營業稅外其收入也

應併入所得計算盈餘申報合所得稅。

316

醫療機構的經營主體

　　醫療機構的經營主體從稅法的角度，大致可以分成下列四種：

 ## 公立醫療機構

　　公立醫療機構如台北市立聯合醫院、新北市市立土城醫院和國軍各醫院以及各地衛生所等，這些都於政府性質之組織。公立醫療機構大都有兼負著社會責任和政府政策之推動，故可依所得稅法第4條第1項第18點規定，各種所得免納所得稅。

 ## 財團法人醫療機構

　　財團法人醫療機構如財團法人長庚紀念醫院、財團法人奇美醫院、財團法人臺灣基督長老教會馬偕紀念社會事業基金會馬偕紀念醫院等，是屬於非營利性質組織。財團法人是資合之公益團體，平時從事公益、慈善事業分擔政府應從事之社會工作，為所得稅法第11條第4項：「本法稱教育、文化、公益、慈善機關或團體，係以合於民法總則公益社團及財團之組織，或依其他關係法令，經向主管機關登記或立案成立者為限」，依所得稅法第4條第1項第13點：符合行政院規定標準者❶，其本身之所得及其附屬作業組織之所得，免納所得稅。

317

但醫務收入及租金收入、研究計畫收入等提供勞務或銷售貨物所獲得之對價收入,則須計算損益依相關規定繳納所得稅。

社團法人醫療機構

社團法人醫療機構如醫療社團法人光田綜合醫院、天成醫療社團法人天晟醫院、中山醫療社團法人中山醫院、有全醫療社團法人有全牙醫診所、景美牙醫診所、木柵101牙醫診所等,社團法人依法應為人合組織,但醫療社團法人與公司類似為資合與人合併行組織,其盈(結)餘可按出資比例分配予社員,具有營利性質,為所得稅法第11條第2項:「本法稱營利事業,係指公營、私營或公私合營,以營利為目的,具備營業牌號或場所之獨資、合夥、公司及其他組織方式之工、商、農、林、漁、牧、礦冶等營利事業」,應依所得稅法第42條一般營利事業適用之規定免徵營利事業所得稅。

私人醫院、診所

私人醫院、診所就為一般坊間的醫院、診所,多屬於獨資或合夥性質。為所得稅法第11條第1項:「本法稱執行業務者,係指律師、會計師、建築師、技師、醫師、藥師、助產士、著作人、經紀人、代書人、工匠、表演人及其他以技藝自力營生者」,其所得都歸屬獨資或合夥醫師之執行業務所得併入個人綜合所得稅繳納所得稅。

---

❶ 行政院規定標準:非屬銷售貨物或勞務之收入,如捐款收入、利息收入及投資收入等,符合免稅標準,可免納所得稅

SECTION
13-3 收入篇

　　執行業務單位的所得收入認列時點為收到現金時才算收入，也就是所謂「現金收付制」，如果收到的支票也是等到兌現時才承認是收入。醫療診所的收入來源絕大部分有二種來源，一是從健保局所給付的健保給付金額，其次是來自診所的自費金額，當然也會有一部分的收入來源是來自其他的政府部門或其他團體所給付或補助。但診所不是一般的公司或行號，所以不會有統一發票，也不可能會有統一發票。診所是以掛號（含部分負擔）收據向您的病患收款。另外自費的部分，正確是應開立自費收據向您的病患收款，但是每次收費時開立還是療程完畢後一次開立自費收據向病患收款，那要視診所的規定而論，只要是病患向診所索要收據，診所絕不可以拒絕，而牙體技術所筆者**建議**一定要**開立收據**向牙醫診所請款，這是對自我保護，也是對牙醫診所之保護。

　　再此筆者附帶說明，牙體技術所向牙醫診所請款的金額是收入，但對牙醫診所而言是成本費用，這是二件事情不要混為一談，筆者常舉一個賣車的故事，一個客戶向車商買了一輛豪華汽車新台幣600萬元，為了向朋友表示他很有本領，所以他都對朋友宣稱這部豪華汽車只花了新台幣250萬元就可以買到了，就稅法的立場當然可以，因為

他只認了新台幣250萬元為成本，其餘的新台幣350萬元就不能抵成本，如果造成了盈餘那就是需要繳納所得稅。但車商聽說這個客戶的事情所以他在申報時也只報了收入新台幣250萬元，那可就構成了實質的逃漏稅，因為這個車商有新台幣350萬元的收入漏報了。當然會有朋友會說國稅局會從上游回查下游的收入，那請你再回到前面章節再詳讀一下，或請一個對執行業務所得比較熟悉或比較有經驗的會計服務業來進行服務了。

常接到牙醫診所的詢問：用信用卡刷卡來收取自費項目好不好，從現金管理的角度來說這是一個非常好的建議，因為這可以減少了現場工作人員的負擔，也減少了現金存款的程序，也就是利用銀行手續費2～5%來進行管理，從管理的角度而言是非常正確的選擇，但請各位負責的醫師們先等等，靜下心來再仔仔細細的想想，回答下面二個問題後再決定：第一在診間是不是所有的收入都會完整的開立收據（金額會全部開立），其次再想想是誰會取得有這些刷卡的資訊。以上二個問題想清楚了再決定是否要用信用卡刷卡收取自費項目金額，也許又有醫師會問在醫美的診所也有很多都利用信用卡刷卡來取得收入，那他們就沒有問題嗎？對此一問題筆者只能說醫美診所的操作模式和牙醫診所的操作模式不同，醫美診所也付出了相當的代價，那是醫美診所不得不的作法，但對牙醫診所而言其成本是不成比例的，其所花費之管理成本也非牙醫診所所願負擔的。

每年衛福部健保局都會給各醫療院所分列項目明細表，請各位醫師可以拿出每年健保局開立給各位診所的健保給付分列項目明細表

（我們以自費項目較多的牙科診所為例），我們來看看這張明細表中都有著什麼資訊，從下圖中可以看到在第13項人次、第20項根管治療人數、第21項口腔外科門診（含拔牙人次）都是可以很明顯的得知植牙或製作假牙人數，假設根管治療有800人次，口腔外科門診（含拔牙人次）有1,200人次，那您會申報多少自費金額呢？想想看多少的金額才是合理的金額，當國稅局詢問時要如何回答，千萬不要說都到別家診所植牙和製作假牙了。

全民健康保險特約醫事服務機構申請醫療費用分列項目表

1.機構代號：　　　　　　　2.扣繳編號：
3.科別：
4.機構名稱：
5.地址：
6.負責人姓名：
7.身分證號：
8.合約起迄日：

一百零一年一月一日至十二月三十一日止已轉檔檢核之申請資料，本表資料僅供參考，如有異議，請洽各區業務組醫療費用科

　　　　　　　　　9.門診　　%　　　10.住診　　%　　　11.合計　　%
12.醫療費用點數
13.人次(含急診人次)
14.部分負擔
15.藥費(包含藥費部分負擔)
16.藥事服務費
17.免部分負擔人次
18.自然生產人次
19.剖腹生產人次
20.根管治療人次
21.口腔外科門診手術(含拔牙人次)
22.急診人次
23.慢性病連續處方箋調劑人次
行政院衛生署中央健康保險局台北業務組　　　電話：(02)25232388　　　轉醫療費用科
註一、本表申請資料說明：
　　1. 轉檔檢核月份(費用年月：申報次數)
　　　(1)門診送核：
　　　(2)門診補報：
　　　(3)住院送核：
　　　(4)住院補報：
　　2. 轉檔檢核費用年度：人次：部分負擔金額
　　　門診：
　　　住院：
　　3. 門診住院費用年度：免部分負擔人次
　　　門診：
　　　住院：
　　4.項次12「醫療費用點數」含部分負擔。
　　5.項次13.17-23 排除補報原因為補報部分醫令或醫令差額之申請案件。住診之 13.17 項次排除案件分類 AZ【職業傷病住院膳食費】或 DZ【低收入戶住院膳食費】之案件。
　　6.項次14「部分負擔」、15「藥費」、16「藥事服務費」之百分比，係指分別佔門診、住院、合計欄之醫療費用百分比
註二、與本表相關參考資料：
　　1.核定點數(含部分負擔)合計：77930　(一般費用點數：69787　－ 追扣費用點數：0
　　　　　　　　　　　　　　　　　　　＋ 補付費用點數：289 ＋ 部分負擔點數：7854)。
　　　上開核定點數係含該年度 12 月 31 日前已暫付點數，且於次年度 3 月 5 日前核定之點數或尚未核定之暫付點數。
　　2.扣繳憑單給付總額：$ 63154
　　3.總額結算年度：追扣金額：補付金額：95 年以前年度(不含 95 年)：追扣金額 $ 0：補付金額 $　　0

在所得稅法第17條列舉扣除額中醫藥及生育費有規定：「納稅義務人、配偶或受扶養親屬之醫藥費及生育費」，以付與公立醫院、全民

健康保險特約醫療院、所，或經財政部認定其會計紀錄完備正確之醫院者為限。**但受有保險給付部分，不得扣除**」在這條中我們先不要去管是否是全民健康保險特約醫療院、所，或經財政部認定其會計紀錄完備正確之醫院者，我們重點放在「**受有保險給付部分，不得扣除**」上，問題是為什麼稅捐機關會知道受有保險給付，在以往資訊產業尚未發達的時候，都是靠人工申報、人工比對查核，相當費時費工，可能不符稽徵成本，但現在AI的發達，全部都交由AI去做比對的工作，所以只要申請保險給付，所有的資訊最後都會到金融、保險資訊中心，對稅捐稽徵機關而言這是內部資訊，可以立即比對的。另外台灣中部某牙醫診所曾接獲國稅局的通知詢問有一病患是否在此植牙，金額是多少錢等，由此可以推知該病患在申報綜合所得稅時可能未提示醫療自費收據，當國稅局要求提示收據時以遺失為由，告知稅局診所名稱、電話、金額等請求查證以為醫藥及生育費列舉扣除額之金額。

在此筆者必須再大聲疾呼牙醫診所和牙體技術所之間是兄弟關係，甚至可以說是親密關係。真可為「一家烤肉萬家香」，只要一家出事會牽扯出一堆兄弟們出事，那又會再牽扯另一線的兄弟關係出來，最後又可能會又回到你自己的身上，所以兄弟間無論是在任何方面一定常溝通，多配合。

SECTION
13-4　費用篇

　　所有醫療診所的支出都可以列為費用，當然包括了人員薪資、房舍租金、各項權利金支出、進修費用、郵電費、水電瓦斯費等等，只要是和醫療診所經營上有關的支出費用都可列為醫療診所的費用，但因執行業務種類或醫療科別等不同還是會有一些不同的規定。由於執行業務單位是非營業人故所取得的統一發票依統一發票使用辦法第7條第2點規定：「二聯式統一發票：**專供營業人銷售貨物或勞務與非營業人**，並依本法第四章第一節規定計算稅額時使用。第一聯為存根聯，由開立人保存，第二聯為收執聯，交付買受人收執」，應取得營業人所開立的二聯式統一發票為原始憑證。如果交易對象是小規模營業人時就要取得小規模營業人開立的收據為原始憑證，再來如交易對象也是執行業務單位，那就應該取得該執行業務單位所開立的執行業務收據（貼用4/1000之印花稅）。

　　通常一個醫療診所每年一月會開立三種扣繳憑單（以牙醫診所為例），第一是員工們的薪資扣繳憑單或支援醫師們的薪資（代碼：50）扣繳憑單（或執行業務所得（代碼：9A46）扣繳憑單），再來是房舍租金的扣繳憑單，當然假如房屋是負責人或直系親屬所有的就不會有這類扣繳憑單了，最後就是牙體技術所的執行業務所得扣繳憑

Tax Planning Handbook

單了，當然如果沒有假牙製作或所有的假牙、牙套都是牙醫師自己製作也就不會有這項扣繳憑單了，當然這裡還是要請各位醫師們回到上節的分列項目表中去看看合理否，這項的費用支出和你的收入是有相對的關係（**注意！注意！**）。

如果診所和住家在一起要能明確的劃分執業場所和住家，水、電等也一樣要能明確的區分，當然所有的水、電費均可列支費用，如果無法分割，那費用就只能列報二分之一，當然所使用的汽、機車亦同。坊間常聽到有租賃業者說：以租賃的方式由租賃公司開立發票可以達到節稅的目的，這句話對公司、行號來說是對，但對醫療診所而言是不正確的，因為開立發票是有營業稅對公司、行號來說是可達到省到營業稅的效果，但執行業務單是不需要繳納營業稅，多出來的營業稅是不可以扣抵的。如果不是欠缺資金而以現金購買，應該是可以節省利息支出（當然如果利息比通貨膨漲低還是還是比較划算），依加值型及非加值型營業稅法第32條第2項規定：「營業人對於應稅貨物或勞務之定價，應內含營業稅。」所以購買的成本中本來就已含營業稅了，這點請各位執行業務者們要多注意了。

如果有時間不妨回到前面第Chapter 8詳細再看看什麼樣的費用可以扣抵，這裡再將大家常忽略的地方提出來，也許就會使您達到節稅的目的，第一醫療診所的裝潢和醫療設備是以分七年來攤提折舊認費用的，當然必須先取得合法的原始憑證列入財產目錄後攤提折舊的。再來房租必須開立扣繳憑單才能認列費用的，如果租金每次支付超過新台幣20,000元，要先扣10%租金所得預扣稅額以及2.11%二代健

保保費，餘額再給付給房東，如果覺得要代扣還要去繳納稅金很麻煩那就和房東商量每次給付不要超過新台幣20,000元（可以半月給付乙次，也可每週給付）。當然給付給牙體技術所的價金也是一樣每次給付超過新台幣20,000元也是要先扣10%所得稅金和2.11%二代健保保費，和租金一樣如果覺得麻煩就給付時不要超過新台幣20,000元，當然要請牙體技術所開立收據請款（請牙體技術所每次到新台幣20,000元時就開立收據（貼用4/1000印花稅）請款）。如果房屋是自有的而且還在付貸款時，那就必須看房屋所有權人，如果是負責人的那房屋貸款利息就可以成為單位的費用。

關於車輛是否可列入固定資產，那就得視診所的科別了，以牙科來說，因為牙科看診時是需要特殊的診療椅，除非能在車輛上安裝診療椅，否則很難說明該車輛和診所的經營有關係，但外科和內科、骨科、婦產科等都可以外診，牙體技術所也會到牙科診所收送牙模等，其車輛和其經營有著密不可分的關連，故可以成為固定資產以攤提折舊的方式提列費用。其因為車輛所延伸的費用例如：油錢、維修費、燃料稅、牌照稅、停車費等也都可以成為支出費用認列，只是無法要和家用分開者，只能認列二分之一。目前筆者只有一家牙科診所因設立於市郊區交通往返較不便利，但其室內裝潢非常氣派且有格調，該診所為解決病患往返問題，以高級休旅車接送病患，而且每次病患搭乘時均有乘車單上簽名認可，故該車輛可列為固定資產，其所產生之費用當然也可列為支出費用。

所有執行業務者都有可能參加研討會，無論是在國內或國外，但

是只要是參加研討會超過一天者就可以以出差認列費用，出差認列時一定備齊下列文件：第一出差報告單，須記載出差的目的、出差時間、出差地點、接洽人員、洽談（研討）內容，最好能有相片佐證。其次是膳宿費用證明文件，國內就是以統一發票或小規模營業人收據，在國外就是當地所開立的invoice為證明文件。再來交通費證明文件，在國內就是大眾公共運輸工具所開立的票據，在國外搭乘飛機或船時，購票證明（或票根）以及搭機（船）證或invoice也須一併備齊。其中最重要的出差報告，如少了出差報告可能全部所有的費用都無法認列費用。

在執行業務者查核辦法中有列出執行業務者的交際費，但不是所有的執行業務者都有交際費可以列支的，尤其是醫藥業界的醫師、藥師、助產士們是沒有交際費可以列支的，從執行業務核辦法可以得知建築師、保險業經紀人有7%，律師、會計師、記帳士、記帳及報稅代理業務人、技師、地政士等也有5%，唯獨未將醫師、藥師、助產士等列入，但牙體技術師可適用其他類享有3%的交際費。**但醫師、藥師、助產士可依財政部69年5月1日台財稅字第33492號函釋，參加國際社團法人，如國際獅子會、扶輪社等之會員費可認列為交際費。**

牙體技術所其實歸列在執行業務中好像不適當，因為執行業務者大多是以腦力和專業來執業所以執行業務們只有費用而無成本❶，但牙體技術師（士）當然也是以他們的專業技術在執業，可是他們比較像是生產產業，因為牙體技術所是有直接的生產成本，牙體技術所需要製作一個實體的物品，所以牙體技術所需要製作原料來製作生產牙

體（假牙）。在筆者多年的經驗中發現，牙體技術師（士）他們的生產直接成本中原料佔25%至35%間，直接人工成本也達30%，同時他們的間接人工費用也達5%至10%間，管理費用也有5%至10%間，總括其成本、費用就高達70%至85%間，如果管理有疏失其成本、費用就會高達90%以上了，但我們來看執行業務查核辦法中並沒有成本項目，所以在會計帳上就只能使用材料費用列支了，目前牙體技術所都在追求低價承接，這對牙體的品質實有憂慮，在很多牙體技術所而言如果不懂節制成本，可能也只是賺到有錢花，並無實質的利潤，從牙體技術所而言其利潤率大約會落在10～20%之間，如果用費用率（利潤率60%）來申報所得，就好像有些不太合理了。

最後再來談談困擾醫界多年的問題：報備支援醫師其所得是薪資還是執行業務所得，這個問題的來龍去脈在第Chapter 8中有比較詳細的說明。有很多醫師的學長們都會告知，如果是報備支援看診，要請診所開立薪資扣繳憑單，這樣比較不會被國稅局查稅，比較安全。其實這是一個迷思，筆者曾經處理過一個個案，一位醫師報備支援看診七至八家診所，而且都要求診所開立薪資扣繳憑單，不可開立執行業務所得扣繳憑單，最後仍被國稅局查稅，該個案七至八家診所，每家診所每年都只開立二至三萬元的薪資扣繳憑單，實在是不合理，所以一定是會被查核，其實國稅局查稅不是以開立何種扣繳憑單來論定，而是以是否合理為前提。

報備支援醫師以報備支援方式至他醫療機構看診之醫師，為了能分清醫療責任和成本的問題，大都是和醫療機構採用拆帳分成的方式

結算，並且醫師看診都是以自己的醫學學識自行判斷診療的方式和給藥，而醫療機構之負責醫師大部分也只有要不要聘任的問題，而沒有指揮監督的過程，實在是不符合僱傭的條件，反而比較符合委任的條件，所以從事情的本質上來看實應以執行業務所得為宜，但在實務上由於現行所得稅法中薪資扣除額有20萬元的免稅額，有很多醫師都希望以薪資所得發放降低所得淨額，但如以薪資發放支援醫師就醫療診所而言是會有2.11%的二代全民健康保險費之支出，如果以執行業務所得開立扣繳憑單，其所產生之二代全民健康保險費，依法規規定應由納稅義務人負擔，所以控制得當時其支援醫師和醫療診所雙方皆可以省去這2.11%二代全民健康保險費之支出，而且支援醫師在申報綜合所得稅時還有10%的成本可以扣除。

---

❶ 成本和費用區別：成本即可以歸於收入者，而費用是無法歸入收入者。例：製造業必需要有原材料和直接生產之勞工，始能製造出產品，此時材料和直接勞工即為成本，而在辦公室支援之行政人員，與生產無直接相關就為費用非為成本

結算申報與稅務調查

　　以往持醫師的證照到銀行辦理貸款時，就像通行護照一樣，不需要任何資產證明或薪資證明，憑藉著一張醫師證，就可以輕鬆的貸到所需要的款項金額，但隨著洗錢防制法的實施和各項法令趨向嚴格，這種現象已經不復往常這麼的方便了，為了證明醫師收入具有還款能力，所以醫療診所的稅務申報也日趨重要了。

　　在實務上執行業務申報方式有下列四種：第一依帳載數核實申報，簡稱查帳申報，第二種是依財政部頒定標準申報，簡稱費用率申報，再來就是按前三年平均純益率申報，最後就是按書審純益率標準申報。前二種是現在坊間常用的申報方式，第三種依執業務所得查核辦法第8之1第2項規定是當年度因不可抗力因素使原始憑證滅失，始可使用前三年平均純益率申報，而國稅局為了簡化執行業務所得之稽徵特別訂定了簡化查核目表以利適用，最後一種書審純益率標準申報在稅法上是查不到任何法源依據，而且也沒有辦法找到其成就的原因，也許是國稅局為簡化稽徵所特別訂定的稽徵的方式。

　　查帳申報適用剛剛新設立之醫療診所，新設立的醫療診所的裝潢、機械器具設備等都是新的資產，而所費不貲，有些會列為固定資產用分攤折舊方式提列費用，有些可當年度就認列費用，再加上設立之初

　　的開辦費用鉅大，所以在結算後可收入會小於支出的費用，故較適用查帳申報，但唯一需要開業時所有的原始憑證完備才行。

　　費用率申報適用於參加全民健康保險之醫療診所，各位醫療診所的負責醫師仔細算一下，全民健康保險收入每核定的點數中就有0.8元的費用，掛號費收入也有78%的費用，自費收入部分也有40%的費用，整體核算下來一家參加全民健康保險的醫療診所的毛利盈餘約在25%至30%左右，如無自費項目自醫療診所其毛利盈餘也只有20%左右，以節稅的角度而言當然是以費用率申報最為適當。

　　稅務調查是所有執行業務者們，尤其是醫療診所負責醫師最為煩惱的問題，筆者建議如果補稅金額不高，為了節省時間和麻煩就直接承認補稅，但如果補稅金額很高建議一定要請專業人士（最好是您的會計服務人員）來向國稅局進行協談和調查。

　　如果在進行稅務調查時，請回到前面的章節再詳細閱讀，相信對您有絕對的幫助。在坊間常聽到有人說國稅局會到執業地點將電腦帶走、查扣帳冊等，筆者也有曾親耳聽到稅務人員說；會監聽手機通訊等，這些都是非常侵犯人權的作為，已經違反憲法保障人民權益了，其實這些只會發生在重大逃（漏）稅時國稅局才可依稅捐稽徵法的規定向法院申請搜索票，才能進行搜索，監聽那更是無稽之談了，中華民國還是一個法治國家，不可能讓一個無司法權的單位從事司法警調單位的工作。但是各位也千萬不可小看了國稅局稅務人員的調查稅務時的功力。可能大家會問國稅局為什麼會查他？原因是什麼？筆者從多年經驗整理原因如下：第一可能是檢舉，這有可能是您的競爭對手，

也有可能是對您不滿的員工，也有可能是對您服務不滿意的顧客，這其中以員工的檢舉殺傷力最大，因為他們在你執業地點服務過，手上的資料比較正確，也可以說一擊即中。再來就是申報數據和國稅局資料差異過大，在牙體技術師法剛立法完成時，國稅局對牙體技術所的材料費用還沒有完整資訊時，凡核實申報者大都會要求提供帳冊以利稅務調查，原因是國稅局認定牙體技術所的材料費用比例偏高，他們內部認為其材料費用不會超過17.7%，經筆者與稅局人員當場核算後確認其材料費用比例大都落在30%上下，才降低了查核機會。當然大多數的查核是國稅局訂定的專案查核，國稅局會在適當的時候，對特定的執行業務業別訂定專案查核，此時可能就是國稅局亂槍打鳥的時候了，只是專案的業別都可能被選定為查稅對象。最後就會是從綜合所得稅申報時的醫療費用收據來勾稽，納稅義務申報綜合所得稅時，選擇採用列舉扣除額時醫療及生育費必須提示收據，其收據會由財政部金資中心進行總歸戶，這時和醫療診所申報之收入不符時就會進行稅務調查。

　　另外當您的執行業務單位前後三年間無論收入或費用差異過大或是印花稅申報金額與實際申報金額不符時，也都有可能成為調查的對象，另外坊間也有傳說，執行業務單位的收入應該要每年提高，這也是一種誤傳，從事業務都會因為景氣的影響有高有低，不會每年都只有成長，只不過執行業務單位的業務來源除非有重大的事情，其收入應該上下起幅不會太大，也由於執行業務是採現金收付制故只有在收入實際入帳時才列入收入，可是當向業主請款時就要交付執行業務收

據請款，如果採用印花稅總繳的單位，就有可能產生印花稅申報金額和實際申報金額不符的情況，此時就要需要做比較多的解釋和書面工作。

從以往的經驗中國稅局查稅的方式除了調閱帳證外，也會從金流方面著手調查，但調查金流對國稅局來說是一項非常重大的事情，畢竟這是有侵害人民權益的問題，它有一定的限制存在首先必須是逃（漏）稅達一定金額者，再來由辦稅務員上簽呈經單位主管同意後，一路要到國稅局長的同意，才能調閱個人金流。所以這會是國稅局調查稅務上比較後段的手段，目前由於資訊的發達，各種公開資訊的取得非常方便，資訊流也是國稅局常用的方法之一，最近一種新的調查方法就是物流，因為物流是屬於成本費用面其舉證責任在納稅方，故可從物流中獲得相當多的資訊以利稅捐的查核，且納稅方又不得加以拒絕，可謂是目前較厲害的一招。

執行業務的申程報流程在目前的法規定並沒有明確的規定，筆者建議還是先行申報執行業務所得後，再依所申報的盈餘申報個人綜合所得稅。

13-6 案例分享

　　本節筆者提供在執行業期間所親手經歷處理過的幾個比較重大的案例，供各位參考，以免犯了相同的錯誤。

案例一：以鉅額貸款購入豪宅，為了節省利息一次以現金清還貸款。

　　這是發生台灣中部的個案，有某一知名的牙醫師因其醫術高明，所以診所病患非常多，但每年申報所得時只申報約一佰萬至二佰萬元收入，扣除免稅額、扣除額後，只有約一佰萬元上下的所得，但他是一位非愛護家人的好丈夫、好爸爸，所以特別用新台幣八千多萬元購買一間豪宅，想讓家人生活比較舒適，但也為了避免國稅局的疑問，其中有六仟多萬元以向銀行貸款的方式繳納房款。因為該名牙醫師從學長的口中得知國稅局會查金流，所以他也做了萬全的準備，執有大部分的現金，他的太太也是一位美麗又賢惠能幹的女人，在家相夫教子。

　　可是銀行貸款六仟多萬元，每個月光是利息支出就多達六萬多元，在賢惠能幹的太太眼中實在覺得有些不捨，想著反正手上有著現金盤算著如果省下來的利息都可以買好幾個LV的包包了，於是第二個月就

以現金將銀行所有的貸款還清，真是感覺到無債一身輕。可是好日子剛過月餘，就接到國稅局的電話，請該知名牙醫師到國稅局說明資金來源，以他的收入每年約一佰萬的收入，不吃不喝也要五、六十年才有這些金額數目，在調查期間醫師曾主張是向父母親及親友借款，這是非常不智的主張，因為這又會使父母親和親友牽扯進來，最後只好承認收入，國稅局主張補稅加罰共近千萬元。

本案例前面的準備充分，唯一問題就是一次以現金將高額貸款還清，會使國稅局有理由懷疑有漏稅之嫌，因其所得申報與其償還金額明顯不符，尤其在洗錢防制法實施後，這些未曾爆光的金額很難再回到抬面上來，凡走過必留下痕跡，現在最佳的策略是適當的爆光所得。

案例二：國稅局調查銀行存款時不是看餘額，而是視存入的總金額

這件是發生台灣北部地區的案件，一位知名整形醫生剛從公立醫院離開，自行開業約五個月，因被國稅局查稅經朋友介紹請筆者協助，當這名醫師向筆者陳訴案情時，當時筆者也覺得應該不會有太大的問題，可能只是醫師對稅法不是非常了解，希望筆者陪同至國稅局解釋而已，因為國稅局也是因為資金與收入不相當，請納稅義務人說明，而當事人只提供了存摺的最後一頁表示其存款額不高。

到國稅局時從稅務員得知，該醫師的夫人是某牙醫診所的開業負責醫師，因為該診所也有漏報所得之嫌，所以報准進行金流查調，當國稅局調查金流時其三等親都在調查範圍，此時發現這位整形醫師有

不正常的資金流入，故又重立新案調查。經國稅局調查資料得知：1.一年有300次在同地點銀行的櫃員機存入現金，每次金額約新台幣七萬元至十二萬元間，附存款明細表舉證（含時間、地點、金額）；2.該醫師擁有六輛高級跑車，其中有四輛非登記在醫師名下，但購車款是該醫師支付的，並且告知車輛分別停放不同地點，附照片舉證。

　　很多醫師一旦國稅局查詢銀行存款時，都只會提供銀行存款餘額，而本案例的重點不是銀行存款餘額還有多少錢，在國稅局的立場只管收入（所得）是多少，不會管你的支出是多少，因為只要有收入就必須繳納所得稅，所以國稅局只會累加你所有的存款金額。在本案例中納稅義務人完全無法辯解，只能承認收入最後的爭執是薪資所得還是執行業務所得，如果以薪資所得將無任何成本可以扣除，但以執行業務所得（9A64）將可取得10%成本為扣除額繳納，經再三協談達成以執行業務為其所得計算所得稅，並採分期付款的方式繳納。

案例三：我的植體是大批買入，比較便宜

　　這是發生在數年前某著名植體廠商依國稅局的要求提供銷售資料所造成在台北市牙醫診所被查核的案例，該牙醫診所是合夥經營診所，突然被國稅局求提供自費收據存根聯感覺不安全，經他人介紹請筆者協助的案例，在筆者提供協助前該診所負責醫師已依國稅局的要求提供了病患自費收據影本，也被國稅局要求補稅約一萬多元了。

　　國稅局依然要求該診所提供植體的庫存資料，這說明一下當國稅局要求庫存的資料時納稅義務人就舉證責任❶而言是不可拒絕的，如

果拒絕則稅務機關可依未盡協力義務❷，採用推計課稅那對納稅義務就會有不可預計的問題。此時只會以庫存資料需要整理為由要求給予較長時間整理後再給庫存資料，國稅局應無理由拒絕。給完庫存資料後約一週國稅局來公文訂定了時間要至診所清查庫存，本案例立即回文國稅局和病患醫療時間衝突，要求改訂日期（並自行訂定日期），國稅局以電話告知同意延期。清查庫存日國稅局要求筆者一定要在場為見證人，同時發現國稅局來清查庫存的人員並不是審二課的稅務員而是審四課的稅務員❸，使筆者頓時感到壓力。清查時就告知以植體為主，並以尺寸規格為依據單個清查，並經三方確定盒內是否有植體，耗時六個小時才清查完畢，也要求國稅局稅務員、診所負責人、見證人三方簽名認同。查完庫存後約一週後國稅局通知與診所申報庫存短缺七支，此時只能承認為該等待時間病患才植完成，為本年度收入。但又經一週後國稅又通知診所申報數與近五年來實施植體數之總合與供應商所提供之資料總合相差有百餘支。經與國稅局稅務員再三協談和調閱資料確認後承認五年來短報約四十支植牙收入，同意補這四十支植牙收入所得稅結案。

　　本案例中這位牙醫師的人緣是非常好的，可以在這麼短時間達到庫存數，但也冒了很大的風險。可能會有醫師在怪材料商為什麼要給國稅局資料，這是因為材料商是營業人他們牽扯的範圍太廣了，而且他們大部分是進口商在海關進口時，就已建檔完畢，進多少賣多少國稅局是清清楚楚，他們開立的三聯式發票也是清楚顯示流向，不提供可以嗎？尤其是大批量購買沒有庫存是不可能的，如何管理庫存也是

診所的一大課題，筆者知道材料商近年來品牌比較多，故且在業務上也來比較靈活了，這也是診所的一大福音。

案例四：房子是我的，可是租金我又沒收到

　　這個案例是一位執業許久比較傳統的自行開業牙醫師，在台灣北部地區執業多年都是以費用申報所得，一直都沒有任何問題，但突然收到國稅局的通知有漏報所得稅，剛開始醫師還自信滿滿回國稅局沒有任何漏報事宜。直到國稅局正式行文要求至國稅局解釋，醫師才覺得問題好像不小，也是經友人介紹請筆者協助。

　　其實本案的起因是該醫師數年前繼承家中長者在台灣中部的一間房屋，因為他在北部工作所以就將房屋全權交由他大哥保管、處理，也是因為房屋已年久失修，所以他大哥就花一些錢幫忙整修了一下租了出去。醫師的收入本來就比他大哥好，所以租金也就一直由他大哥收取了，但租客申報綜合所得稅時申報了房屋租金支出扣除額，因而在總歸戶時發現醫師應有租金收入而未申報，才通知有漏報所得事情，而醫師自認為租金是他大哥收取的，他又沒有收到所以沒有收入，才回國稅局沒有漏報事宜，國稅局才立案調查，不查不知道一查才發現該醫師的自費收入從十五年前至今的金額都完全一樣，而且在十五年前就屬偏低與其健保收入完全不成比例。本案例經筆者和國稅局協談以當年度提高合比例的自費收入，增加前二年每十萬元自費收入和租金所得結案。

　　本案例的重點在於千萬不要因為其他的原因而遭到稅務調查，所

有的稅務的申報在財政部國稅局的資料中都會一定的比例，這些比例也是AI查稅的依據，不合比例的電腦就會跳出異常，就會成案調查，所有的比例只要均符合正常的比例，只能說第一關過關了，但後面還有專案查核、檢舉等等因素存在，國稅局人力有限可是稅務案件太多了，但電腦跳出的案件、長官交待案件是必查的，所有的納稅義務人應切記。

❶ 參考 Chapter 11
❷ 參考 Chapter 9
❸ 審二為專門查核執行業務單位，審四是專門查核營業稅單位

13-7 新的組織型態・新的稅務

　　在本書我們只談節稅，如果是避稅是在灰色地帶者尚可接受，但如有逃（漏）稅就千萬不可嘗試，稅捐法律和洗錢防法的修正通過將逃漏稅捐定為重罪，可不是以住補稅加罰可以解決的，這可是有刑事責任的，而且其罰金金額也增加了數倍，在本書的最後謹提出下列二個方式可以充分達到節稅效果，但如何運用還請您和您的會計服務業者及法律服務業者洽談出最適合您的方式。

 善用合夥制度

　　無論是使用何種方式申報執行業務所得，合夥❶經營方式可以說是最直接且可以達到節稅目的的方法之一。但如以合夥經營千萬不可以假合夥來達到節稅目的，否則非常容易出現被國稅局查核的情事發生。合夥的出資方式有非常的多，以民法第667條規定為原則，可以是金錢、其他財產權、勞務、信用或其他利益，其合夥人必須同時具備執行業務資格始可成立合夥組織，如果以合夥組織經營執行業務單位，所有合夥人皆可以發放薪資，以現行所得稅薪資免稅額規定每人每年有新台幣20萬元，這薪資如在純益率偏低時，還可以併回盈餘用來提高純益率，可以說是有雙重目的的項目。

　　合夥經營組織必須簽訂合夥契約，契約中應記載事項有合夥主體包括執業單位名稱、執業地址、合夥人姓名、身分證字號、戶籍地址，合夥出資方式及合夥比例，各合夥人盈餘分配比例及方式，財務收支處理方式，另外合夥人是否可支領薪資及薪資發放標準也須一併記載，否則依執行業務查辦法規定如未記載時在查稅時合夥人薪資會遭國稅局剔除。合夥經營組織於結算完畢後於每年五月申報執行業務所得後將盈餘分配表交由合夥人申報綜合所得稅申報事項。

　　如以合夥組織經營應向國稅局申報變更組織，並注意是否有定期召開合夥經營會議，且保留記錄。再來盈餘分配時是否有保留記錄或轉帳資料，這都是國稅局認定是否假合夥的重要依據。

善用醫療社團法人

　　醫療社團法人是一個建立在資合基礎上的人合組織，與公司法的公司組織相當，只是公司是以營利為目的的社團法人，而醫療社團法人是以醫療為主要目的，營利為輔的社團法人，醫療社團法人每一社員不問出資多寡，均有一表決權，但也可以依章程訂定，按出資多寡比例分配表決權，這也和公司法中的有限公司相同。而設立人數最少需要四位，就舊公司法中股份有限公司的三董一監的規定相同，董事人數少三人最多九人為限，但其中要有三分之二以上應具醫師及其他醫事人員資格，外國人充任董事時，其人數不得超過董事總名額的三分之一，而並不得擔任董事長。監察人其名額以董事名額之三分之一為限，不得兼任董事或職員；其他的法人組織是不可以成為醫療社團

法人之社員。

　　醫療社團法人的社員按其出資額，保有對法人之財產權利，並依其自己意願將其持分全部或部分轉讓於第三人，只有擔任董事、監察人之社員如將其持分轉讓於第三人時，應向中央主管機關報備。醫療社團法人之資本額委託會計師查核簽證，如由私立醫院改設醫療社團法人及其後續擴充者，設立或擴充急性一般病床及慢性一般病床，每床應有新臺幣六十萬元之淨值；設立或擴充精神急性一般病床及精神慢性一般病床，每床應有新臺幣三十萬元之淨值。但病床總數於九十九床以下者，得以土地及建物全部自有之公允價值加計百分之八十作為其必要財產之最低基準，設立診所者，應有新臺幣一億元之淨值。後續擴充者，其自有之土地或建物各達百分之二十五以上，或土地達百分之五十以上，並以公允價值核實計列，但承租公有或公營事業之土地、建物者，不在此限。

　　醫療法人會計年度，採曆年制；會計基礎，採權責發生制與執行業務單位採現金收付制不同。醫療法人之財務報告，應經會計師查核簽，其結餘之分配，應提撥百分之十以上，辦理研究發展、人才培訓、健康教育、醫療救濟、社區醫療服務及其他社會服務事項基金；並應提撥百分之二十以上作為營運基金。

　　醫療社團法人與公司類似為資合與人合併行組織，其盈（結）餘可按出資比例分配予社員，因醫療社團人具有營利性質，應為所得稅法第11條第2項規定之營利事業，適用所得稅法第42條之規定免徵營利事業所得稅，而分配予社員之盈餘，則要併入社員個人綜合所得中

申報課稅。

　　醫療社團法人之組織運作類似公司之組織運作，有下列優點：第一引進專家管理；一般的醫療院所，由醫師兼任行政業務之管理，常常力有未逮，如以醫療社團法人經營則由董事會負責行政業務管理，可引進非醫師但有經驗之管理長才之人擔任董事，有助醫療院所合理化之經營。再來就是資金募集較易；醫療院所的設立所需資金十分龐大，非醫師少數個人即可達成，改以醫療社團法人，由社員集體出資，較易募集所需資金。最後就是可以具備法人資格；一般的醫療院所是不具法人資格，所以其不動產僅能登記在負責醫師個人名下，如以醫療社團法人則醫療院所之不動產即可合法登記於醫療社團法人名下，從事一般的行為時就都具備了法人資格。

　　以醫療社團法人經營醫療院所，由董事會組織運作，其各項制度會諸多的限制和管理，例如財報必須經會計師的查核簽證，但可引進專家做合理化之經營，而且透過社員出資可以得較多資金，也可多家院所連鎖經營，是一個比較合乎現代化經營管理的組織型態。除取代傳統醫師個人方式外，並將可與原有的醫療財團法人分庭抗禮。再者醫療社團法人之相關稅負，亦比醫師個人方式更為有利，故醫療院所組織型態將會是一股潮流，值得期待，惟其操作有其一定困難度，建議還是要和會計服務業或法律服務業們的專家諮詢和合作才能達到事半功倍之效。

----

❶ 參考 Chapter 8

參考文獻

1. Dieten Birk，Deguo Shuifa Jiaokeshu，徐妍譯，德國稅法教科書，13版，北京大學出版社，2018年5月

2. 山林良夫，山本清次著，徐啟貞譯，稅務調查之要點與對策，財政部財稅人員訓練所，1985年

3. 王建煊，租稅法，自版，1997年8月

4. 王樺宇，劉劍文，兩岸稅法比研究，北京大學出版社，2015年1月

5. 王澤鑑，民法概要，增訂二刷，作者出版，2008年1月

6. 王澤鑑，債法原理，增訂三版，作者出版，2012年3月

7. 朱政勳，稅法上舉證責任之研究——以稅捐核課處分致溢繳之退稅請求權為例，私立東海大學法律學研究所碩士論文，2011年7月

8. 朱敏賢，政爭訟舉證責任分配之研究，輔仁大學法律學研究所碩士論文，2000年7月

9. 江彥佐，論稅務訴訟舉證責任及其在遺產稅債務關係之適用，東吳大學法律學研究所碩士論文，2006年1月

10. 何怡登，賴育邦，羅光達，徐崑明，我國綜合所得稅單位修正方案評析，當代財政第29期，2013年5月

11. 吳志正，債編各論-逐條釋義，元照出版有限公司，2019年9月

12. 吳東都，政法院關於舉證責任判決之回顧與展望，台灣法學雜誌第34期，2002年5月

13. 吳欣惠、陳國樑，擴大書面審核制度之檢討與修正，月旦財稅實務釋評，第11期，2020年11月

14. 吳欣龍，論所得稅法-以執行業務為中心，世新大學法律碩士論文，2021年12月

15. 吳金柱，所得稅法之理論與實用（上），五南圖書公司，2008年4月

16. 呂麗娟，保證金與實質課稅原則之研究——以釋字第500號解釋為中心，2001年，中正大學會計研究所

17. 李惠宗，王樺宇，劉劍文，兩岸稅法比研究，北京大學出版社，2015年1月

18. 沈冠伶，舉證責任與證據契約之基本問題——以作業系統裝置契約之給付不完全為例，台灣法學雜誌第36期，2002年7月

19. 林大造，簡錦川譯，所得稅之基本問題，財政部財稅人員訓練所，1984年2月

20. 林江亮，非營利組織所得稅理論與實務，2019年9月

21. 金子宏，蔡宗羲譯，租稅法，財政部財稅人員訓練所，1985年3月

22. 姜世明，民事訴訟法總論：第三講辯論主義，月旦法學教室第23期，2004年9月

23. 姜世明，新民事證據法論，新學林出版公司，2004年1月

24. 姜世明，舉證責任法，月旦法學教室第30期，2005年5月

25. 柯格鐘，我國夫妻稅制根本問題——大法官696號解釋之後（上），稅務旬刊第2245期，2014年2月10日

26. 柯格鐘，所得稅法之薪資所得與應扣繳薪資所得客體的採討（下），台灣本土法學雜誌第65期，2004年12月

27. 柯格鐘，稅捐稽徵協力義務、推計課稅與協力義務違反的制裁——以納稅者權利保護法第14條規定討論與條文修正建議為中心，台北大學法學論叢110期，2009年2月

28. 柯格鐘，量能課稅原則與稅捐優惠規範之判斷——以所得稅法若干條文規定為例，月旦法學雜誌，2018年5月

29. 柯格鐘，論所得稅法上的所得概念，臺大法學論叢第37卷第3期，2008年9月

30. 柯格鐘，論營所稅之擴大書審制與中小型企業所得課稅法制，月旦財稅實務釋評第17期

31. 洪家殷、江彥佐，漏稅處罰訴訟案件舉證責任之研究——以漏稅之故意或過失為中心，月旦財經法雜誌第11期，2007年12月

32. 翁武耀，義大利稅法要義，元照出版有限公司，2021年7月

33. 袁璨，民國所得稅法律制度研究——以稅公平原則為視角，中國人民大學出版社，2018年9月

34. 張進德，誠實信用原則應用租稅法，元照出版公司，2008年10月

35. 張鈞甯，我國演藝人員經紀管理之法制問題，中央大學產業經濟研究所碩士論文，2011年

36. 張巍，中國需要現代的個人所得稅，浙江工商大學出版社，2015年12月

37. 莊弘仔，夫妻所得合併申報制度之研析——兼評行政院所得稅法第15條條文修正草案，立法院專案研究報告，2013年5月1日

38. 莊弘仔，所得稅扣繳處罰規定之研析，立法院專題研究A01468，2019年1月22日

39. 莊弘仔，所得稅扣繳義務人規定之研析，立法院研究報告R00306，2017年11月

40. 莊弘仔，納稅者權利保護官現行法制評析，立法院議題研析R00662，2019年3月

41. 陳可粵，我國所得稅制度之演變，台灣商務印書館，1986年10月

42. 陳敏，租稅債務關係之成立，政大法學評論第39期

43. 陳敏，稅法總論，自版，2019年2月

44. 陳敏，德國租稅通則，司法院，2004年8月

45. 陳清秀，稅法之基本原理，三民書局，1993年

46. 陳清秀，稅法各論（上），元照出版有限公司，2016年3月

47. 陳清秀，稅法總論，元照出版有限公司，2018年4月

48. 陳清秀，演藝人員的所得歸屬，月旦法學教室第190期，2018年8月

49. 森炎，詹慕如譯，死刑肯定論，遠足文化，2019年

50. 黃士洲，擴大書審稅制的法律觀點——從租稅法律主義、量能課稅原則切入，月旦財稅實務釋評第14期

51. 黃茂榮，承攬（一），植根雜誌，25卷1期，2009年1月

52. 黃茂榮，稅法總論，植根法學，2007年11月

53. 黃茂榮，稅捐的構成要素，經社法制論叢第6期

54. 黃茂榮，債法各論第一冊，增訂二版，植根法學，2006年9月

55. 黃榮茂、葛克昌、陳清秀主編，稅捐稽徵法，元照出版公司，2020年3月

56. 楊淑文，從特定類型之實務見解觀察舉證責任分配之判斷標準（上），台灣法學雜誌第60期，2004年7月

57. 楊淑卿，擴大書面審核制度在數位經濟時代下之興革建議，財稅半月刊，第42

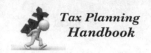

卷第6期

58. 楊葉承、宋秀玲，稅務法規理論與應用，新陸書局股份有限公司，2015年10月

59. 葛克昌，房地合一稅及其憲法課題，會計師季刊，第267期，2016年6月

60. 葛克昌，所得稅與憲法，翰蘆圖書出版有限公司，2009年2月

61. 葛克昌，租金管制與所得調整，收入所得稅與憲法，翰蘆圖書，2009年2月

62. 葛克昌，納稅者權利保護法析論，元照出版有限公司，2018年1月

63. 潘明星，論中國大綜合分類個人所得稅制改革，所得稅法基本問題暨2018年灣最佳稅法判決，財團法人資誠教育基金會

64. 謝世峻，綜合所得執行業務所得查核研究，長榮大學經營管理研究所碩士論文，2006年7月

65. 謝哲勝，房地合一課徵所得稅修法簡介與評析，月旦法學雜誌，第247期，2015年12月

附　件

附件一　營利事業所得稅擴大書面審核實施要點

一百十年度營利事業所得稅結算申報案件擴大書面審核實施要點

一、為簡化稽徵作業，推行便民服務，特訂定本要點。

二、凡全年營業收入淨額及非營業收入【不包括土地及其定著物（如房屋等）之交易增益、一百十年七月一日以後交易符合一百十年四月二十八日修正公布所得稅法第四條之四規定之房屋使用權、預售屋及其坐落基地、股份或出資額之交易增益暨依法不計入所得課稅之所得額】合計在新臺幣三千萬元以下之營利事業，其年度結算申報，書表齊全，自行依法調整之純益率在下列標準以上並於申報期限截止前繳清應納稅款（含一百十年七月一日以後交易符合一百十年四月二十八日修正公布所得稅法第四條之四規定房屋、土地、房屋使用權、預售屋及其坐落基地暨股份或出資額所得應納稅額；另獨資、合夥組織應辦理結算申報，但無須計算及繳納應納稅額）者，應就其申報案件予以書面審核：

（一）稻米批發；農產品（花卉）批發市場承銷；農產品（活體家畜、家禽）批發市場承銷；農產品（果菜）批發市場承銷；農產品（魚）批發市場承銷 ………………………………………………………………………… 1%

（二）豆類、麥類及其他雜糧買賣；國產菸酒批發；進口菸酒批發；金（銀）條、金（銀）塊、金（銀）錠及金（銀）幣買賣；菸酒零售；稻米零售；計程車客運 ………………………………………………………………… 2%

（三）未分類砂、石採取及其他礦業；其他動植物油脂製造；其他碾穀；動物飼品製造；粗製茶；精製茶；成畜批發；成禽批發；魚類批發；其他水產品批發；麵粉批發；鹽批發；廢紙批發；廢五金批發；其他回收物料批發；水產品零售；汽油零售 ……………………………………………… 3%

（四）農、林、漁、牧業（農作物採收除外）；大理石採取；金屬礦採取；

　　　　紡紗業（瓊麻絲紗（線）紡製；韌性植物纖維紡前處理除外）；織布業（玻璃纖維梭織布製造；麻絲梭織布製造除外）；織帶織製；針織外衣、襯衫製造；針織毛衣、毛褲製造；其他針織外衣製造；針織內衣製造；束衣製造；合板及組合木材製造；竹製品製造；堆肥處理；蛋類買賣；動物飼品批發；刷子、掃帚批發；未分類其他家用器具及用品買賣；液化石油氣批發；桶裝瓦斯零售；寵物飼品零售；遊覽車客運；汽車貨櫃貨運；搬家運送服務；其他汽車貨運；市場管理；綠化服務；未分類其他組織 ·· 4%

（五）矽砂採取；砂石採取；冷凍冷藏水產製造；豆腐（乾、皮）製造；豆類加工食品（豆腐、豆乾、豆皮、豆腐乳、豆豉、豆漿除外）製造；代客碾穀；紅糖製造；毛巾物製造；梭織運動服製造；襪類製造；皮革及毛皮整製；整地、播種及收穫機械設備製造；拉鍊製造；綜合商品批發；蔬菜買賣；水果買賣；畜肉買賣；禽肉買賣；豆腐批發；豆類製品零售；絲織、麻織、棉織、毛織品買賣；家電（視聽設備及家用空調器具除外）買賣；家用攝影機買賣；照相機買賣；金（銀）飾買賣；合板批發；砂石批發；柴油買賣；汽車輪胎買賣；超級市場；直營連鎖式便利商店；加盟連鎖式便利商店；雜貨店；未分類其他綜合商品零售；零售攤販業；團膳承包；學校營養午餐供應；影片及電視節目業（電視節目製作；電視節目代理及發行除外）；展示場管理；複合支援服務 ······ 5%

（六）產業用機械設備維修及安裝業（鍋爐、金屬貯槽及壓力容器維修及安裝；船舶維修；航空器維修除外）；受污染土地整治；營建工程業（住宅營建；納骨塔營建；其他建築工程；冷凍、通風、空調系統裝修工程；其他建築設備安裝除外）；加盟連鎖式便利商店（無商品進、銷貨行為）；餐盒零售；短期住宿業；電視節目製作；電視節目代理及發行；廣播節目製作及發行；廣播業；電視節目編排及傳播業；不動產投資開發；廣告業（其他廣告服務除外）；商業設計；燈光、舞台設計服務 ··· 7%

（七）納骨塔營建；保健食品買賣；附駕駛之客車租賃；報關服務；船務代理；停車場管理；運輸公證服務；倉儲業；電信業；電腦程式設計、諮詢及相關服務業；入口網站經營、資料處理、主機及網站代管服務業；

其他資訊服務業；貨幣中介業（其他貨幣中介除外）；其他金融服務業（其他民間融資、投資有價證券除外）；人身保險業；財產保險業；再保險業；保險輔助業（財產保險經紀及人身保險經紀除外）；證券業；期貨業；其他未分類金融輔助；土地開發；不動產租賃；不動產轉租賃；積體電路設計；專門設計業（商業設計除外）；其他藝人及模特兒等經紀；機械設備租賃業；運輸工具設備租賃業；個人及家庭用品租賃業；人力仲介業；人力供應業；旅行及相關服務業；信用評等服務；吃到飽餐廳 8%

（八）連鎖速食店；餐館、餐廳；咖啡館；飲酒店；視唱中心（KTV）；視聽中心 9%

（九）電力供應業；商品批發經紀業；多層次傳銷（佣金收入）；有娛樂節目餐廳；其他民間融資；財產保險經紀；人身保險經紀；證券投資顧問；其他投資顧問；不動產仲介；不動產代銷；法律服務業；管理顧問業；建築、工程服務及相關技術顧問業（積體電路設計除外）；未分類其他技術檢測及分析服務；市場研究及民意調查業；環境顧問服務；農、林、漁、礦、食品、紡織等技術指導服務；信用調查服務；汽車駕駛訓練；其他未分類教育；其他教育輔助服務；醫學檢驗服務；彩券銷售；有侍者陪伴之茶室；有侍者陪伴之咖啡廳；有侍者陪伴之酒家、酒吧；有侍者陪伴之舞廳；有侍者陪伴之夜總會；有侍者陪伴之視唱、視聽中心；電動玩具店；小鋼珠（柏青哥）店；美甲美睫；豪華理容總匯；其他美容美體服務；美姿禮儀造型設計；寵物照顧及訓 10%

（十）不屬於上列九款之業別 6%

經營兩種以上行業之營利事業，以主要業別（收入較高者）之純益率標準計算之。

三、自行依法調整之純益率未達本要點規定之標準者，稅捐稽徵機關得於結算申報期限截止前，輔導營利事業自行調整達規定之純益率標準並繳清應納稅款（獨資、合夥組織無須計算及繳納應納稅額），以收擴大書面審核效果。

四、申報適用本要點實施書面審核者，應依規定設置帳簿記載並取得、給與及保存憑證，其帳載結算事項，並依營利事業所得稅查核準則第二條第二項規定自行依法調整，調整後之純益率如高於本要點之純益率，應依較高之純益率申報繳

納稅款，否則稅捐稽徵機關於書面審核時，對不合規定部分仍不予認列。

五、小規模營利事業所得之計算，應以本要點規定之純益率為準。其於年度中改為使用統一發票商號者，應將查定營業額合併已開立統一發票之營業額一併申報。其免用統一發票期間之實際營業額如經調查發現高於查定營業額時，應按其實際營業額併計適用本要點規定之純益率標準予以核定；併計後之全年營業收入淨額及非營業收入【不包括土地及其定著物（如房屋等）之交易增益、一百十年七月一日以後交易符合一百十年四月二十八日修正公布所得稅法第四條之四規定之房屋使用權、預售屋及其坐落基地、股份或出資額之交易增益暨依法不計入所得課稅之所得額】之合計數大於第二點規定之金額者，不適用本要點。

六、理容業、沐浴業、計程車客運、酒吧或其他經核准免用統一發票依查定課徵營業稅之營利事業，適用本要點規定辦理者，其申報之營業額與查定之營業額如有不同，應擇高依本要點規定之純益率標準核定。

七、土地及其定著物（如房屋等）之交易損益，應依營利事業所得稅查核準則第三十二條及第一百條之規定計算；一百十年六月三十日以前交易符合一百十年四月二十八日修正公布前所得稅法第四條之四第一項規定之房屋、土地交易損益及一百十年七月一日以後交易符合一百十年四月二十八日修正公布所得稅法第四條之四規定之房屋、土地、房屋使用權、預售屋及其坐落基地暨股份或出資額之交易損益，應依同法第二十四條之五及房地合一課徵所得稅申報作業要點規定計算；申報時應檢附有關憑證資料影本，以憑審查。

八、營利事業因天災、事變、不可抗力事由或因客觀事實發生財務困難，不能於所得稅法第七十一條規定期限內一次繳清應納之結算稅額，依稅捐稽徵法第二十六條、第二十六條之一及其相關辦法規定申請並經核准延期或分期繳納者，視為符合第二點規定於申報期限截止前繳清應納稅款，可適用本要點規定辦理；嗣後營利事業對延期或分期繳納之任何一期應納稅款未如期繳納者，應改按一般申報案件辦理。

九、下列各款申報案件不適用本要點書面審核之規定：

（一）不動產買賣之申報案件。

（二）其他貨幣中介；投資有價證券；基金管理；專業考試補習教學；醫院；產後護理機構；其他未分類醫療保健。

（三）電力供應業；商品批發經紀業；多層次傳銷（佣金收入）；停車場管

理；電視節目製作；電視節目代理及發行；廣播節目製作及發行；廣播電台經營；無線電視頻道經營；衛星電視頻道經營；金融租賃；其他民間融資；財產保險經紀；人身保險經紀；其他投資顧問；土地開發；不動產投資開發；不動產租賃；不動產轉租賃；不動產仲介；不動產代銷；法律服務業；管理顧問業；建築、工程服務及相關技術顧問業（積體電路設計除外）；未分類其他技術檢測及分析服務；市場研究及民意調查業；環境顧問服務；農、林、漁、礦、食品、紡織等技術指導服務；機械設備租賃業；運輸工具設備租賃業；個人及家庭用品租賃業；信用調查服務；汽車駕駛訓練；其他未分類教育；其他教育輔助服務；醫學檢驗服務等全年營業收入淨額及非營業收入【不包括土地及其定著物（如房屋等）之交易增益、一百十年七月一日以後交易符合一百十年四月二十八日修正公布所得稅法第四條之四規定之房屋使用權、預售屋及其坐落基地、股份或出資額之交易增益暨依法不計入所得課稅之所得額】合計在新臺幣一千萬元以上之申報案件。

（四）符合所得稅法第十一條第四項規定之教育、文化、公益、慈善機關或團體及其附屬作業組織或農會、漁會申報案件。

（五）國外或大陸地區營利事業在我國境內設有分支機構之申報案件。

（六）營業代理人代理國外或大陸地區營利事業申報案件。

（七）逾期申報案件。但依第二點規定純益率標準調整所得額，並於申報期限截止前繳清應納稅款或無應納稅額者，可適用本要點規定（獨資、合夥組織無須計算及繳納應納稅額，無但書規定之適用）。

十、適用本要點之申報案件，經發現有短、漏報情事時，應按下列規定補稅處罰：

（一）短、漏報營業收入之成本已列報者，應按全額核定漏報所得額。

（二）短、漏報營業收入之成本未列報者，得適用同業利潤標準之毛利率核計漏報所得額。但核定所得額，以不超過當年度全部營業收入淨額依同業利潤標準核定之所得額為限。

（三）短、漏報非營業收入在新臺幣十萬元以下者，應按全額核定漏報所得額。

（四）短、漏報非營業收入超過新臺幣十萬元者，得就其短、漏報部分查帳核定，併入原按本要點規定之純益率標準申報之所得額核計應納稅額。

十一、獨資、合夥組織之營利事業經自行調整符合擴大書面審核標準者，其獨資資本主或合夥組織合夥人辦理同年度綜合所得稅結算申報時，應將其應分配之盈餘列為營利所得，並依所得稅法第七十一條規定辦理；如有應分配予非中華民國境內居住之獨資資本主或合夥組織合夥人之盈餘，應依同法第八十八條及第八十九條規定，由扣繳義務人依規定之扣繳率扣取稅款。

十二、營利事業一百十一年度解散、廢止、合併或轉讓之決算申報案件，可比照本要點書面審核之規定辦理。

十三、依本要點規定書面審核之案件，於辦理抽查時，應根據營利事業所得稅結算申報書面審核案件抽查要點規定辦理。

十四、經營零售業務之營利事業於一百零二年十二月三十一日以前經主管稽徵機關核定使用收銀機開立統一發票，自一百零三年度或變更年度起至一百十二年度止，各該年度符合下列各款規定者，全年度可適用本要點之純益率標準降低一個百分點：

（一）經申請核准全部依統一發票使用辦法第七條第一項第五款規定，以網際網路或其他電子方式開立、傳輸或接收統一發票。但遇有機器故障，致不能依上開規定辦理者，不在此限。

（二）依規定設置帳簿及記載，且當年度未經查獲有短、漏開發票及短、漏報營業收入情事。

（三）所稱「經營零售業務」，指以對最終消費者銷售商品或提供服務為主要營業項目，例如從事零售、餐飲、旅宿及服務等業務。

十五、營利事業受嚴重特殊傳染性肺炎疫情影響，一百十年度營業收入淨額較一百零九年度或一百零八年度任一年度減少達百分之三十（營業期間不滿一年者，按其實際營業月份相當全年之比例換算全年營業收入淨額計算）者，其適用本要點之純益率標準，得按該純益率標準百分之八十計算。

十六、本要點經財政部核定實施，修正時亦同。

附件二　所得稅法第八條規定中華民國來源所得認定原則

所得稅法第八條規定中華民國來源所得認定原則

一、為使徵納雙方對於所得稅法（以下簡稱本法）第八條規定中華民國來源所得有認定依據可資遵循，特訂定本原則。

二、本法第八條第一款所稱「依中華民國公司法規定設立登記成立之公司，或經中華民國政府認許在中華民國境內營業之外國公司所分配之股利」，指依公司法規定在中華民國境內設立登記之公司所分配之股利。但不包括外國公司在中華民國境內設立之分公司之盈餘匯回。依外國法律規定設立登記之外國公司，其經中華民國證券主管機關核准來臺募集與發行股票或臺灣存託憑證，並在中華民國證券交易市場掛牌買賣者，該外國公司所分配之股利，非屬中華民國來源所得。

三、本法第八條第二款所稱「中華民國境內之合作社或合夥組織營利事業所分配之盈餘」，指依合作社法規定在中華民國境內設立登記之合作社所分配之盈餘，或在中華民國境內設立登記之獨資、合夥組織營利事業所分配或應分配之盈餘。

四、本法第八條第三款所稱「在中華民國境內提供勞務之報酬」，於個人指在中華民國境內提供勞務取得之薪資、執行業務所得或其他所得；於營利事業指依下列情形之一提供勞務所取得之報酬：

（一）提供勞務之行為，全部在中華民國境內進行且完成者。

（二）提供勞務之行為，需在中華民國境內及境外進行始可完成者。

（三）提供勞務之行為，在中華民國境外進行，惟須經由中華民國境內居住之個人或營利事業之參與及協助始可完成者。

個人或營利事業在中華民國境外為中華民國境內個人或營利事業提供下列電子勞務者，為在中華民國境內提供勞務：

（一）經由網路傳輸下載至電腦設備或行動裝置使用之勞務。

（二）不須下載儲存於任何裝置而於網路使用之勞務。

（三）其他經由網路或電子方式使用之勞務。

第一項所稱須經由中華民國境內居住之個人或營利事業之參與協助始可完成，指需提供設備、人力、專門知識或技術等資源。但不包含勞務買受人應配合提供勞務所需之基本背景相關資訊及應行通知或確認之聯繫事項。

第一項提供勞務之行為，全部在中華民國境外進行及完成，且合於下列情形之一者，外國營利事業所取得之報酬非屬中華民國來源所得：

（一）在中華民國境內無固定營業場所及營業代理人。

（二）在中華民國境內有營業代理人，但未代理該項業務。

（三）在中華民國境內有固定營業場所，但未參與及協助該項業務。

依第一項第二款或第三款規定提供勞務取得之報酬，其所得之計算，準用第十點第二項規定。

外國營利事業在中華民國境內提供勞務之行為，如屬在中華民國境內經營工商、農林、漁牧、礦冶等本業營業項目之營業行為者，應依本法第八條第九款規定認定之。

五、本法第八條第四款「自中華民國各級政府、中華民國境內之法人及中華民國境內居住之個人所取得之利息」，所稱利息指公債、公司債、金融債券、各種短期票券、存款、依金融資產證券化條例或不動產證券化條例規定發行之受益證券或資產基礎證券分配及其他貸出款項之利息所得。

依外國法律規定設立登記之外國公司，經中華民國證券主管機關核准來臺募集與發行，或依外國法律發行經中華民國證券主管機關核准在臺櫃檯買賣之外國公司債券，其所分配之利息所得，非屬中華民國來源所得。

六、本法第八條第五款所稱「在中華民國境內之財產因租賃而取得之租金」，指出租下列中華民國境內之財產所取得之租金：

（二）不動產：在中華民國境內之不動產，如房屋、土地。

（二）動產：

　　1. 在中華民國境內註冊、登記之動產，如船舶、航空器、車輛等；或經中華民國證券主管機關核准在臺募集與發行或上市交易之有價證券，如股票、債券、臺灣存託憑證及其他有價證券。

　　2. 在中華民國境內提供個人、營利事業或機關團體等使用之財產，如直接或間接提供生產之機（器）具、運輸設備（船舶、航空器、車輛）、辦公設備、衛星轉頻器、網際網路等。

七、本法第八條第六款所稱「專利權、商標權、著作權、秘密方法及各種特許權利，因在中華民國境內供他人使用所取得之權利金」，指將下列無形資產在中華民國境內以使用權作價投資，或授權個人、營利事業、機關團體自行使用或提供他人使用所取得之權利金：

（一）著作權或已登記或註冊之專利權、商標權、營業權、事業名稱、品牌名稱等無形資產。

（二）未經登記或註冊之秘密方法或專門技術等無形資產：包括秘密處方或製程、設計或模型、計畫、營業秘密，或有關工業、商業或科學經驗之資訊或專門知識、各種特許權利、行銷網路、客戶資料、頻道代理及其他具有財產價值之權利。所稱秘密方法，包括各項方法、技術、製程、配方、程式、設計及其他可用於生產、銷售或經營之資訊，且非一般涉及該類資訊之人所知，並具有實際或潛在經濟價值者。

中華民國境內營利事業取得前項無形資產之授權，因委託中華民國境外加工、製造或研究而於境外使用所給付之權利金，屬中華民國來源所得。但中華民國境內之營利事業接受外國營利事業委託加工或製造，使用由該外國營利事業取得授權之無形資產且無須另行支付權利金者，非屬中華民國來源所得。

以網路或其他電子方式提供第一項無形資產在中華民國境內供他人使用，非屬第四點第二項及第十點第二項規定之提供或銷售電子勞務，應適用本點規定。

八、本法第八條第七款所稱「在中華民國境內財產交易之增益」，指下列中華民國境內財產之交易所得：

（一）不動產：在中華民國境內之不動產，如房屋、土地。

（二）動產：

　　1. 在中華民國境內註冊、登記之動產，如船舶、航空器、車輛等；或經中華民國證券主管機關核准在臺募集與發行或上市交易之有價證券，如股票、債券、臺灣存託憑證及其他有價證券（如香港指數股票型基金（ETF）來臺上市交易）等。但經中華民國證券主管機關核准且實際於境外交易之有價證券（如臺灣指數股票型基金（ETF）於境外上市交易），不在此限。

　　2. 前目以外之動產：

　　　（1）處分動產之交付需移運者，其起運地在中華民國境內。

（2） 處分動產之交付無需移運者，其所在地在中華民國境內。

（3） 透過拍賣會處分者，其拍賣地在中華民國境內。

（三）無形資產：

1. 依中華民國法律登記或註冊之專利權、商標權、營業權、事業名稱、品牌名稱等無形資產。

2. 前目以外之無形資產，其所有權人為中華民國境內居住之個人或總機構在中華民國境內之營利事業。但依外國法律規定在中華民國境外登記或註冊者，不在此限。

九、本法第八條第八款所稱「中華民國政府派駐國外工作人員，及一般雇用人員在國外提供勞務之報酬」，以各該人員在駐在國提供勞務之報酬，享受駐在國免徵所得稅待遇者為適用範圍。

十、本法第八條第九款所稱「在中華民國境內經營工商、農林、漁牧、礦冶等業之盈餘」，指營利事業在中華民國境內從事屬本業營業項目之營業行為（包含銷售貨物及提供勞務）所獲取之營業利潤。

營利事業在中華民國境外銷售第四點第二項各款電子勞務予中華民國境內個人或營利事業者，屬前項在中華民國境內從事營業行為。但其銷售電子勞務符合下列情形之一者，非屬中華民國來源所得：

（一）經由網路或其他電子方式傳輸下載儲存至電腦設備或行動裝置單機使用之中華民國境外產製完成之勞務（如單機版軟體、電子書），且無須中華民國境內居住之個人或營利事業參與及協助提供者。

（二）經由網路或其他電子方式銷售而實體勞務提供地點在中華民國境外之勞務。

第一項營業行為同時在中華民國境內及境外進行者，營利事業如能提供明確劃分境內及境外提供服務之相對貢獻程度之證明文件，如會計師查核簽證報告、移轉訂價證明文件、工作計畫紀錄或報告等，得由稽徵機關核實計算及認定應歸屬於中華民國境內之營業利潤。該營業行為如全部在中華民國境外進行及完成，且合於下列情形之一者，外國營利事業所收取之報酬非屬中華民國來源所得：

（一）在中華民國境內無固定營業場所及營業代理人。

（二）在中華民國境內有營業代理人，但未代理該項業務。

（三）在中華民國境內有固定營業場所，但未參與及協助該項業務。

外國營利事業對中華民國境內之個人、營利事業或機關團體銷售貨物，符合下列情形之一者，按一般國際貿易認定：

（一）外國營利事業之國外總機構直接對中華民國境內客戶銷售貨物。

（二）外國營利事業直接或透過國內營利事業（非屬代銷行為）將未經客製化修改之標準化軟體，包括經網路下載安裝於電腦硬體中或壓製於光碟之拆封授權軟體（sh-rinkwrapsoftware）、套裝軟體（packagedsoftware）或其他標準化軟體，銷售予國內購買者使用，各該購買者或上開營利事業不得為其他重製、修改或公開展示等行為。

（三）在中華民國境內無固定營業場所及營業代理人之外國營利事業，於中華民國境外利用網路直接銷售貨物予中華民國境內買受人，並直接由買受人報關提貨。

十一、本法第八條第十款所稱「在中華民國境內參加各種競技、競賽、機會中獎等之獎金或給與」，指參加舉辦地點在中華民國境內之各項競技、競賽及機會中獎活動所取得之獎金或給與。

十二、本法第八條第十一款所稱「在中華民國境內取得之其他收益」，指無法明確歸屬第八條第一款至第十款規定所得類別之所得。

十三、外國營利事業在中華民國境內提供綜合性業務服務，指提供服務之性質同時含括多種所得類型之交易（如結合專利權使用、勞務提供及設備出租等服務），稽徵機關應先釐清交易涉及之所得態樣，依其性質分別歸屬適當之所得，不宜逕予歸類為其他收益。

前項提供綜合性業務服務，如屬在中華民國境內經營工商、農林、牧、礦冶等本業營業項目之營業行為者，應依本法第八條第九款規定認定之；如非屬從事本業營業項目之營業行為，其取得之報酬兼具本法第八條第三款、第四款、第五款、第六款、第七款或第十一款性質者，應劃分其所得類別並依各款規定分別認定之。

十四、營利事業與外國事業技術合作共同開發技術，並由所有參與人共同擁有所取得之智慧財產權，其依簽訂共同技術合約給付之研究發展費用，如經查明確屬共同研究發展之成本費用分攤，各參與者可獲得合理之預期利益，且無涉權利金之給付及不當規避稅負情事者，該給付之費用，非屬中華民國來源所

得。

十五、非中華民國境內居住之個人或總機構在中華民國境外之營利事業，取得本法
　　　第八條規定之中華民國來源所得，應依本法規定申報納稅或由扣繳義務人於
　　　給付時依規定之扣繳率扣繳稅款。

　　　在中華民國境內無固定營業場所及營業代理人之外國營利事業，其有本法第
　　　八條第三款規定之勞務報酬、第五款規定之租賃所得、第九款規定之營業利
　　　潤、第十款規定之競技、競賽、機會中獎之獎金或給與或第十一款規定之其
　　　他收益者，應由扣繳義務人於給付時按給付額依規定之扣繳率扣繳稅款。惟
　　　該外國營利事業得自取得收入之日起五年內，委託中華民國境內之個人或有
　　　固定營業場所之營利事業為代理人，向扣繳義務人所在地之稽徵機關申請減
　　　除上開收入之相關成本、費用，重行計算所得額。稽徵機關可依據該外國營
　　　利事業提示之相關帳簿、文據或其委託會計師之查核簽證報告，核實計算其
　　　所得額，並退還溢繳之扣繳稅款。

　　　前項核定計算所得額之申請，得按次申請或依所得類別按年申請彙總計算。

十五之一、在中華民國境內無固定營業場所及營業代理人之外國營利事業取得本法
　　　　　第八條第三款規定之勞務報酬或第九款規定之營業利潤，得於取得收入
　　　　　前，檢附相關證明文件向稽徵機關申請核定適用之淨利率及境內利潤貢
　　　　　獻程度，依該淨利率及貢獻程度計算所得額，並依本法規定申報納稅，
　　　　　或由扣繳義務人於給付時按規定之扣繳率扣繳稅款。

十六、大陸地區人民、法人、團體或其他機構有依臺灣地區與大陸地區人民關係條
　　　例第二十五條規定之臺灣地區來源所得者，其認定原則準用本原則辦理。

附件三　執行業務者收入標準

稽徵機關核算一百十年度執行業務者收入標準

　　執行業務者未依法辦理結算申報，或未依法設帳記載並保存憑證，或未能提供證明所得額之帳簿文據者，稽徵機關得依下列標準（金額以新臺幣為單位）計算其一百十年度收入額。但經查得其確實收入資料較標準為高者，不在此限：

一、律師：

（一）民事訴訟、刑事訴訟、刑事偵查、刑事審判裁定、刑事審判少年案件：每一程序在直轄市及市（即原省轄市，下同）四萬元，在縣三萬五千元。但義務案件、發回更審案件或屬「保全」、「提存」、「聲請」案件，經提出約定不另收費文件，經查明屬實者，免計；其僅代撰書狀者，每件在直轄市及市一萬元，在縣九千元。

（二）公證案件：每件在直轄市及市五千元，在縣四千元。

（三）登記案件：每件五千元。

（四）擔任檢查人、清算人、破產管理人、遺囑執行人或其他信託人案件：按標的物財產價值百分之九計算收入；無標的物每件在直轄市及市二萬元，在縣一萬六千元。

（五）代理申報遺產稅、贈與稅案件：遺產稅每件在直轄市及市四萬元，在縣三萬五千元；贈與稅每件在直轄市及市二萬元，在縣一萬五千元。

（六）代理申請復查或異議、訴願、行政訴訟及再審：每一程序在直轄市及市四萬五千元，在縣三萬五千元。

（七）受聘為法律顧問之顧問費及車馬費，另計。

二、會計師：

（一）受託代辦工商登記：每件在直轄市及市七千元，在縣六千元。

（二）代理申請復查或異議、訴願、行政訴訟及再審：每一程序在直轄市及市四萬五千元，在縣三萬五千元。

（三）代理申報遺產稅、贈與稅案件：遺產稅每件在直轄市及市四萬元，在縣三萬五千元；贈與稅每件在直轄市及市二萬元，在縣一萬五千元。

（四）本標準未規定之項目，由稽徵機關依查得資料核計。

三、建築師：按工程營繕資料記載之工程造價金額百分之四點五計算。但承接政府或公有機構之設計、繪圖、監造之報酬，應分別調查按實計算。

四、助產人員（助產師及助產士）：按接生人數每人在直轄市及市二千八百元，在縣二千二百元。但屬全民健康保險由中央健康保險署給付醫療費用者，應依中央健康保險署通報資料計算其收入額。

五、地政士：按承辦案件之性質，每件計算如下：

（一）保存登記：在直轄市及市三千元，在縣二千五百元。

（二）繼承、剩餘財產差額分配、贈與、信託所有權移轉登記：在直轄市及市八千元，在縣六千五百元。

（三）買賣、交換、拍賣、判決、共有物分割等所有權移轉登記：在直轄市及市七千元，在縣五千五百元。

（四）他項權利登記（地上權、抵押權、典權、地役權、永佃權、耕作權之設定移轉登記）：在直轄市及市二千五百元，在縣二千元。

（五）非共有土地分割登記：在直轄市及市二千五百元，在縣二千元。

（六）塗銷、消滅、標示變更、姓名住所及管理人變更、權利內容變更、限制、更正、權利書狀補（換）發登記及其他本標準未規定項目：在直轄市及市一千五百元，在縣一千二百元。

六、著作人：依查得資料核計。

七、經紀人：依查得資料核計。

八、藥師：依查得資料核計。

九、中醫師：依查得資料核計。

十、西醫師：依查得資料核計。

十一、獸醫師：依查得資料核計。

十二、醫事檢驗師（生）：依查得資料核計。

十三、工匠：依查得資料核計。

十四、美術工藝家：依查得資料核計。

十五、表演人：依查得資料核計。

十六、節目製作人：依查得資料核計。

十七、命理卜卦：依查得資料核計。

十八、書畫家、版畫家：依查得資料核計。

十九、技師：依查得資料核計。

二十、引水人：依查得資料核計。

二十一、程式設計師：依查得資料核計。

二十二、精算師：依查得資料核計。

二十三、商標代理人：

（一）向國內註冊商標（包括正商標、防護商標、聯合商標、服務標章、
聯合服務標章、延展、移轉、商標專用權授權使用等）：每件
五千八百元。

（二）向國外註冊商標：每件一萬三千元。

（三）商標異議、評定、再評定、答辯、訴願、行政訴訟及再審：每一程
序三萬四千元。

二十四、專利師及專利代理人：

（一）發明專利申請（包括發明、申請權讓與、專利權讓與、專利權授權
等）：每件三萬四千元。

（二）新型專利申請（包括新型、申請權讓與、專利權讓與、專利權授權
等）：每件二萬元。

（三）設計專利申請（包括設計、衍生設計、申請權讓與、專利權讓與、
專利權授權等）：每件一萬五千元。

（四）向國外申請專利：每件五萬八千元。

（五）專利再審查、舉發、答辯、訴願、行政訴訟及再審：每一程序八萬
三千元。

二十五、仲裁人：依查得資料核計。

二十六、記帳士、記帳及報稅代理人：適用會計師收入標準計算。但代為記帳者，
不論書面審核或查帳案件，每家每月在直轄市及市二千五百元，在縣二千
元。

二十七、未具會計、記帳士、記帳及報稅代理人資格，辦理工商登記等業務或代
為記帳者：適用會計師收入標準計算。但代為記帳者，不論書面審核或查
帳案件，每家每月在直轄市及市二千五百元，在縣二千元。

二十八、未具律師資格，辦理訴訟代理人業務者：適用律師收入標準計算。但僅代
撰書狀者，每件在直轄市及市五千元，在縣四千五百元。

二十九、未具建築師資格，辦理建築規劃設計及監造等業務者：適用建築師收入標準計算。

三十、未具地政士資格，辦理土地登記等業務者：適用地政士收入標準計算。

三十一、受大陸地區人民委託辦理繼承、公法給付或其他事務者：每件在直轄市及市五千元，在縣四千五百元。

三十二、公共安全檢查人員：依查得資料核計。

三十三、依公證法規定之民間公證人：依公證法第五章規定標準核計。

三十四、不動產估價師：依查得資料核計。

三十五、物理治療師：依查得資料核計。

三十六、職能治療師：依查得資料核計。

三十七、營養師：依查得資料核計。

三十八、心理師：依查得資料核計。

三十九、受委託代辦國有非公用不動產之承租、續租、過戶及繼承等申請者：每件在直轄市及市一千五百元，在縣一千二百元。

四十、牙體技術師（生）：依查得資料核計。

四十一、語言治療師：依查得資料核計。

附註：

一、自營利事業、機關、團體、學校等取得之收入，得依扣繳資料核計。

二、在縣偏僻地區者，除收入標準依查得資料核計者外，收入標準按縣之八折計算，至偏僻地區範圍，由稽徵機關依查得資料認定。執行業務者辦理案件所屬地區在九十九年十二月二十五日改制前之臺北縣、臺中縣、臺南縣、高雄縣及一百零三年十二月二十五日改制前之桃園縣者，其收入標準仍按縣計算。

三、本標準未規定之項目，由稽徵機關依查得資料認定。

四、地政士執行業務收費計算應以「件」為單位，所稱「件」，原則上以地政事務所收文一案為準，再依下列規定計算：

　　（一）依登記標的物分別計件：包括房屋及基地之登記，實務上，有合為一案送件者，有分開各一送件者，均視為一案，其「件」數之計算如第四款。

　　（二）依登記性質分別計算：例如同時辦理所有權移轉及抵押權設定之登記，則應就所有權移轉登記及抵押權設定登記分別計算。

（三）依委託人人數分別計件：以權利人或義務人一方之人數計算，不得將雙方人數合併計算。但如係共有物之登記，雖有數名共有人，仍以一件計算，且已按標的物分別計件者，即不再依委託人人數計件。

（四）同一收文案有多筆土地或多棟房屋者，以土地一筆為一件或房屋一棟為一件計算；另每增加土地一筆或房屋一棟，則加計百分之二十五，加計部分以加計至百分之二百為限。

附件四　執行業務者費用標準

一百十年度執行業務者費用標準

　　執行業務者未依法辦理結算申報，或未依法設帳記載並保存憑證，或未能提供證明所得額之帳簿文據者，一百十年度應依核定收入總額按下列標準（金額以新臺幣為單位）計算其必要費用。但稽徵機關查得之實際所得額較依下列標準計算減除必要費用後之所得額為高者，應依查得資料核計之：

一、律師：百分之三十。但配合政府政策辦理法律扶助案件及法院指定義務辯護案件之收入為百分之五十。

二、會計師：百分之三十。

三、建築師：百分之三十五。

四、助產人員（助產師及助產士）：百分之三十一。但全民健康保險收入為百分之七十二。

五、地政士：百分之三十。

六、著作人：按稿費、版稅、樂譜、作曲、編劇、漫畫及講演之鐘點費收入減除所得稅法第四條第一項第二十三款規定免稅額後之百分之三十。但屬自行出版者為百分之七十五。

七、經紀人：

　　（一）保險經紀人：百分之二十六。

　　（二）一般經紀人：百分之二十。

　　（三）公益彩券立即型彩券經銷商：百分之六十。

八、藥師：

　　（一）全民健康保險收入（以下全民健康保險之藥費收入，均含保險對象依全民健康保險法第四十三條及第四十七條規定應自行負擔之費用）：

　　　　1. 全民健康保險收入（含藥費收入）：百分之九十四。

　　　　2. 全民健康保險收入已區分藥費收入及藥事服務費收入者：

　　　　　　（1）藥費收入：百分之百。

　　　　　　（2）藥事服務費收入：百分之三十五。

　　（二）非屬全民健康保險收入：百分之二十。

九、中醫師：

　　（一）全民健康保險收入（含保險對象依全民健康保險法第四十三條及第四十七條規定應自行負擔之費用及依全民健康保險醫療資源不足地區改善方案執業之核付點數）：依中央健康保險署核定之點數，每點零點八元。

　　（二）掛號費收入：百分之七十八。

　　（三）非屬全民健康保險收入：

　　　　1. 醫療費用收入不含藥費收入：百分之二十。

　　　　2. 醫療費用收入含藥費收入：百分之四十五。

十、西醫師：

　　（一）全民健康保險收入（含保險對象依全民健康保險法第四十三條及第四十七條規定應自行負擔之費用及依全民健康保險醫療資源不足地區改善方案執業之核付點數）：依中央健康保險署核定之點數，每點零點八元。

　　（二）掛號費收入：百分之七十八。

　　（三）非屬全民健康保險收入：

　　　　1. 醫療費用收入不含藥費收入：百分之二十。

　　　　2. 醫療費用收入含藥費收入，依下列標準計算：

　　　　　　（1）內科：百分之四十。

　　　　　　（2）外科：百分之四十五。

　　　　　　（3）牙科：百分之四十。

　　　　　　（4）眼科：百分之四十。

　　　　　　（5）耳鼻喉科：百分之四十。

　　　　　　（6）婦產科：百分之四十五。

　　　　　　（7）小兒科：百分之四十。

　　　　　　（8）精神病科：百分之四十六。

　　　　　　（9）皮膚科：百分之四十。

　　　　　　（10）家庭醫學科：百分之四十。

　　　　　　（11）骨科：百分之四十五。

　　　　　　（12）其他科別：百分之四十三。

（四）診所與衛生福利部所屬醫療機構合作所取得之收入，比照前三款減除必要費用。

（五）人壽保險公司給付之人壽保險檢查收入，減除百分之三十五必要費用。

（六）配合政府政策辦理老人、兒童、婦女、中低收入者、身心障礙者及其他特定對象補助計畫之業務收入，減除百分之七十八必要費用。

（七）自費疫苗注射收入，減除百分之七十八必要費用。

十一、醫療機構醫師依醫師法第八條之二規定，報經主管機關核准前往他醫療機構從事醫療業務，其與該他醫療機構間不具僱傭關係者，按實際收入減除百分之十必要費用。

十二、獸醫師：醫療貓狗者百分之三十二，其他百分之四十。

十三、醫事檢驗師（生）：

（一）全民健康保險收入（含保險對象依全民健康保險法第四十三條及第四十七條規定應自行負擔之費用）：依中央健康保險署核定之點數，每點零點七八元。

（二）掛號費收入：百分之七十八。

（三）非屬全民健康保險收入：百分之四十三。

十四、工匠：工資收入百分之二十。工料收入百分之六十二。

十五、美術工藝家：工資收入百分之二十。工料收入百分之六十二。

十六、表演人：

（一）演員：百分之四十五。

（二）歌手：百分之四十五。

（三）模特兒：百分之四十五。

（四）節目主持人：百分之四十五。

（五）舞蹈表演人：百分之四十五。

（六）相聲表演人：百分之四十五。

（七）配音表演人：百分之四十五。

（八）特技表演人：百分之四十五。

（九）樂器表演人：百分之四十五。

（十）魔術表演人：百分之四十五。

（十一）其他表演人：百分之四十五。

十七、節目製作人：各項費用全部由製作人負擔者百分之四十五。

十八、命理卜卦：百分之二十。

十九、書畫家、版畫家：百分之三十。

二十、技師：百分之三十五。

二十一、引水人：百分之二十五。

二十二、程式設計師：百分之二十。

二十三、精算師：百分之二十。

二十四、商標代理人：百分之三十。

二十五、專利師及專利代理人：百分之三十。

二十六、仲裁人，依仲裁法規定辦理仲裁業務者：百分之十五。

二十七、記帳士、記帳及報稅代理人：百分之三十。

二十八、未具會計師、記帳士、記帳及報稅代理人資格，辦理工商登記等業務或代
　　　　為記帳者：百分之三十。

二十九、未具律師資格，辦理訴訟代理人業務者：百分之二十三。

三十、未具建築師資格，辦理建築規劃設計及監造等業務者：百分之三十五。

三十一、未具地政士資格，辦理土地登記等業務者：百分之三十。

三十二、受大陸地區人民委託辦理繼承、公法給付或其他事務者：百分之二十三。

三十三、公共安全檢查人員：百分之三十五。

三十四、依公證法規定之民間公證人：百分之三十。

三十五、不動產估價師：百分之三十五。

三十六、物理治療師：

　　　　（一）全民健康保險收入（含保險對象依全民健康保險法第四十三條及第
　　　　　　　四十七條規定應自行負擔之費用）：依中央健康保險署核定之點
　　　　　　　數，每點零點七八元。

　　　　（二）掛號費收入：百分之七十八。

　　　　（三）非屬全民健康保險收入：百分之四十三。

三十七、職能治療師：

　　　　（一）全民健康保險收入（含保險對象依全民健康保險法第四十三條及第
　　　　　　　四十七條規定應自行負擔之費用）：依中央健康保險署核定之點
　　　　　　　數，每點零點七八元。

（二）掛號費收入：百分之七十八。

（三）非屬全民健康保險收入：百分之四十三。

三十八、營養師：百分之二十。

三十九、心理師：百分之二十。

四十、受委託代辦國有非公用不動產之承租、續租、過戶及繼承等申請者：百分之三十。

四十一、牙體技術師（生）：百分之四十。

四十二、語言治療師：

（一）全民健康保險收入（含保險對象依全民健康保險法第四十三條及第四十七條 規定應自行負擔之費用）：依中央健康保險署核定之點數，每點零點七八元。

（二）掛號費收入：百分之七十八。

（三）非屬全民健康保險收入：百分之二十。

附註：

一、本標準未規定之項目，由稽徵機關依查得資料或相近業別之費用率認定。

二、因應嚴重特殊傳染性肺炎疫情影響，執行業務者適用之費用標準依下列規定調整（計算後之費用率以四捨五入取至小數點後第二位）：

（一）第四點（助產人員）、第八點（藥師）第一款第二目之2及第二款、第九點（中醫師）、第十點（西醫師）、第十一點（醫療機構醫師報准前往他醫療機構從事醫療業務者）、第十三點（醫事檢驗師）、第三十六點（物理治療師）、第三十七點（職能治療師）、第三十八點（營養師）、第三十九點（心理師）、第四十一點（牙體技術師、生）、第四十二點（語言治療師）適用之費用率，得按該費用率之百分之一百十七點五計算（例如：西醫師全民健康保險收入之費用標準由每點零點八元提高為零點九四元，掛號費收入之費用標準由百分之七十八提高為百分之九十二）；第八點（藥師）第一款第一目適用之費用率由百分之九十四提高為百分之九十七。

（二）其他執行業務者當年度收入總額較一百零九年度或一百零八年度任一年度減少達百分之三十者（執業期間不滿一年者，按實際執業月份相當全年之比例換算全年度收入總額計算），適用之費用率，得按該費用率之百分之一百十二點五計算。

附件五　執行業務所得收支報告

執行業務

年度　　其他

茲申報執行業務（其他）所得，檢附下列各附件送請查核

此致

財政部　　　　國稅局　　　分局、稽徵所

※請多利用網際網路傳輸申報，電子申報系統軟體可至財政部電子申報繳稅服務網（https://tax.nat.gov.tw）下載。

單 位 名 稱	（蓋章）		扣繳單位統一編號						
執 業 地 址	縣　　鄉市　　村　　鄰　　路　　段　　巷　　弄　　號　　樓 市　　鎮區　　里　　　　街　　　　　室								
負 責 人 姓 名	（蓋章）		電 話						
負責人戶籍地址	縣　　鄉市　　村　　鄰　　路　　段　　巷　　弄　　號　　樓 市　　鎮區　　里　　　　街　　　　　室								
會 計 基 礎	□現金基礎　□權責基礎（核准公文文號：　　　　　）								
附　　　　件	損　益　計　算　表								張
	收　入　明　細　表								張
	建築師事務所營繕工程設計報酬明細表								張
	財　產　目　錄								張
	薪　資　調　查　表								張
	聯　合　執　業　合　約　書								張
	其　　　　　　他								張
	課　稅　紀　錄　欄								

附註：1. 依財政部核定之收入及費用標準申報執行業務所得或其他所得者，請逕填第2頁收入明細表（如為聯合執業或合夥經營，請加填第1頁盈餘分配情形），並將收入總額、必要費用成本及所得額填寫於所得人之綜合所得稅結算申報書（一般）第5欄項。

2. 依執行業務所得查核辦法第5條第2項規定，執行業務者於申報個人綜合所得稅時，應檢附執行業務場所之財產目錄及收支報告表；其為聯合執行業務者，得由代表人檢附。各聯合執行業務者並應檢附盈餘分配表，以供查核。

3. 本收支報告表可至財政部稅務入口網站（https://www.etax.nat.gov.tw）下載運用。
（路徑：財政部稅務入口網/書表及檔案下載/國稅申請書表及範例下載/綜合所得稅）

4. 納稅者如有依納稅者權利保護法第7條第8項但書規定，為重要事項陳述者，請另填報「綜合所得稅聲明事項表」並檢附相關證明文件。

附件六　執行業務（其他）所得損益計算表

_____年度執行業務（其他）所得損益計算表

所得期間：自　　年　　月　　日起至　　年　　月　　日止

| 單位名稱 | | 扣繳單位統一編號 | | | | | | | | | 地址 | 縣市　鄉市鎮區　村里　路街　號　樓 |
| 負責人姓名 | | 國民身分證統一編號 | | | | | | | | | 戶籍地址 | 縣市　鄉市鎮區　村里　鄰　路段巷弄　樓室 |

項目	帳載金額	自行調整後金額	一、所得額申報方式：
1. 本年度收入總額			□按書審純益率標準申報（請填寫自行調整後金額欄）
2. 本年度費用總額			□按前三年平均純益率申報（請填寫自行調整後金額欄）
（1）薪資支出			□依財政部頒定標準申報
（2）材料費			□依帳載數核實申報
（3）租金及權利金支出			二、退休金提撥（列）情形：
（4）旅費			□依勞動基準法提撥之勞工退休準備金，自___年度開始
（5）伙食費			提撥，至本年度累計　　　　元。
（6）進修訓練費			□依職工退休辦法列之職工退休準備，自___年度開
（7）郵電費			始提列，至本年度累計　　　　元。
（8）修繕費			□依設置職工退休基金保管運用及分配辦法提撥之職
（9）廣告費			工退休基金，自___年度開始提撥，至本年度累計
（10）保險費			元。
（11）交際費			三、聯合執行業務者或合夥經營者之盈餘及扣繳稅額應依聯
（12）職工福利費			合執業或合夥合約所載盈餘分配比例填報，未於所得核
（13）水電瓦斯費			定前檢附合約者書者，依前一年度之狀況核課所得。

（14）稅捐			聯合執業（合夥）者姓名	身分證統一編號	分配比例	盈餘分配數	扣繳稅款分配數
（15）書報雜誌							
（16）燃料費							
（17）折舊							
（18）損害賠償							
（19）複委託費							
（20）佣金支出							
（21）捐贈							

（22）文具用品及印刷			合計				
（23）利息支出			五、其他費用或損失明細（小計數應同左列（99）其他費用或損失）				

（26）加班費			項目	帳載金額		自行調整後金額
（27）災害損失						
（28）退休金費用						
（99）其他費用或損失						
3. 本年度所得額						
4. 純益率			小計			

受託處理會計事務者	事務所名稱		扣繳單位統一編號								本年度之酬金	月　日　月　日止
	負責人姓名		身分證統一編號									每月　　　元
	電話		登錄字號		國稅登字第___號							本年共計　　元

第1聯：供稽徵機關建檔。

單位名稱：　　　　　　（蓋章）　　　　負責人：　　　　　　（蓋章）　　　　年　月　日

附件七　執行業務收支明細表

執行業務者

年度　　收入明細表

收 入 來 源		收入金額	費用金額	所得額	扣繳稅額	應收未收款	備註 （如摘要/案號等）
醫療院所	全民健保收入 （含部分負擔收入）						
	掛號費收入						
	自費收入						
	利息收入						
	配合政府政策辦理老人、兒童、婦女、中低收入者、身心障礙者及其他特定對象補助計畫之業務收入						
	其餘縣（市）政府衛生局補助收入						
	人壽保險檢查收入						
	其他收入						
非醫療院所執行業務者及其他所得業者							
	合計						

附註：1.應收未收款欄位僅適用於採權責發生制之業者。

2.未設帳之業者應依收入來源分別填報費用金額及所得額；已設帳之業者得僅填寫收入金額及扣繳稅額。

3.收入來源請優先填入「扣繳單位統一編號」；無統一編號時，請填入扣繳單位名稱；如非屬扣繳收入，請填委託人或給付人名稱。

4.本表如不敷使用，可自行依式另加表格。

單位名稱：　　　　　　（蓋章）　　　負責人：　　　　　　　　（蓋章）　年　　月　　日

附件八　財產目錄

財產目錄

| 設備或生財器具名稱（依財產類別填寫） | 所在地址 | 數量 | 單位 | 取得時間 | | | 價格 | | 預留殘值 | 取得原價減預留殘值 | 耐用年數 | | | 折舊額 | | 未折減餘額 | 備註 |
				年	月	日	取得原價	改良或（修理）			原表規定	新表規定	換算後應提列	本期提列數	截至本期止累計數		

年　　月　　日

附註：本表如不敷使用，可自行依式另加表格。

單位名稱：　　　　　　　　　　　　　　　　（蓋章）　負責人：　　　　　　　（蓋章）　　年　　月　　日

附件九　台北國稅局執行業務所得簡化查核項目表

北市綜所稅各業類標準-執行業務及其他所得者簡化查核項目表		
簡化項目	適用條件	備註
1. 前3年核定平均純益率核定	1. 依法設帳記載並辦理結算申報者。 2. 申報或調整之純益率達前3年度核定平均純益率以上，但純益率未達6%者，不併計平均值。 3. 醫療機構收入達1億元，或執業事務所收入達2億元，其前3年度經查帳核定之純益率與申報之純益率相差不及1%者，雖前3年度核定平均純益率低於6%，仍得適用本項簡化之規定。 4. 前3年核定平均純益率以連續適用5年為限，第6年應採查帳核定；但其申報或經協談調整後純益率已達15%以上者，不在此限。	1. 以下情形，不得適用本項規定： （1）經查明有漏報收入（非檢舉資料），若其漏報金額超過25萬元，且加計漏報收入後，依前3年核定平均純益率核算之費用，超過原申報之費用者。 （2）全年收入總額較上期增加50%以上且增加金額達1千萬元者。 （3）醫師業若未加入健保且無訪（函）查收入資料可供勾核，其申報或經輔導後之收入低於上一年度核定數者。 2. 雖申報純益率已達本項規定以上，費用超過法定限額部分，仍應調整剔除。 3. 聯合執業案件，得以加計合夥人薪資後之所得額純益率，適用本項規定。
2. 書面審核純益率核定： （1）律師35% （2）會計師25% （3）建築師20% （4）技師20% （5）地政士35% （6）保險經紀人35% （7）記帳士、記帳及報稅代理業務人25% （8）中、西醫20% （9）牙醫25% （10）商標專利代理人20% （11）引水人65% （12）幼稚園、托兒所15% （13）補習班、駕訓班18% （14）托育中心、安親班20% （15）養護療養院所15% （16）依「護理機構分類設置標準」及「老人福利機構設立標準」設立之機構12%	1. 依法設帳記載並辦理結算申報者。 2. 申報或自行調整之純益率達左列各該業書審標準以上者。 3. 醫師業已加入健保或有訪（函）查收入資料者。	1. 經查明有漏報收入（非檢舉資料），若其漏報金額超過25萬元，且加計漏報收入後，依書面審核純益率核算之費用，超過原申報之費用者，不得適用本項規定。 2. 雖申報純益率已達書審標準以上，費用超過法定限額部分，仍應調整剔除。 3. 聯合執業案件，得以加計合夥人薪資後之所得額純益率，適用本項規定。
附註： 1.依簡化項目核定之案件，如另經通報、檢舉涉有違章者，得調出前3年度案件一併查核。 2.如同時執行（或經營）兩項以上業務者，應就各類業務收入，適用個別之書面審核純益率。		

附件十　執行業務者聯合執業合夥經營之所得認定原則

財政部高雄國稅局執行業務者聯合執業或其他所得者合夥經營之所得認定原則
中華民國98年11月24日
財高國稅審二字第0980082479號函修正發布

一、為避免執行業務者藉聯合執業或其他所得者藉合夥經營之名，行分散所得之實，爰訂定本原則。

二、本原則所稱「其他所得者」係指私人辦理之補習班、幼稚園、托兒所、托育中心（安親班）及養護、療養院（所）等業別，而不符合免稅規定者。

三、執行業務者聯合執業或其他所得者合夥經營，應於事實發生之年度由代表人檢附聯合執業合約書及執業執照（登錄資料）影本或合夥契約書及第四點相關文件，於辦理當年度綜合所得稅結算申報時一併申報，變更、註銷時亦同。
　　各聯合執行業務者及其他所得者並應檢附盈餘分配比例表供核。
　　代表人如未於所得核定前檢送合約書及盈餘分配比例表者，除能提示相關證明文件外，依前一年度之狀況或查得資料分配各聯合執業者或合夥人所得。

四、新設立或由獨資變更為聯合執業或合夥經營者，經主管機關核准為聯合執業（合夥經營）並具有證明文件者，依其核准聯合執業（合夥經營）者之盈餘分配比例表認定。
　　新設立或由獨資變更為聯合執業或合夥經營者，其申報與主管機關核准之聯合執業（合夥經營）者或與前期申報不同者，除其盈餘分配結果，顯有稅率差異、或不合常理之安排以達規避稅捐情事外，得依各聯合執行業務者及其他所得者所檢附之盈餘分配比例表認定。
　　前項盈餘分配結果，顯有稅率差異、或不合常理之安排以達規避稅捐情事者，得請業者提示出資（力）證明及盈餘分配等相關證明文件供核，若無法提示或經查確有規避稅捐者，應依實際所得人或變更前之執業（經營）者分配盈餘。

五、執行業務者或其他所得者之所得分配比例，應於合約書載明比例，除變更分配比例或執行業務者（合夥人），應另行訂定合約書外，前後期之分配比例應為一致，合約書之分配比例不明確時，應向代表人查詢確切分配比例，如代表人無法提出則依前一年度之狀況分配所得或依實際查得資料認定之。

執行業務者或其他所得者，變更聯合執業者（合夥人）或分配比例須另行訂定合約書者，應依第四點規定辦理。

六、執行業務者數人聯合執行業務，應以具有相同執業資格者，始得聯合執業，其收入應全部合併計算再依盈餘比例分配，不得有分開計算之約定。但依法需具備專門職業資格始得執業者，各合夥人均應依法取得該項專業資格始得聯合執業。

如有不相同執業資格者設立聯合事務所共同執行業務，應分別就各人之執業收入計算所得。

七、執行業務者與非具有執行業務資格者聯合執行專門職業業務，該非具有執行業務資格者應視為非聯合執業者，並通報該執行業務之主管機關。

聯合執業者之執業區域，依法須向主管機關辦理登錄，始得執行業務者，如事實與登記之執行業務區域未合者，除依法核課執行業務所得外，應通報該執行業務之主管機關。

八、其他所得者，如經主管機關核准為合夥經營並具有證明文件者，可以合夥人為所得人，分別按其分配比例歸課綜合所得稅，惟如申報合夥人與立案機關核准名冊不符者，應依查得事實認定，並通報其主管機關;至未向主管機關立案，或經立案已移轉經營權及所有權，經查明另有實際所得人者，應視個案情形，以實際所得人為課稅主體。

九、聯合執業合約書或合夥契約書應記載內容如下：

（一）合夥主體：執業名稱、執業地址、各合夥人姓名、身分證統一編號、戶籍地址及聯絡電話。

（二）合夥經營期間：載明實際合夥期間之起訖日（包含年月日）。

（三）合夥之出資：資本總額、各合夥人出資方式（如：金錢、其他財產權、勞務……）及其對價。

（四）各合夥人分配盈餘比例及收支處理方式。

（五）其他記載事項（如合夥人得支領薪資等）。

十、執行業務者或其他所得者涉嫌以聯合執業或合夥經營方式分散所得，應予查明，依法補稅處罰。

十一、本原則自發布日施行。

財政部臺灣省南區國稅局執行業務者聯合執業或其他所得者合夥經營之所得
認定原則

93年8月16日南區國稅審二字第0930087981號函

第一點　為避免執行業者藉聯合執業或其他所得者藉合夥經營之名，行分散所得之
　　　　實，爰訂定本原則。

第二點　本原則所稱「其他所得者」係指私人辦理補習班、幼稚園、托兒所、托育
　　　　中心（安親班）、養護、療養院（所），不符合免稅規定者。

第三點　執行業務者聯合執業或其他所得者合夥經營，應於事實發生年 辦理結算申
　　　　報時，由代表人檢附聯合執業合約書或合夥契約書向稽徵機關核備（變更、
　　　　註銷時亦同），各聯合執行業務者及其他所得者並應檢附盈餘分配表供核。
　　　　代表人如未於所得核定前檢送合約書者，依前一年 之 況核定所得。

第四點　新設立或由獨資變更為聯合執業或合夥經營者，若無法提出資（力）證明
　　　　及盈餘分配等相關證明文件，視為獨資經營，所得全部歸課負責人。

第五點　執行業務者數人聯合執行業務，應以具有相同專門職業之執業資格者，始
　　　　准比照聯合執行業務申報所得稅辦法辦理，其收入應全部合併計算再依盈
　　　　餘比例分配，不得有分開計算之約定。
　　　　如非有相同執業資格者設立聯合事務所共同執行業務，應分別就各人之執
　　　　業收入計算所得。

第六點　執行業務者與非具有執行業務資格者經營專門職業業務，若經查得非具有
　　　　執行業務資格者確有實際出資及盈餘分配之情形，得以實際所得人為課稅
　　　　主體，並通報其主管機關。

第七點　聯合執業者之執業區域，依法需向主管機關辦理登 ，始得執行業務者，如
　　　　事實與登記之執行業務區域未合者，除依法核課執行業務所得外，應通報
　　　　其主管機關。

第八點　私人辦理幼稚園、托兒所、補習班及養護、療養院（所），如經主管機關
　　　　核准為合夥經營並具有證明文件者，可以合夥人為所得人，分別按其分配
　　　　比例歸課綜合所得稅，如申報合夥人與立案機關核准名冊不符者，應依查
　　　　得事實認定，並通報其主管機關；至主管機關無合夥報備規定，或未經主
　　　　管機關立案，或經立案而已移轉經營權及所有權經查明另有實際所得人者，

應視個案情形，以實際所得人為課稅主體。

第九點　聯合執業合約書或合夥契約書應記載內容如下：

（一）合夥主體：執業名稱、執業地址、各合夥人姓名、身分證統一編號、戶籍地址及聯絡電話。

（二）合夥經營期間：載明實際合夥期間之起訖日（包含年月日）。

（三）合夥之出資：各合夥人出資方式（如：金錢、其他財產權、勞務…）及其對價。

（四）各合夥人分配盈餘比例及收支處理方式。

（五）其他記載事項（如合夥人得支領薪資等）。

第十點　聯合執業或合夥經營者之出資，應查明有無出資之事實，如以金錢方式出資者，應提示資金流程證明文件；以金錢以外方式出資者，應以估定價額為出資額（未經估定者，以他合夥人之平均出資額視為其出資額），並檢附相關證明文件，經查核屬實者，始依聯合執業或合夥經營方式歸課各合夥人之所得，若合夥人無法提示上開確實有出資資 供核者，視為獨資經營，全部歸課負責人之所得。

第十一點　執行業務者或其他所得者涉嫌以聯合執業或合夥經營方式分散所得，應予查明，依法補稅處罰。

第十二點　本原則自發布日施行。

財政部臺灣省中區國稅局執行業務者暨其他所得者聯合執業（合夥經營）之
查核認定原則
中華民國 90 年 7 月 16 日財政部臺灣省中區國稅局
中區國稅二字第 0900043437 號函訂定

為避免業者藉聯合執業（合夥經營）之名，行分散所得之實，爰訂定本查核認定原則。

一、執行業務者及其他所得者聯合執業應於事實發生之年度辦理結算申報時，由代
表人檢附聯合執業合約書，變更、註銷時亦同。各聯合執行業務者及其他所得
者並應檢附盈餘分配表供核。代表人如未於所得核定前檢送合約書者，依前一
年度之狀況核課各合夥人所得。

二、個人開設事務所代客記帳及撰寫各種文書業務者，應以登記之個人為所得人課
徵綜合所得稅，無聯合執業之適用。

三、依法需具備專門職業資格始得執業者，各合夥人均應依法取得該項專業資格。

四、不具相同執業資格設立聯合事務所，應分別就各人之執業收入計算所得。

五、各聯合執業醫師，原則上其登記執業之處所均應為聯合執業之醫療機構。但部
分聯合執業醫師，雖未登記執業於該聯合執業之醫療機構，而確有實際執行醫
療業務者，得依查得事實認定，並通報其主管機關核處。

六、私人辦理幼稚園、托兒所及補習班如經主管機關核准為合夥經營並具有證明文
件者，可以合夥人為所得人，分別按其分配比例歸課綜合所得稅；至未經主管
機關立案，或經主管立案而移轉經營權及所有權經查明另有實際所得人者，應
視個案情形，以實際所得人為課稅主體。

七、聯合執業合約書應記載內容如下：

（一）合夥主體：各合夥人姓名、身分證統一編號及戶籍地址。

（二）合夥經營期間：載明實際合夥期間之起訖日（包含年月日）。

（三）合夥之出資：各合夥人出資方式（如：金錢、其他財產權、勞務……）
及其對價。

（四）各合夥人分配盈餘比例及收支處理方式。

（五）其他記載事項（如合夥人得支領薪資等）。

八、合夥之出資，應查明有無出資之事實，如以金錢方式出資者，應提示資金流程
證明文件；以金錢以外方式出資者，應以估定價額為出資額，並檢附相關證明

文件，經查核屬實者，始依合夥經營方式歸課各合夥人之所得，若合夥人無法
　　提示上開確實有出資資料供核者，視為獨資經營，全部歸課負責人之所得。

九、本原則如執行時發現有修改必要，得隨時檢討修訂。

數位原生代的**財富密碼**

元宇宙NFT
淘金實戰班

一次看懂元宇宙新商機，
錯過比特幣，
不能再錯過 NFT ！

「**NFT**」正式獲選為 2021 年度十大代表關鍵字的冠軍，擊敗「新冠肺炎」與「疫苗」，而「元宇宙 (Metaverse)」與「加密貨幣 (Cypto Currency)」則緊追其後！

就像知名 YouTuber 老高說的：「NFT 是孕育元宇宙的基礎，沒有它，就沒有元宇宙。」所有你知道的知名企業品牌都投入元宇宙，NFT 也從原本一小群人關注的話題，遂變成全球矚目的新興趨勢！

什麼是 NFT ？何謂非同質化代幣？加密藝術能做什麼，如何透過區塊鏈去中心化？如何發布個人作品？如何藉由交易轉移數碼檔案的擁有權？一堂初心者專門、最淺顯易懂的課程，讓外行人完整掌握**五大要點**：

❶ NFT 加密藝術產業概況

❷ 區塊鏈技術、加密貨幣與交易平台機制

❸ 如何建立加密貨幣錢包、購買與出售

❹ 如何將作品轉化成 NFT 並上傳？

❺ 買賣 NFT 保存方式及需注意風險？

絕不空談元宇宙、NFT 理論，由專業講師手把手教學、完整傳授，了解創作技術核心與現階段限制，讓你從加密世界脫穎而出，一起搭上數位淘金熱！

更多詳細資訊，請撥打真人客服專線 02-8245-8318，
亦可上新絲路官網 silkbook○com www.silkbook.com 查詢

別讓國稅局偷走你的所得

作者／吳欣龍

出版者／元宇宙(股)公司委託創見文化出版發行

總顧問／王寶玲

總編輯／歐綾纖

文字編輯／蔡靜怡　　　　　　　美術設計／蔡瑪麗

台灣出版中心／新北市中和區中山路2段366巷10號10樓

電話／（02）2248-7896　　　　傳真／（02）2248-7758

ISBN／978-986-271-937-4

出版日期／2022年6月初刷

全球華文市場總代理／采舍國際有限公司

地址／新北市中和區中山路2段366巷10號3樓

電話／（02）8245-8786　　　　傳真／（02）8245-8718

全系列書系特約展示門市

新絲路網路書店

地址／新北市中和區中山路2段366巷10號10樓

電話／（02）8245-9896

網址／www.silkbook.com

本書採減碳印製流程，碳足跡追蹤並使用優質中性紙（Acid & Alkali Free）通過綠色環保認證，最符環保需求。

國家圖書館出版品預行編目資料

別讓國稅局偷走你的所得 / 吳欣龍 著 -- 初版. --
新北市：創見文化出版, 采舍國際有限公司發行,
2022,06 面；公分--（MAGIC POWER；19）
ISBN 978-986-271-937-4（平裝）

1.CST: 所得稅

567.21　　　　　　　　　　　111004737